山岳気象遭難の真実

過去と未来を繋いで遭難事故をなくす

大矢康裕
吉野純 監修

雷は頭上から落ちるだけではなく、積乱雲から真横に走ることもある（撮影：柳田文華）

上／発達した積乱雲。気候変動によって落雷は増える傾向にあり、2100年には50%近く増加するとの研究結果も（撮影：筆者）

下／1967年8月に起きた西穂高岳落雷遭難事故当日の大気の安定度。北アルプス付近の大気は非常に不安定な状態だった

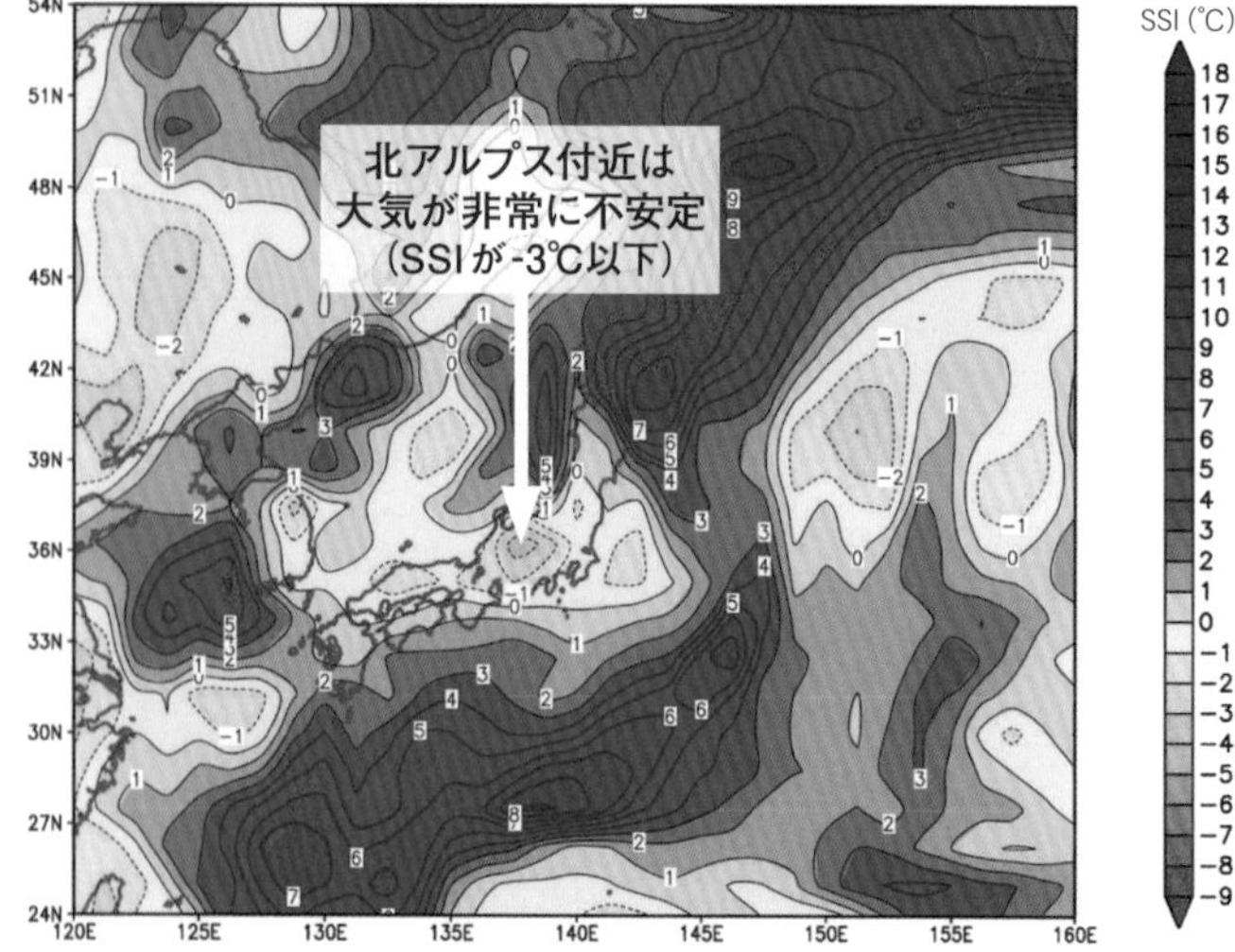

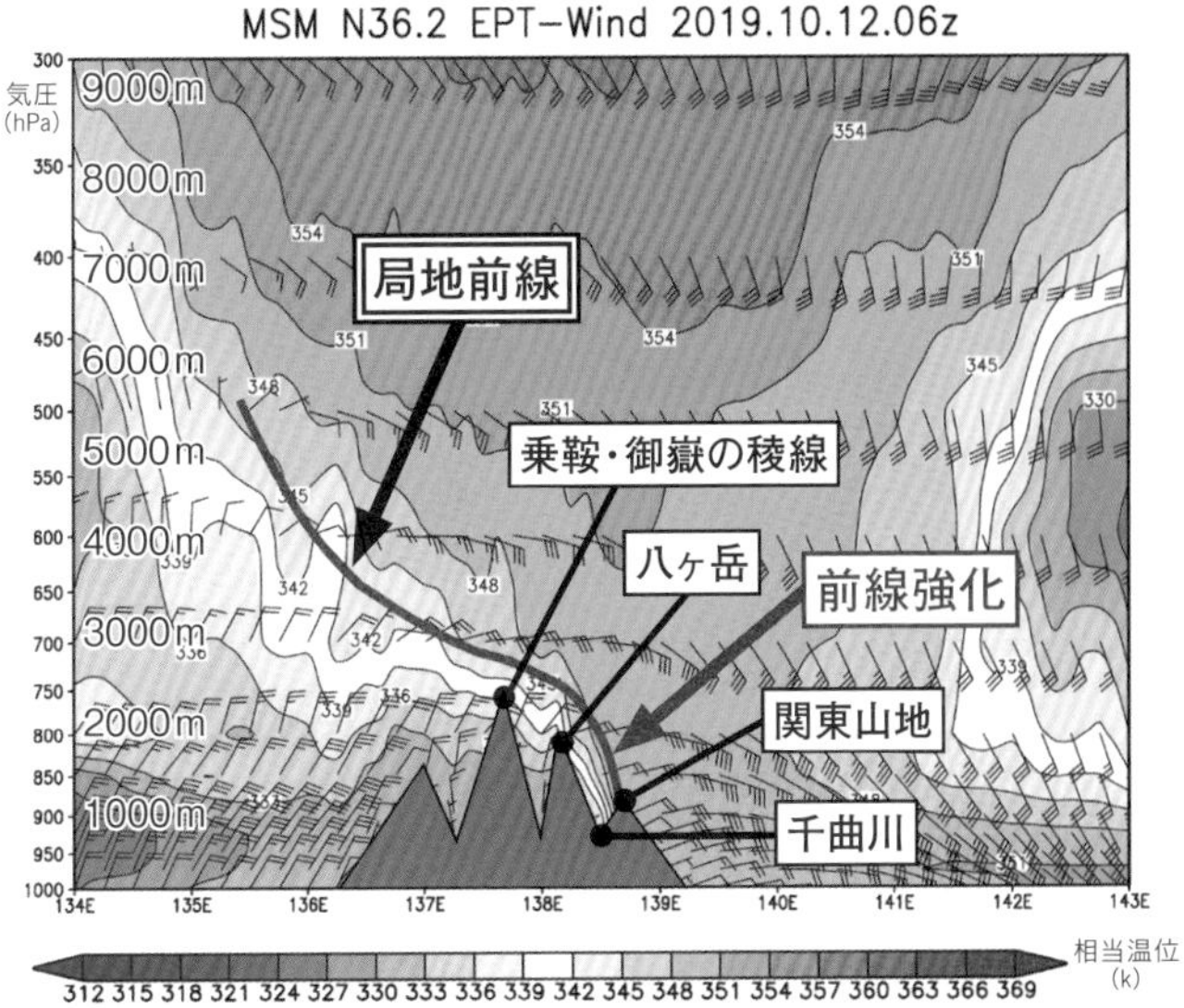

MSM N36.2 EPT-Wind 2019.10.12.06z

上／2019年の台風19号通過時の前線解析。山岳地形による局地前線が千曲川上空で非常にシャープになっていることが分かる

下／豪雨によって沢が増水。渡渉できなくなるのはもちろん、足首まで漬かるだけでも容易に流されてしまう（撮影：渡辺幸雄）

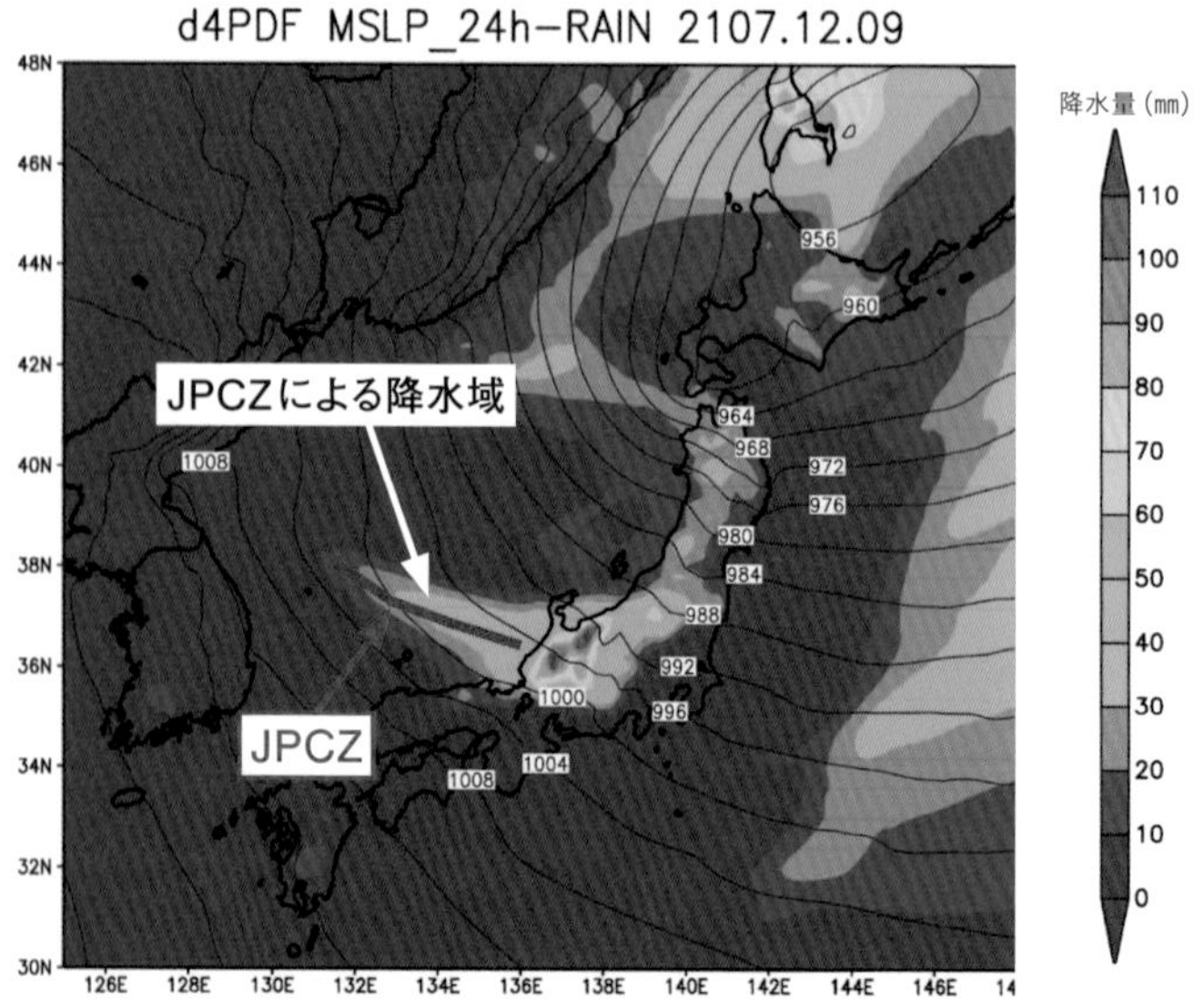

上／100年後にもJPCZ（日本海寒気団収束帯）が出現。1963年1月に起きた薬師岳豪雪遭難事故の真犯人はこのJPCZだった

下／降雪時にテントを張る時は、こまめに除雪作業をしないと積もった雪の重みで容易に押し潰されてしまう（撮影：渡辺幸雄）

山岳気象遭難の真実

過去と未来を繋いで遭難事故をなくす

大矢康裕
吉野純 監修

ヤマケイ新書

はじめに

登山において気象は重要であることは、紛れもない事実である。しかし、その重要性の割には、正しい知識を身に付けている人はそれほど多くなく、毎年のように気象が原因とされる遭難事故が起きている。楽しいはずの登山が、「遭難」という領域に踏み込んでしまうと、一転して悲惨な目に遭うことになってしまう。そして、場合によっては命に関わることさえある。

登山は、山岳という大自然の中に足を踏み入れる行為である。平地と違って救助を求めてもすぐに助けは来ない。したがって、登山者は大自然の中に潜む危険を自ら察知して、遭難しないように回避する行動を取るように心掛けることが極めて重要になる。大自然に潜む危険は様々なものがあるが、その中でも大きなウェイトを占めているのが気象である。

山がいつでも晴れていると嬉しいのだが、残念ながら平地と違って山の天気は崩れやすい。夏山では午前中は晴れていても午後になると雲が湧き、雷が鳴ったり、急に強い雨に襲われたりすることがよくある。山は平地よりも気温が低く、風も強いため、夏山でも低体温症のリスクがある。このような基本的なことを知ることから始めよう。そして、気象によって起きる山でのリスクについて知り、事前に「こんな時にはどうするか」を考えておいて、万が一に備えよう。

本書は、所属する山岳団体での山岳気象講習会やヤマケイオンラインのコラム記事などによるこれまでの山岳防災活動、および2年間にわたる岐阜大学大学院の研究生としての研究成果の集大成である。本書が山での気象リスクに備えるための一助となれば幸いである。

山岳防災活動の原点

実は、筆者には学生時代に未だ忘れがたい痛恨の思い出がある。名古屋大学ワンダーフォーゲル部に所属して登山をしていた頃の3年目に、自らのリーダー判断のミスによって大きな事故を起こしてしまったのである。詳細は割愛するが、いったん事故を起こすと大変なことになり、多くの人に迷惑をかけることを、身をもって知ったことが筆者の山岳防災活動の原点である。

この事故は筆者にとって深いトラウマとなって、長い間、事故のことは心の奥に封印された状態になっていた。しかし、筆者も歳を重ねるにしたがって、冷静に当時のことを振り返ることができるようになってきた。そして、自分自身が経験したこの貴重な事故体験を、山岳遭難事故を少しでもなくすことに役立てることが使命ではないかと思うようになった。

2007年8月の気象予報士試験に合格して、気象予報士になってからはさらにこの思いが強くなった。それ以来、所属するデンソー山岳部の気象講座から始めて、活動の場を広げて現在に至っている。

これまで登山を通じて、楽しいことやつらいこともたくさん経験してきたが、これからは、多くの人に安全に山を楽しんでもらえるように活動すべきだとの思いを抱くようになった。いわば、山岳防災活動は筆者なりの「山への恩返し」であり、筆者のライフワークである。そして、その裏づけとなっているのが、山岳防災活動と並行して進めてきた山岳気象研究である。

“過去と未来を繋いで遭難事故をなくす！”

登山に必要なものはまさに「総合力」である。気象リスクに備えるためには、たとえば応急処置のための最低限の医学知識が必要となるので、本書ではそれに関しても解説している。過去の遭難事例の中には、この総合力を磨くための貴重なヒントがいっぱい詰まっている。

このような過去の貴重な教訓を掘り起こすとともに、本書では過去の遭難事例の気象状況を、気象庁55年再解析ＪＲＡ－55という現在の解析技術を使ったデータによって、鮮やかに再現している。過去の遭難事故の気象を、ＪＲＡ－55を使って再現するこの試みは、おそらく筆者が初めてであろう。いわば〝ＪＲＡ－55による過去の遭難事故の気象解析〟という新しい研究分野を開拓することができたのではないかと思う。

そして、近年の遭難事故については、気象庁のＭＳＭ（メソ気象モデル）による解析を行い、遭難事故の裏にある驚くべき気象状況を明らかにしている。さらに将来の山岳気象についても、様々な文献に基づいて予想される気象リスクについて解説している。筆者自身で解析した将来気候での大雪についても紹介する。

本書では、決して埋もれさせてはならない過去の遭難事故の教訓、将来も風化させてはならない近年の重大な遭難事故の教訓、そして将来気候でのリスクをまとめた。〝過去と未来を繋いで遭難事故をなくす！〟という筆者の思いをくみ取っていただき、少しでも遭難防止に繋がればというのが筆者の心からの願いであり、本書の目的でもある。

目次

第３章　落雷リスクは増える

第４章　異常高温に警戒

第5章 夏でも起きる低体温症

第6章 関東甲信地方や北日本を襲う台風

第7章

中部山岳北部を襲う豪雪

第1章　恐い爆弾低気圧

1　爆弾低気圧、そして二つ玉低気圧が引き起こす疑似好天について

爆弾低気圧とは

爆弾低気圧——あるいは皆さんも一度は耳にしたことがあると思う。最初はまるで米粒みたいに小さな低気圧が、ほんの数時間から1日で急激に発達して、お化けみたいに成長することがある。それが爆弾低気圧だ。大荒れの天気や大雨、そして積雪期なら吹雪などの悪天をもたらすため、山では最も警戒すべき気象リスクの一つである。

もともと米国の学者が提唱した用語で、英語ではズバリ「BOMB CYCLONE」。気象庁では「爆弾」という言葉が相応（ふさわ）しくないとして使用を控える用語としている。しかし、この急速に発

達する低気圧（これが気象庁推奨の用語）による山での遭難事故が後を絶たないことを目の当たりにすると、まさに爆弾低気圧という言葉が、その恐さを表現するのに相応しい。

爆弾低気圧が発生する時期は、圧倒的に季節の変わり目である春と秋が多い。その理由は、日本付近で低気圧が発達しやすい状況になるためである。春は、冬の名残りである北からの冷たい空気と、季節を夏に進めようとする南からの暖かい空気が日本付近で激しくぶつかり合うことが多い。秋は逆に、季節を冬に進めようとする北からの寒気と、夏の名残りの暖気が日本付近でよくぶつかり合う。日本付近で発生する低気圧は、この冷たい空気と暖かい空気とがぶつかり合った場所での南北の温度差をエネルギーとして発達する。つまり、冷たい空気と暖かい空気の温度差が大きいほど、そして二つの空気が激しくぶつかり合うほど低気圧は発達する。したがって冬の空気と夏の空気が互いに激しくせめぎ合う春と秋は、低気圧が日本付近で爆弾低気圧になりやすいのである。

二つ玉低気圧と疑似好天について

悪天による遭難事故がなくならないのは、爆弾低気圧のせいだけではない。日本海の低気圧と、日本の南海上の低気圧が同時に発生することがある。この二つの低気圧のことを「二つ玉低気圧」と呼ぶ。この二つ玉低気圧は発達しながらともに北東に進んで爆弾低気圧となり、最後は合体して一つになることが多い。

二つ玉低気圧が爆弾低気圧になることによって起こる悪天に警戒しなければいけないのはもちろんであるが、もう一つ警戒すべき非常に重要なことがある。それは、二つの低気圧に挟まれた場所では一時的に天気が回復する「疑似好天」という現象が起きることである。疑似好天に騙されて登山を継続したため、その数時間後の暴風雪によって遭難した事故は過去に数え切れないほど発生している。

第1章では、2009年4月に起きた北アルプス鳴沢岳の遭難事故を取り上げ、二つ玉低気圧から発達した爆弾低気圧、および疑似好天について詳しく解説する。

2　事例　2009年4月の北アルプス鳴沢岳遭難事故

二つ玉低気圧の発生を知りながら鳴沢岳に入山

遭難事故の舞台となった後立山連峰の鳴沢岳（2641メートル）は、黒部ダムのすぐ東にある山で、爺ヶ岳（2670メートル）と針ノ木岳（2821メートル）の間に位置する。2009年4月25日、京都府立大学山岳部のメンバーは鳴沢岳に登るため、扇沢から黒部ダム経由で入山した。メンバーは、同大助教で山岳部コーチのAさん、女性ながらしっかりした体力と技術で山岳部主将

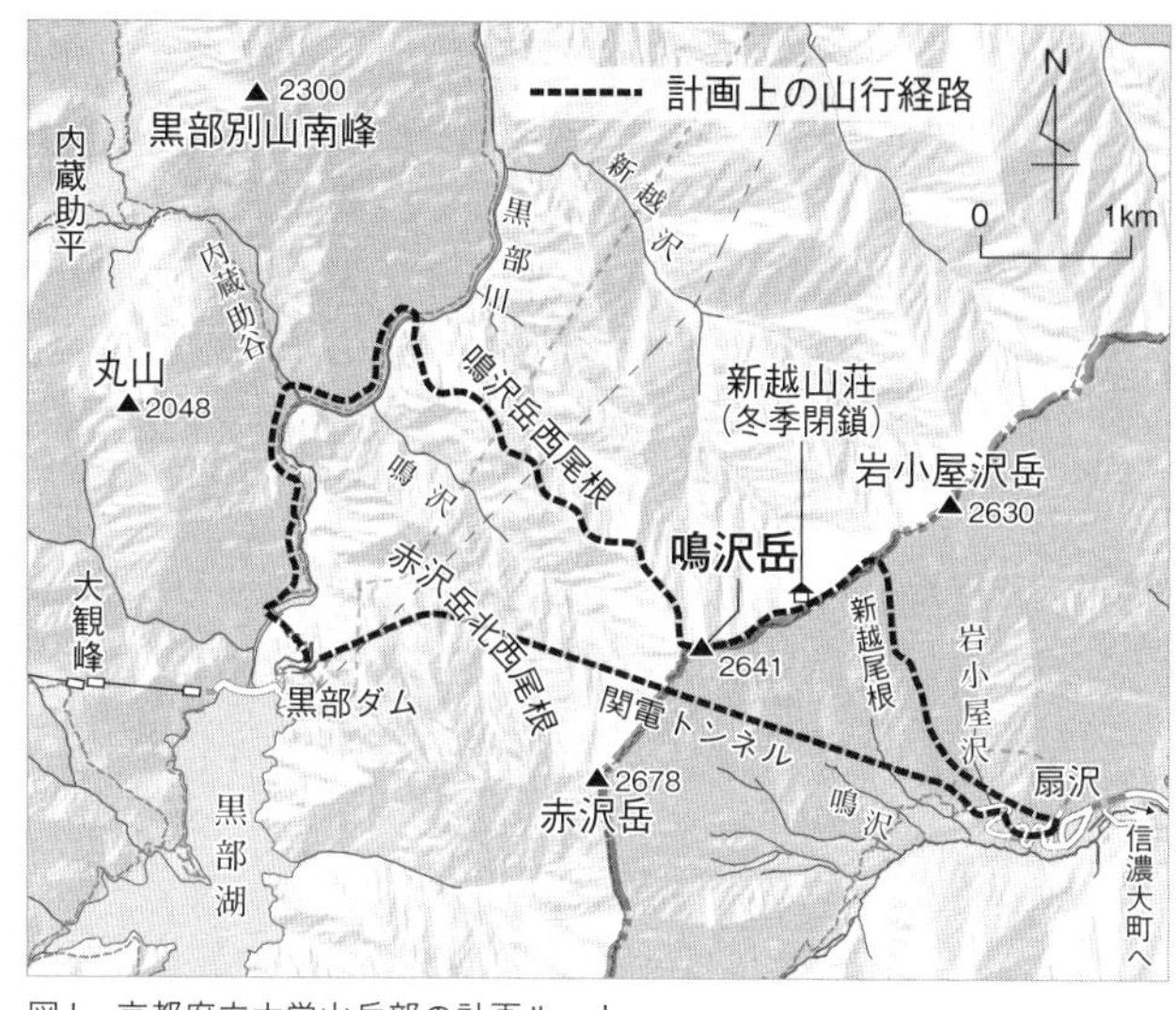

図１　京都府立大学山岳部の計画ルート

を務めるBさん、大学院生のCさんの３名。計画では26日に西尾根から鳴沢岳に登り、午後には新越（しんこし）尾根から扇沢に下山する予定であった（図１）。

同大山岳会がまとめた『鳴沢岳事故調査報告書』によると、メンバーは少なくとも23日の時点で、26日は二つ玉低気圧によって悪天になることを把握していた。この点が二つ玉低気圧による他の遭難事例とは大きく異なる。事前に悪天になることを知りながら、訓練のためにあえて山に登るという選択肢は、ある程度以上の登山経験を持っている大学の山岳部ならありうる。しかし、それはメンバー全員の技量が揃っていて、進退の判断をしっかりできるリーダーがいてこそ成立する。

山岳部コーチのAさんは厳冬期の黒部・丸

山東壁のルートを開拓したトップクライマーであったが、前述の報告書によると、２００８年のGW合宿において、先頭を歩いていたAさんを見失ったメンバーを山中に置き去りにして1人だけテントに戻るという行動を取るなど、リーダーとしての資質に大きな問題があったようだ。

二つ玉低気圧が通過する中で3名はどうなったのか

4月25日に入山した3名は、黒部ダムから黒部川沿いに北に向かった。この時は小雨が降っていたと報告書に記されている。10時20分に鳴沢岳西尾根の末端に着き、西尾根の下部の急な斜面や藪漕ぎに苦労しながら、18時頃に稜線上の１５７５メートル付近でテントを張った。

翌26日は6時半に雪が降り始め、視界が利かない中、テント場を出発した。標高２４６０メートル付近までは樹林帯であり、ほとんど風の影響を受けなかった。残されたカメラにガスが晴れた黒部別山の写真が写っていたことから、8時頃に雪が一時的にやんだことが分かる。おそらくは疑似好天によるものと思われる。

12時半頃に樹林帯を抜けると3名は猛吹雪にさらされた。11時半頃に西尾根の標高２３００メートル付近で撮影された写真の後は、3名とも写真の撮影記録がない。猛吹雪で写真を撮る余裕がなくなったか、ホワイトアウトで写真を撮る意味がなくなったのか、いずれかであろう。

Aさんが先頭をリードして進む中、いつしか3名は離れ離れとなってしまった。Aさんが持っていたＧＰＳの記録によると、Ａさんは14時43分に猛烈な風雪にさらされながら鳴沢岳の頂上を通過した。その後、頂上から新越山荘（夏季のみ営業）に向かって約２００メートル進んだ所にあった吹き溜まりで雪洞（せつどう）を掘って風雪を凌（しの）ごうとしたが、その日の深夜に雪洞（せつどう）の中で低体温症によって亡くなった。Ｃさんは途中まではＡさんに付いていったが、ルンゼ（岩溝）源頭で１００メートル滑落して動けなくなり、ザックを背負った状態で低体温症によって亡くなっているのを発見。Ｂさんは先行する２人から大きく遅れて、鳴沢岳頂上より30メートル手前の斜面で力尽きたように倒れて低体温症で亡くなり、うつ伏せになった姿で発見されている。

二つ玉低気圧による悪天を知りながら鳴沢岳に登り、かつ、進退の判断を誤ったことは、このように３名全員が低体温症で亡くなるという最悪の結果を招いてしまった。

地上天気図から気象状況を知る

この遭難事故のポイントは、〝二つ玉低気圧を知りながら登った以上は、進退の判断を如何（いか）になすべきかが生死を分ける〟という点に尽きる。それを考える前に、二つ玉低気圧から発達した爆弾低気圧が通過して遭難事故が起きた４月26日の鳴沢岳は、実際にどのような気象状況であったのかを客観的に知る必要がある。まず６時の地上天気図（悪天をもたらす低気圧や前線・好天をもたらす高気圧の地上での位置、同じ気圧になる地点を結んだ等圧線を示した天気図）を見てみよう（図２）。

能登半島沖と三陸沖にそれぞれ低気圧があって、北海道や、近畿地方から九州では等圧線の間隔が非常に狭くなっている。山の地形図で等高線の間隔が狭いほど斜面の傾斜が急になるのと全く同じで、天気図の等圧線の間隔が狭いほど気圧の傾きが大きくなって、あたかも空にある目に見えない急な滑り台を猛スピードで空気がころげ落ちてくるように、強い風が吹く。北海道や、近畿地方から九州の山では非常に強い風が吹いていることになる。

ところが二つの低気圧に挟まれた東海地方、北陸地方、関東地方では等圧線の間隔がかなり広くなっていて、その周囲よりも風が弱くなっていることが読み取れる。中部山岳（南アルプスも含む広義の山域）でも、当然ながら風は弱くなる。これが二つ玉低気圧において疑似好天が起きる原因の一つで、天気図を眺めれば多くの人が理解できる。しかし、二つ玉低気圧で疑似好天が起きる原因が、実はもう一つある。こちらは地上の天気図を見ただけでは分からないので、ご存知ない人も多いと思うが、登山でのリスクを避けるために必ず知っておいてほしい。

地上の天気図だけでは分からない疑似好天のメカニズム

地上付近において、南からの暖かい空気が入った場所に低気圧ができる。したがって地上天気図の低気圧の中心付近は暖かい。暖かい空気は、周りの空気より軽いため浮力によって上昇する。そのため、低気圧の中心付近では常に上昇気流が発生している。そして、空気は〝上昇すると、膨

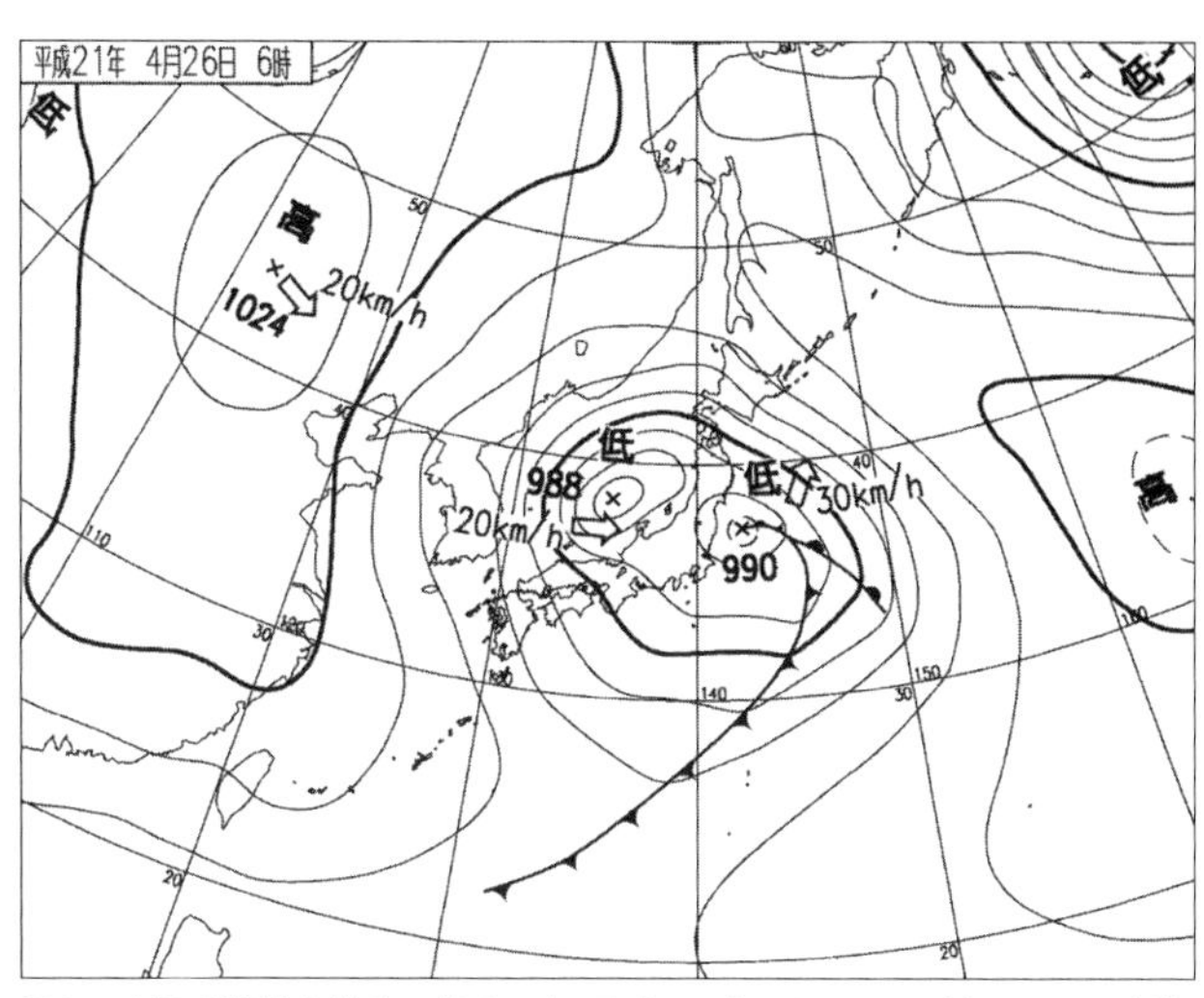

図2　鳴沢岳遭難事故時の地上天気図（2009年4月26日6時）。二つ玉低気圧に挟まれた北アルプスで擬似好天が起きていたことが読み取れる

張して冷える〟という性質を持っているため、どんどん空気が上昇していくと、冬の窓ガラスが結露するように、空気中の水蒸気が結露（正確には凝結）して雲になる。

それに対して、上昇気流が発生している二つの低気圧の間では、そのままでは上昇気流によって空気が上に運び去られるため、地上では空気がなくなって真空になってしまうことになる。しかし実際にはそうならない。低気圧の中心付近の上昇気流によって少なくなってしまった空気を補うように、二つの低気圧の間では下降気流が発生する。空気は〝下降すると、縮こまって温まる〟という性質（上昇の逆）を持っているため、雲は蒸発して消える。これが、二つの低気圧の間で疑似好天が起きるメカニズムである。

図3に、ここまで書いたことを図解してみた。高気圧によって天気が良くなるのも、高気圧の中心付近は同じように下降気流が発生していて雲が消えるためである。

二つ玉低気圧の恐ろしさは、二つの低気圧の間の狭いエリアでしか天気が回復しないため、最低でも半日は好天が続く高気圧と違って、短い時間しか天気が良くならないということである。そして、それを知らない登山者を騙して、ほんの数時間後にはとんでもない暴風雪の世界にその姿を変えてしまう。実際に鳴沢岳遭難事故では、図4に示すように26日の21時には低気圧は発達しながら北海道の南で一つにまとまって爆弾低気圧となっており、中部山岳付近では等圧線の間隔が非常に狭くなっていて風が強まっていることが読み取れる。疑似好天の薄化粧の下に隠されたこのような本当の素顔を、絶対に忘れないでいてほしい。

解析してみると鳴沢岳ではとんでもない暴風雪だった

暴風雪といっても、どのぐらいのものだったのか具体的な数字や状況が分からないとピンとこないと思う。そこで、気象庁による過去55年の気象状況をスーパーコンピュータで再解析したデータＪＲＡ－55（37ページのコラム参照）を使って、当時の鳴沢岳の気象状況を再現してみた。

テント場を出発する直前の4月26日6時の標高１５００メートル付近では気温は3度C、樹林帯のため風は弱い。

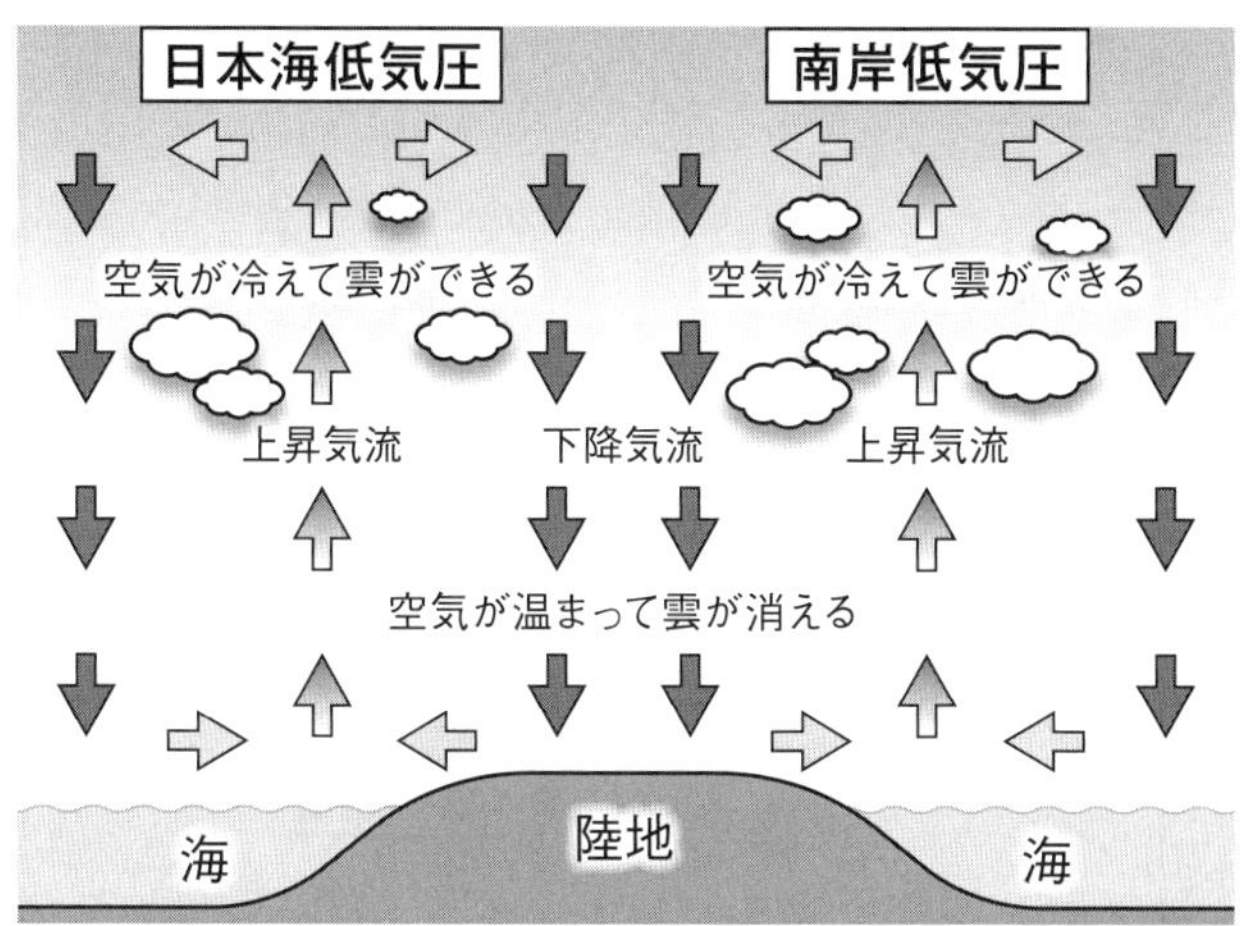

図3　二つ玉低気圧による疑似好天のメカニズム

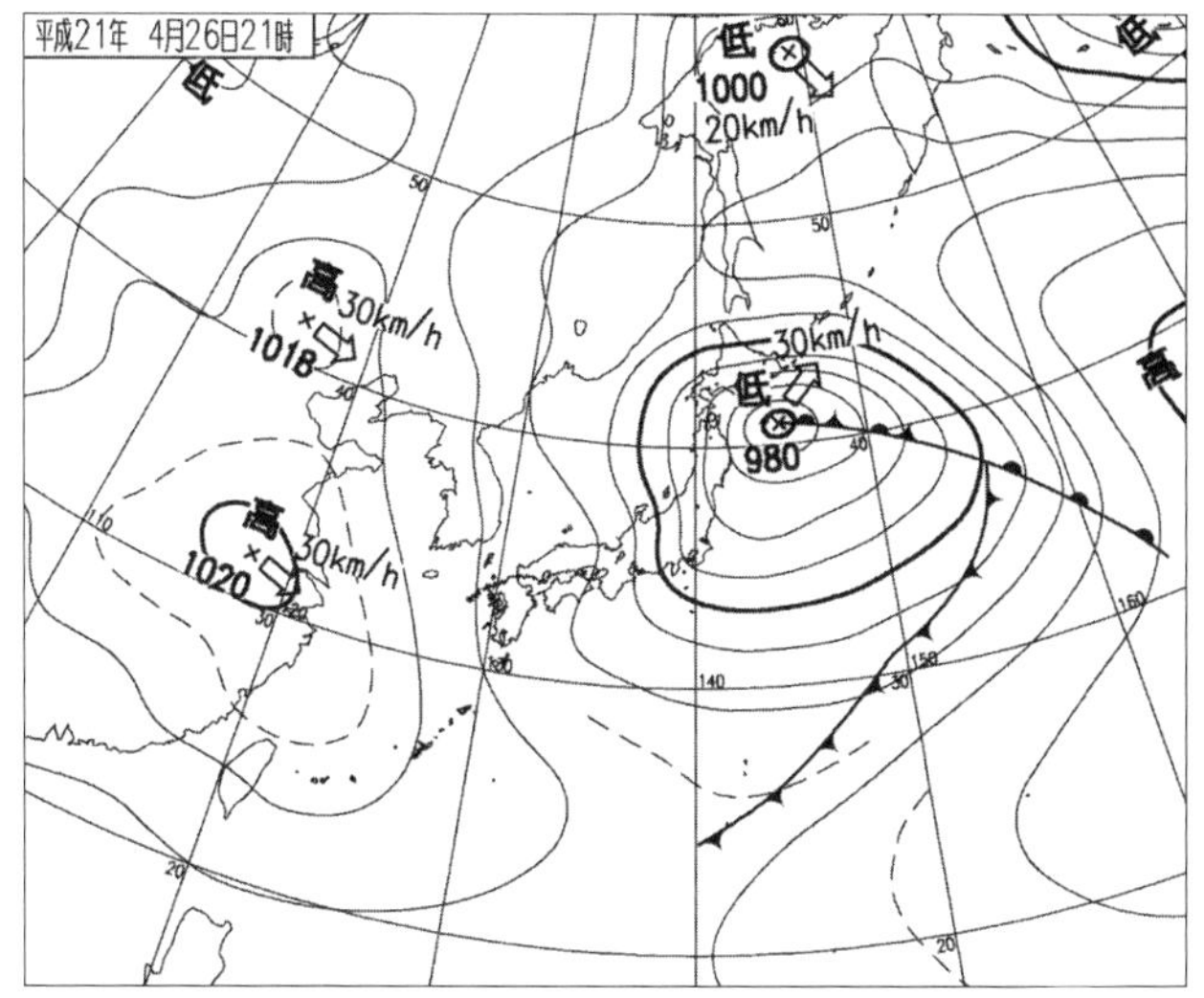

図4　鳴沢岳遭難事故時の地上天気図（2009年4月26日21時）。二つ玉低気圧が合体して爆弾低気圧になっていることが分かる

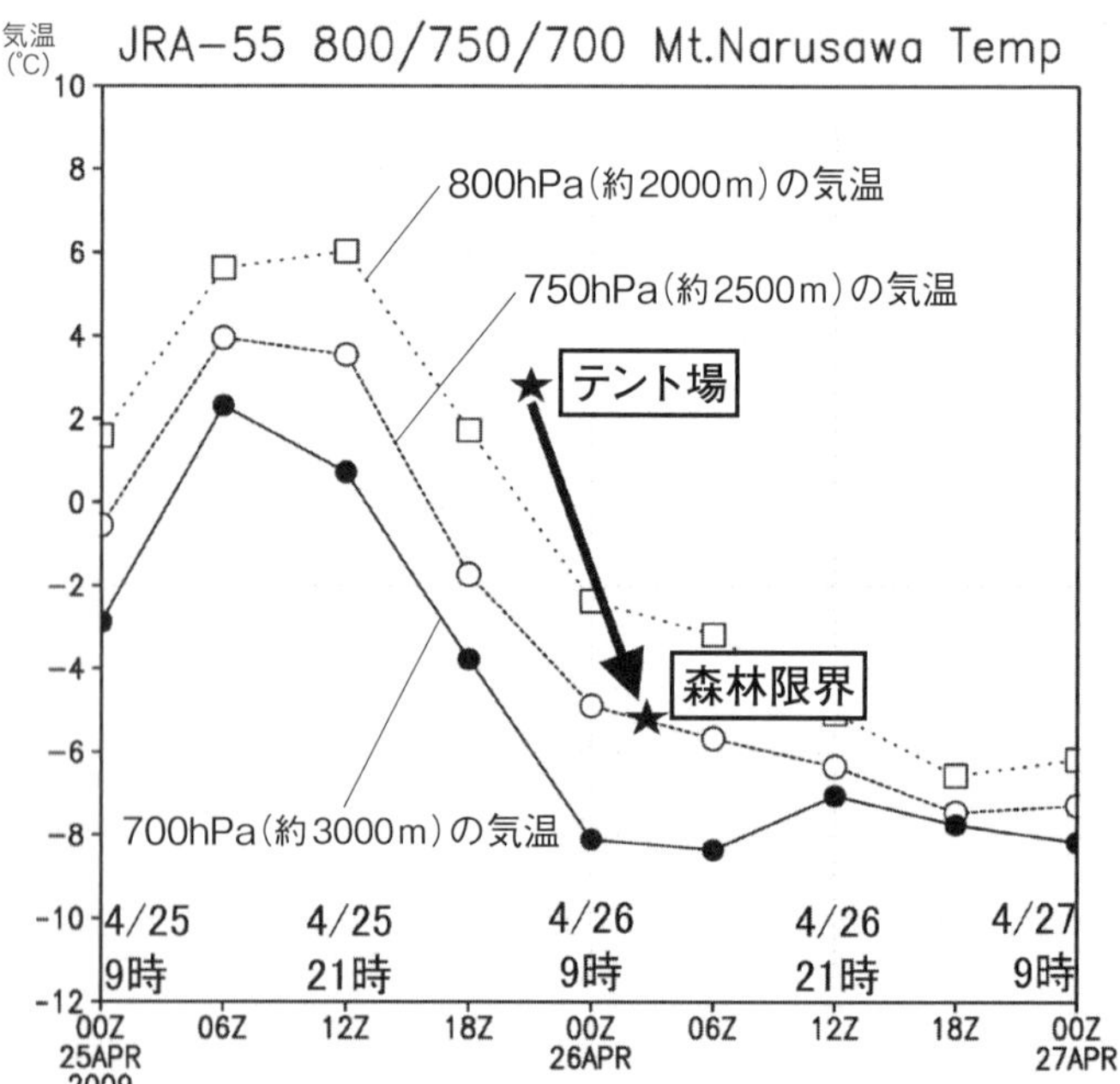

図5　JRA-55を使って再現した鳴沢岳付近の気温の推移

樹林帯を抜けた12時頃のその森林限界の標高2500メートル付近では、気温はマイナス5度Cまで低下している（図5）。一般的に標高1000メートルにつき、気温は約6度C下がる。テント場が標高1500メートル付近なので、森林限界までの1000メートルの標高差なら6度C気温が下がることになる。さらに、低気圧の通過とともに寒気が入ったため、テント場を出発してから合計で約8度C気温が下がっている。

そして鳴沢岳付近の風速について再現すると、25日の21時から26日の6時までは風が弱まっている

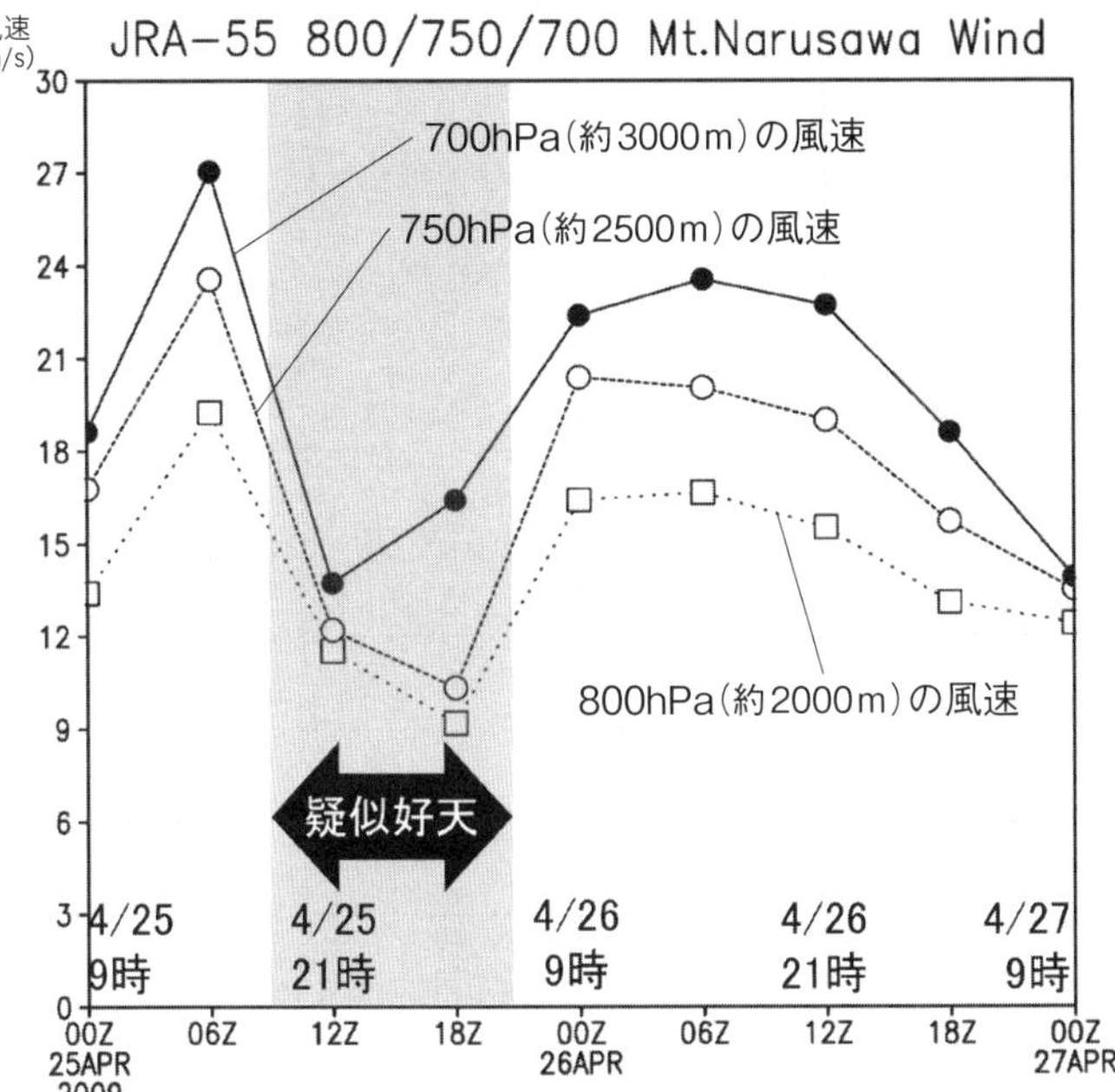

図6　JRA-55を使って再現した鳴沢岳付近の風速の推移

（図6）。これがまさに疑似好天によるものである。26日の9時の時点ではすでに森林限界付近（標高2500メートル付近）の風速は20メートルを超えていることが分かる。

ちなみに台風なら風速15メートル以上になる範囲が強風域、25メートル以上で暴風域となる。台風の強風や暴風を経験したことがある人なら分かると思うが、強風域の風速15メートル以上ではまっすぐに歩けなくなり、暴風域の風速25メートル以上では何かにしがみつかないと吹き飛ばされる。町では色々な物が吹き飛んで宙に舞う。

また、積雪期の山では、たとえ雪が降っていなくても、積もった雪が烈風で吹き飛ばされて地吹雪状態になり、視界がゼロになってしまうことがよくある。おそらく3名は樹林を抜けた途端に猛烈な吹雪に襲われたことであろう。

樹林を抜けた瞬間に濡れた衣服によって体温が奪われた――夏でも低体温症になる理由

山に登るという行為は、気温が低い場所に行くということを意味する。気温だけ見ると、標高2500メートルでのマイナス5度Cは、冬山経験者の3名からすれば大きな障害ではない。冬山ではマイナス20度Cを下回ることだってよくある。風速1メートルあたり体感温度が1度C下がる。風速20メートルの風が吹けば、体感温度は20度C下がる。これも冬山ではごく当たり前のことである。しかし、厳冬期の冬山の衣服ではなく、春山の衣服で濡れた下着を身に付けていると事情が全く変わってくる。

『登山の医学』の編者でクライマーでもあった（登山におけるファーストエイドを確立）ウィルカーソンによる冷水中での生存曲線を図7に示す。人は冷たい水の中では、驚くべき短時間で死に至る。たとえば10度Cの冷水の中では、平均して3時間ぐらいで低体温症によって亡くなってしまうことがこの図から分かる。濡れた下着を身に付けているところに強風を浴びると、身体から熱を奪われて冷たい水の中にいるのと同じ状態になってしまう。これが夏山でも低体温症が起きる理由である。

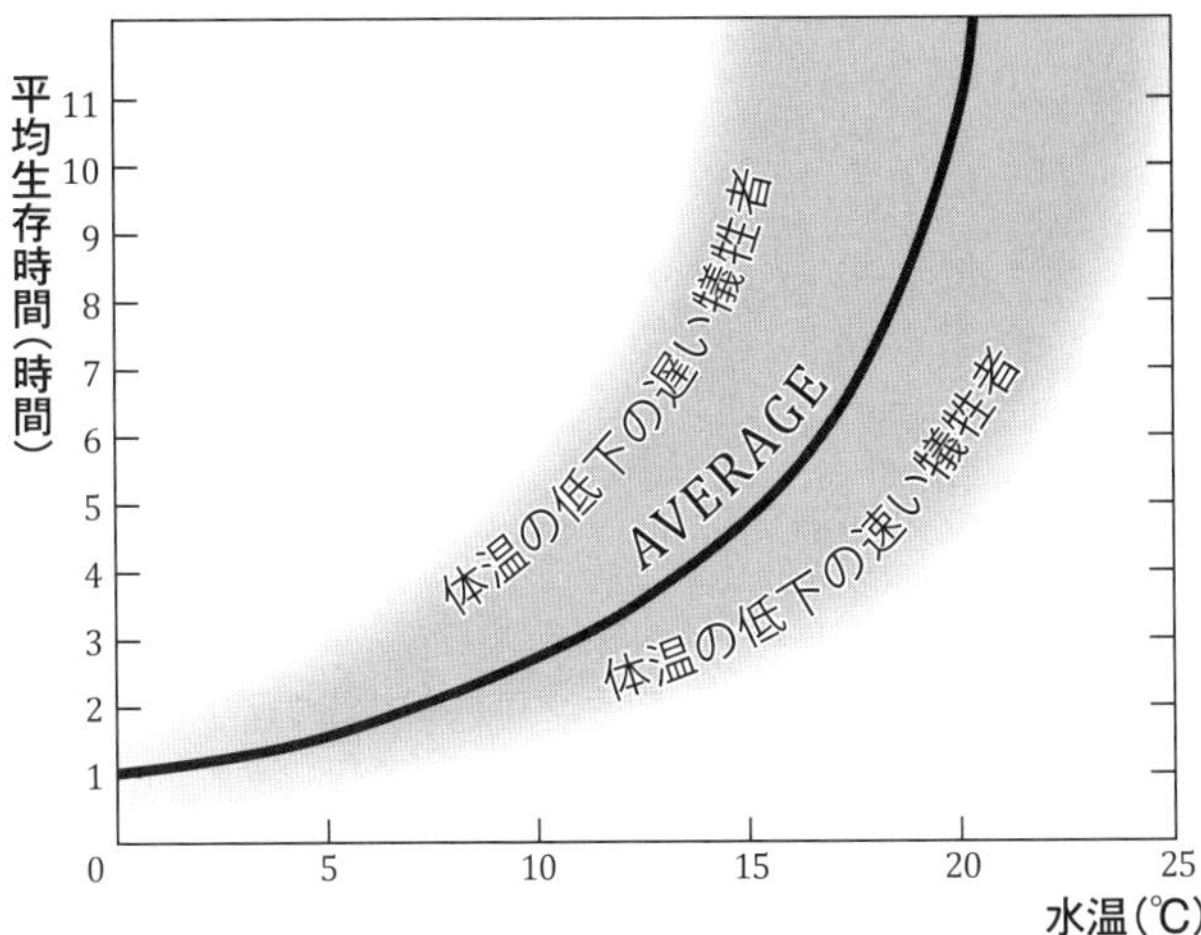

図7　ウィルカーソンが示した冷水中での生存曲線（「低体温症と凍傷」1989)。水温が低いほど低体温症の危険性は高く、短時間で死に至る。水温が高いと個人差が大きくなるものの、長時間浸かれば生命の危険がある

２００９年７月のトムラウシ山での遭難事故（第５章で詳述）は、このような状況で発生した。そして、トムラウシ山で生死を分けたのは、前日の雨で濡れた下着を着替えたかどうかだった。

鳴沢岳遭難事故においては、樹林に遮られて風が弱い中を登り、汗で濡れた下着を身に付けていた３名を、樹林を抜けた瞬間に容赦なく烈風が吹き付けた。そして、３名の身体から見る見るうちに体温を奪っていった。最初のうちは「震え」によって体内から熱を出す防衛反応が働くが、身体から奪われる熱の方が多い場合は、震えることもできなくなり、体温が維持できなくなって低体温症に至る。低体温症になってしまうと、サバイバルシート（アルミが蒸着された保温用のビニール

シート）を使ったり、樹林帯まで引き返したりするという危険回避のための正常な思考能力さえも、体温とともに烈風に奪われてしまう。もうこうなったら後戻りができず、死への道を歩むしかない。

新事実――鳴沢岳付近では山岳波による乱気流が吹き荒れていた

気象庁データによってさらに詳細な解析を進めていくと、驚くべき事実が分かった。それは鳴沢岳付近では「乱気流」が吹き荒れていた可能性が高いということである。皆さんも飛行機に乗っていて、気流の乱れによって飛行機が上下に大きく揺れる経験をしたことがあると思う。すうっと機体が上昇したかと思うと、ジェットコースターのようにサーっと下がる。何度経験しても生きた心地がせず、本当に心臓に良くない。この気流の乱れが大きくなると、飛行機が浮力を失って墜落することがある。これは乱気流が原因だ。山岳付近や山岳の上空では、山越え気流や山岳波と呼ばれる現象によって、よく乱気流が発生する。したがって飛行機のパイロットは、山岳の近くを飛ぶ時には目に見えない乱気流の存在に常に神経をすり減らしているという。

図8に、気象庁の詳細地形モデルのデータ（ＭＳＭ＝メソ気象モデルと呼ばれている。115ページのコラム参照）を使って、700ヘクトパスカル（高度約3000メートル）の風速の分布を解析した結果を示す。この図から、鳴沢岳を中心とする北アルプス付近に風速25メートル以上の非常に風が強いエリアが存在していることが分かる。

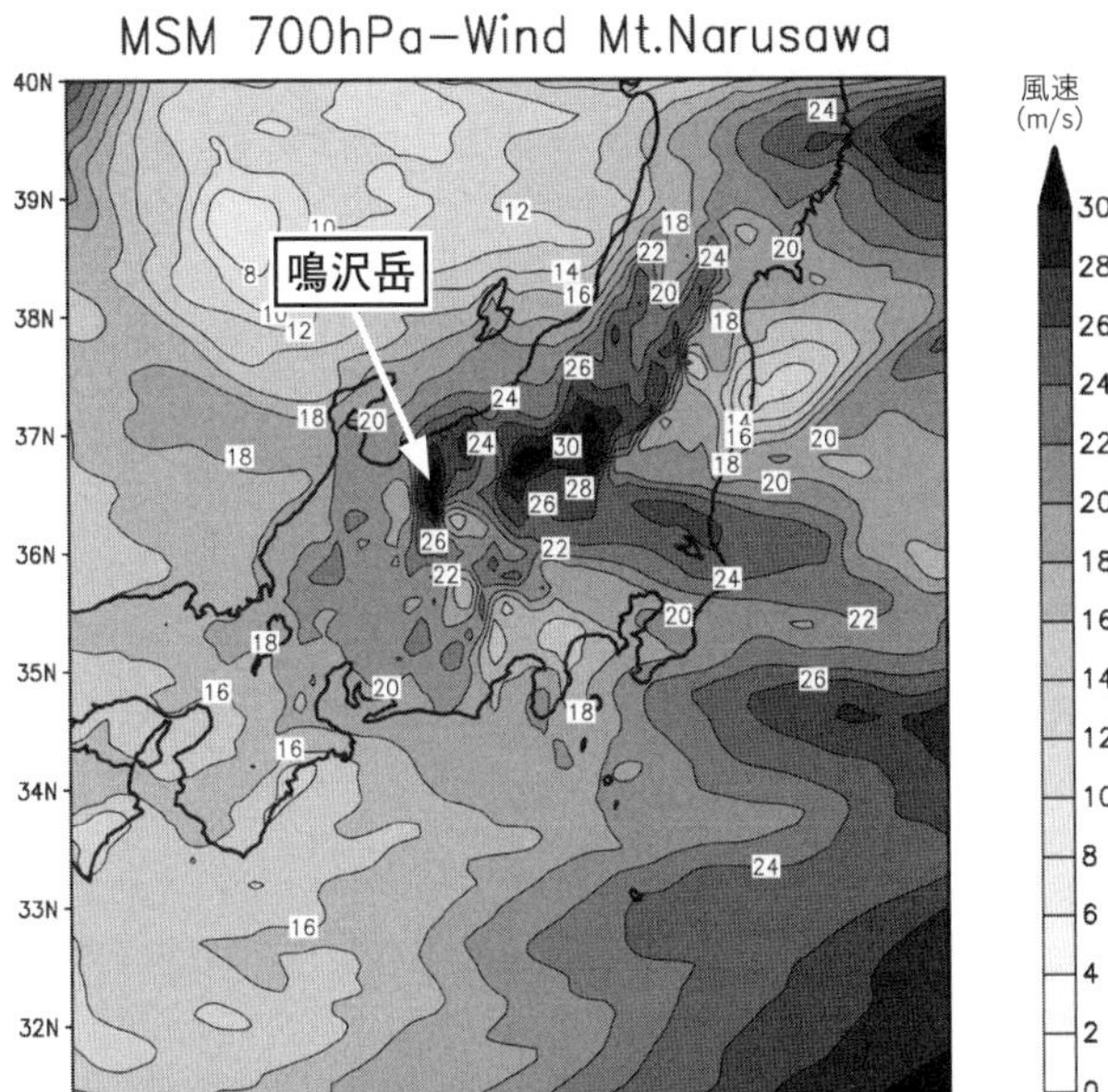

図8　2009年4月26日21時の700ヘクトパスカル（標高3000メートル付近）での風速の分布図。鳴沢岳は風速25メートル以上の暴風が吹いている

次に、鳴沢岳を通る北緯36・6度の東西方向の高度断面図で、風がどのように吹いていたのかを図9に示す。横軸は経度で、鳴沢岳は東経137・7度付近にある。縦軸は高度を気圧（ヘクトパスカル）で表していて、標高2641メートルの鳴沢岳は約735ヘクトパスカルになる。プロットした線は、気温を絶対温度で表している。それも単なる気温ではなく、そこにある空気を1000ヘクトパスカルまで運び下ろした時の気温（温位と呼ぶ）を表す。

詳細な説明は専門的になるの

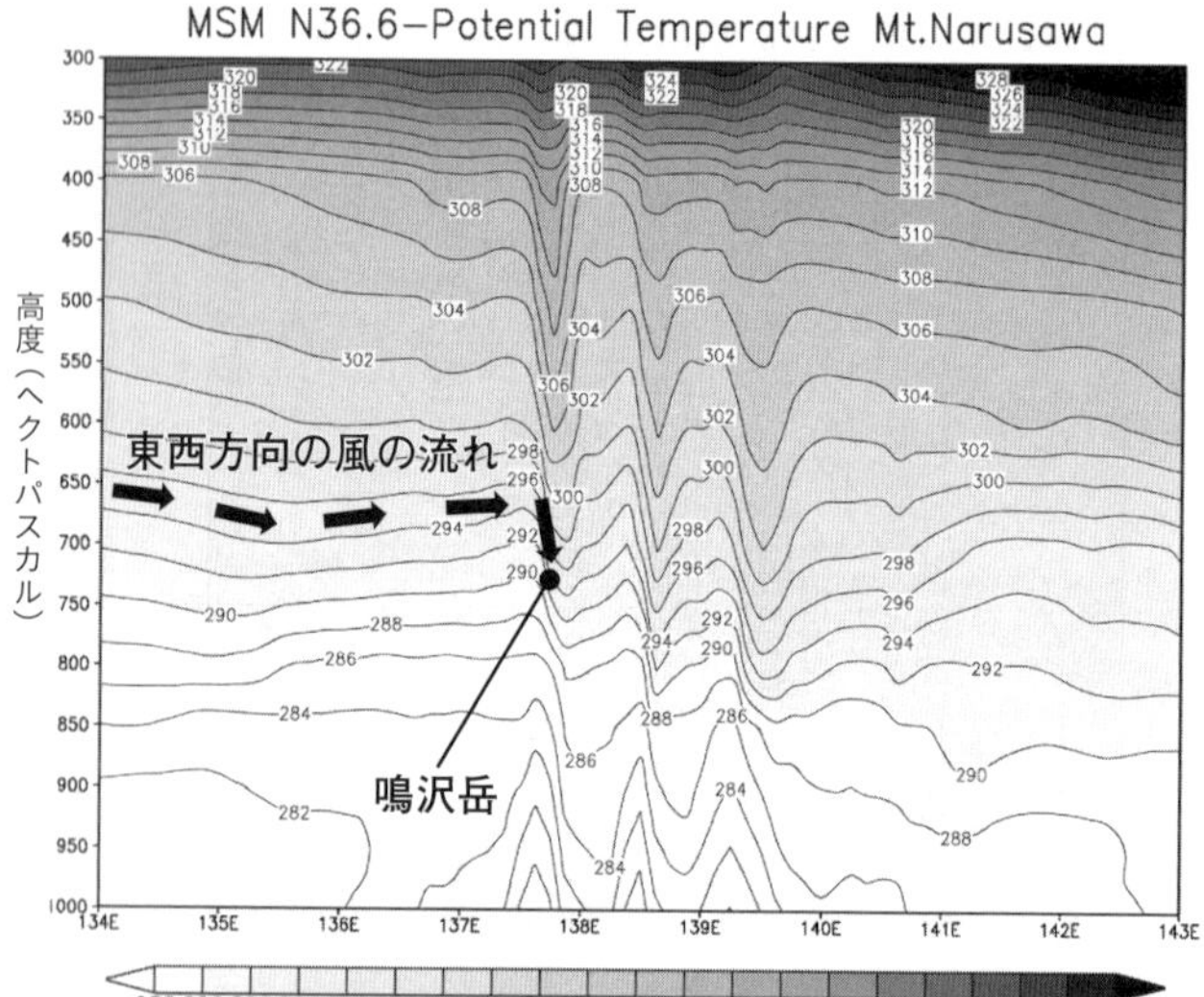

図9　2009年4月26日21時の北緯36.6度の温位の高度断面図（風の吹き方）

で省略するが、加熱されない限り空気が持っている温位は変わらないため、風は温位が同じになるラインに沿って吹くと考えてよい。したがって風は矢印で書いたように吹き、鳴沢岳付近には650ヘクトパスカル付近の風が吹き下ろしている。一般的に上空ほど強い風が吹いているため、上空の強い風が降りてきたことが鳴沢岳付近で風が非常に強くなった原因であることが分かる。しかも、このように風が吹き下ろす所では乱気流が発生しやすい。

実際に麓（ふもと）の大町でもこの日は14時過ぎから西風が強くなって、突風によってビニールハウスが飛ばされたり、信号機が折れ曲がったりしたと『鳴沢岳遭難事故調査報告書』に記されている。麓よりも風が強い鳴沢岳の吹きさらしの稜線では、乱気流によって冬山でもめったに吹かない物凄い突風が吹いたと思われる。厳冬期の黒部のエキスパートのＡさんも、自分の経験を超えたこの想像を絶する風の中で、低体温症に陥ってしまって、正常な判断力を失ってしまったと推測する。もうこうなってしまったら、これまでの経験は全く役に立たない。自然の猛威は、自分の経験におごれる者を容赦なく襲う。

3　どうすれば鳴沢岳遭難事故を防ぐことができたのか

気象情報を知っているだけでは全く役に立たない

この遭難事故の焦点の一つは、メンバー全員が事前に二つ玉低気圧による悪天を知りながら、全員が遭難死してしまったことである。遭難事故を防ぐためには、気象情報を知っているだけでは不十分で、かえって役に立たないこともある。お前は何を言っているのか、と叱られそうなので順を追って解説する。

鳴沢岳で遭難したメンバーは、それぞれが二つ玉低気圧による悪天について事前に調べて知っていて、コーチのＡさんもメンバーに悪天になることをメールで連絡している。しかし、悪天になることを知って登山を強行するならば、〝どの時点で・何があったら・どうする〟というリスクマネジメントをきめ細かく決めておくべきであった。実力のある大学山岳部なら、悪天でもあえて訓練のために登ることには反対しない。しかし、リスクをおかすならば、リスクを低減するための備えが必要である。これは、しっかりとした山岳団体や一流の登山家ならば、当たり前のようにやっている。だから、彼らはリスクを最小限にすることができて、事故に遭うことも少ない。しかるに鳴沢岳遭難事故では、気象情報が共有されたのみで、それに対するリスクマネジメントがメンバー間でされた形跡がない。

その結果、何が起きたのか。樹林帯まではリーダーの資質に問題があったAさんによるリードでも支障がなかった。しかし、樹林帯を抜けて猛烈な吹雪に襲われても、Aさんは自分の経験から鳴沢岳を越えて新越尾根から下山できるとの判断を変えずに、後続のメンバー2名を顧（かえり）みることなく、そのまま前進してしまった。ここは、まず森林限界を越える前にメンバー全員が揃って前進すべきか否かを判断すべき場面である。事前に、森林限界という重要な判断地点を決めておかなかったことが重大な結果を招いてしまった。

コーチのAさんは、これまで厳冬期の未踏ルートを開拓してきた経験から、事前にリスクに備えても、未踏ルートゆえに役に立たないことが多いと思っていたのではないだろうか。そして、その場での判断力によって未踏ルートを開拓してきた成功体験から、既存ルートなら少々の厳しい気象条件でも乗り越えられるという甘い判断をしてしまったようだ。二つ玉低気圧による悪天も、おそらく自分の想定内の予想しかできなかったであろう。その結果として、春山としては自分の想定外、そして厳冬期にも匹敵する厳しい気象条件に対して無防備で立ち向かうことになってしまった。Ａさんの厳冬期の黒部での豊富な経験が、かえって判断力を鈍らせる仇（あだ）になってしまった。

想定外といっているから遭難事故はなくならない

２０１１年の東日本大震災による津波災害と福島第一原発事故、２０１９年の「令和元年東日本台風」による大雨災害など近年の自然災害によって大きな被害を受けると、「想定外」だったという言葉が毎回のように繰り返される。山岳遭難でも、よく聞く言葉だ。しかし、この「想定外」という言葉は、あらゆる角度から起こりうるすべての状況を考えつくして、それに対する対策を取った者だけが使うことを許される。自然災害や遭難事故において、ほとんどの場合、そこまで考えつくされていない。

あらゆる状況に対して、完璧に備えることは難しいが、少なくとも山岳という危険地帯に足を踏み入れる以上は、まずは色々なリスクを想定して備えることから始めよう。気象情報を知っていても、それに対するリスクへの備えが事前にできていないと、前述のＡさんのように、かえって誤った判断に陥る事態になってしまう。

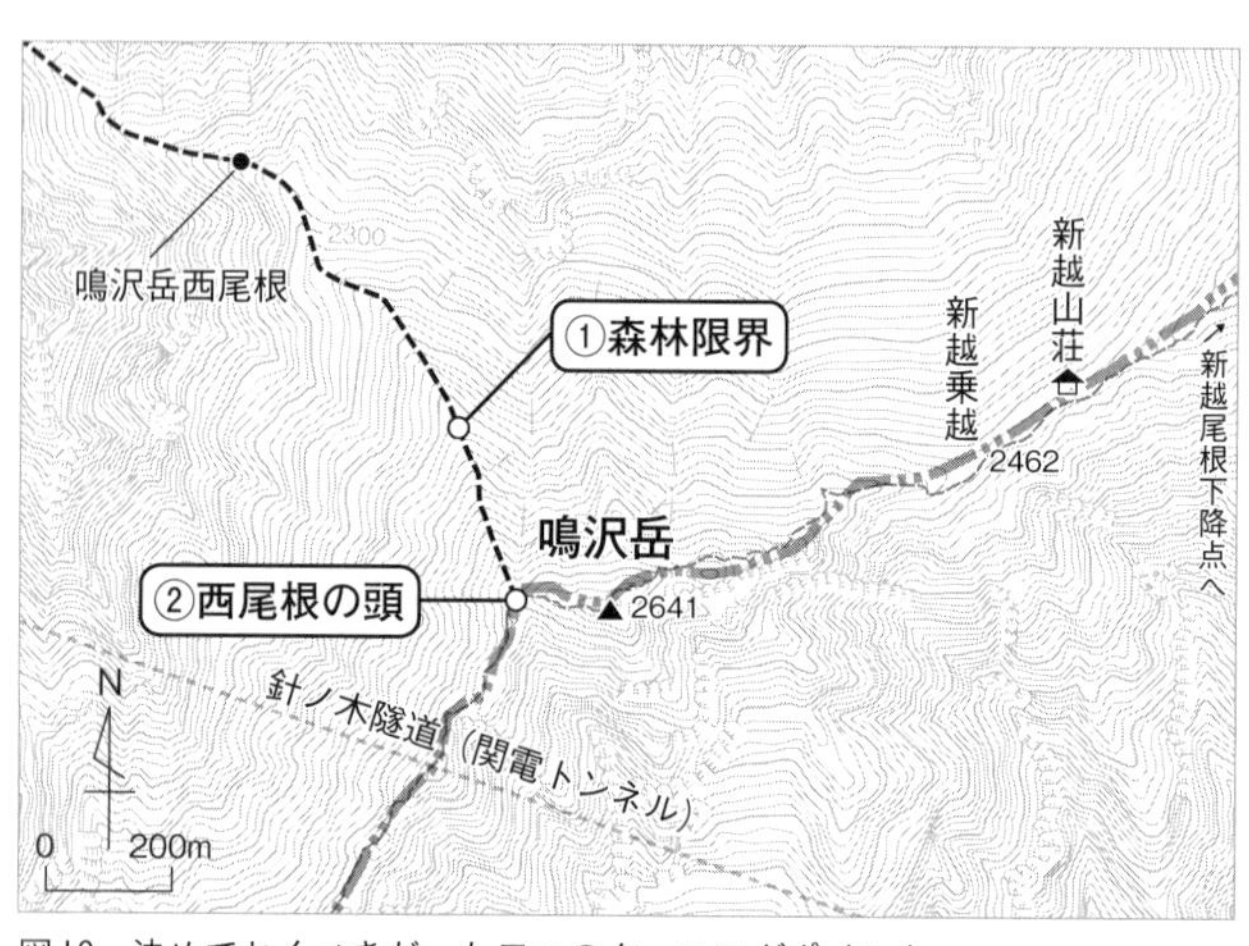

図10　決めておくべきだった二つのターニングポイント

ターニングポイント（引返し点）を決めておく

鳴沢岳遭難事故の場合は、事前にメンバー全員が二つ玉低気圧による悪天を知っていた。それでも行くならば、ターニングポイント（引返し点）を事前に決めておくことが極めて重要である。図10に示すように、この場合の第1のポイントは森林限界となる。樹林帯を抜けた途端に強風を受けて、樹林帯の登りで汗に濡れた身体を冷やすことになることを想像するのはさほど難しいことではない。どのような状況だったらここで引き返すのかという判断基準まで、事前に決めておく必要がある。

前述したように〝風速1メートルあたり体感温度が1度C下がる〟、〝身体が濡れている〟、そして〝冬山ではなく春山の衣服〟ということを合わせて考えれば、まっすぐに歩けなくなる風速15メートル以上の強風が吹いていたら、森林限界から先に進んではいけなかった。コーチのAさんは、森林限界で後続の2名のメンバーが追いつくのを待って、撤退の判断を下すべきであった。

そして第2のポイントは、鳴沢岳の主稜線と出合う西尾根の頭となる。爆弾低気圧が発生した時には、ほとんどの場合、山では西寄りの風となる。それゆえ、南北に伸びている西尾根では雪庇に注意しながら尾根より少し東の方に寄ってトラバース気味に登れば、多少なりとも西寄りの強風を避けることができる。しかし、西尾根の頭から鳴沢岳までは東西に伸びる尾根であるため、西寄りの風を避けることができない。したがって強風が続く状況なら、西尾根の頭から先に進むべきではない。

このように気象情報に加えて、山岳の地形、雪の状況、植生などの様々な情報を考慮して、ターニングポイントをあらかじめ決めておくとよい。気象情報だけでなく山の情報も考えて、想定されるリスクに備えてこそ、本当の意味で気象情報が生きる。

行動しながら食べ物を補給する――サバイバルのための重要ポイント

『鳴沢岳遭難事故調査報告書』には触れられていないが、行動しながら食べ物を補給することも、低体温症の恐れがある厳しい気象条件において生き延びるための重要なポイントである。低体温症は、体温を維持するために人体が出している熱よりも、低温や強風の環境で人体から奪う熱の方が大きくなった時に起きる。そして、人体が熱を作り出すためには、食べ物から熱エネルギーとなるカロリーを補給してやる必要がある。低温や強風などの厳しい気象条件では、人体はそれに打ち勝つだけの熱を作り出す必要があるので、休憩のたびに食べ物を補給するだけではカロリーの補給が間に合わない。したがって、チョコレートや羊羹(ようかん)など、凍らず、小分けにできるものをポケットに入れておいて、行動しながら食べ物を補給するのが常套手段である。

しっかりとした山岳団体に所属していれば、このようなサバイバルの知識を先輩などから教えてもらえるが、個人登山者の中には知らない人も多いと思う。低体温症にならないためには、〝行動しながら食べ物を補給〟――ぜひ、覚えておいてほしい。

4　将来の気候変動によって爆弾低気圧はどうなるのか

気候変動によって台風並みに強い爆弾低気圧が増加する

昔から爆弾低気圧は、船乗りや登山者に恐れられてきた。では、将来の気候変動によって、この爆弾低気圧はどうなっていくのであろうか。現在の予報技術をもってしても確かなことは誰にも分からないが、将来に起こりうるリスクについては最新の研究によって色々と分かってきている。そ

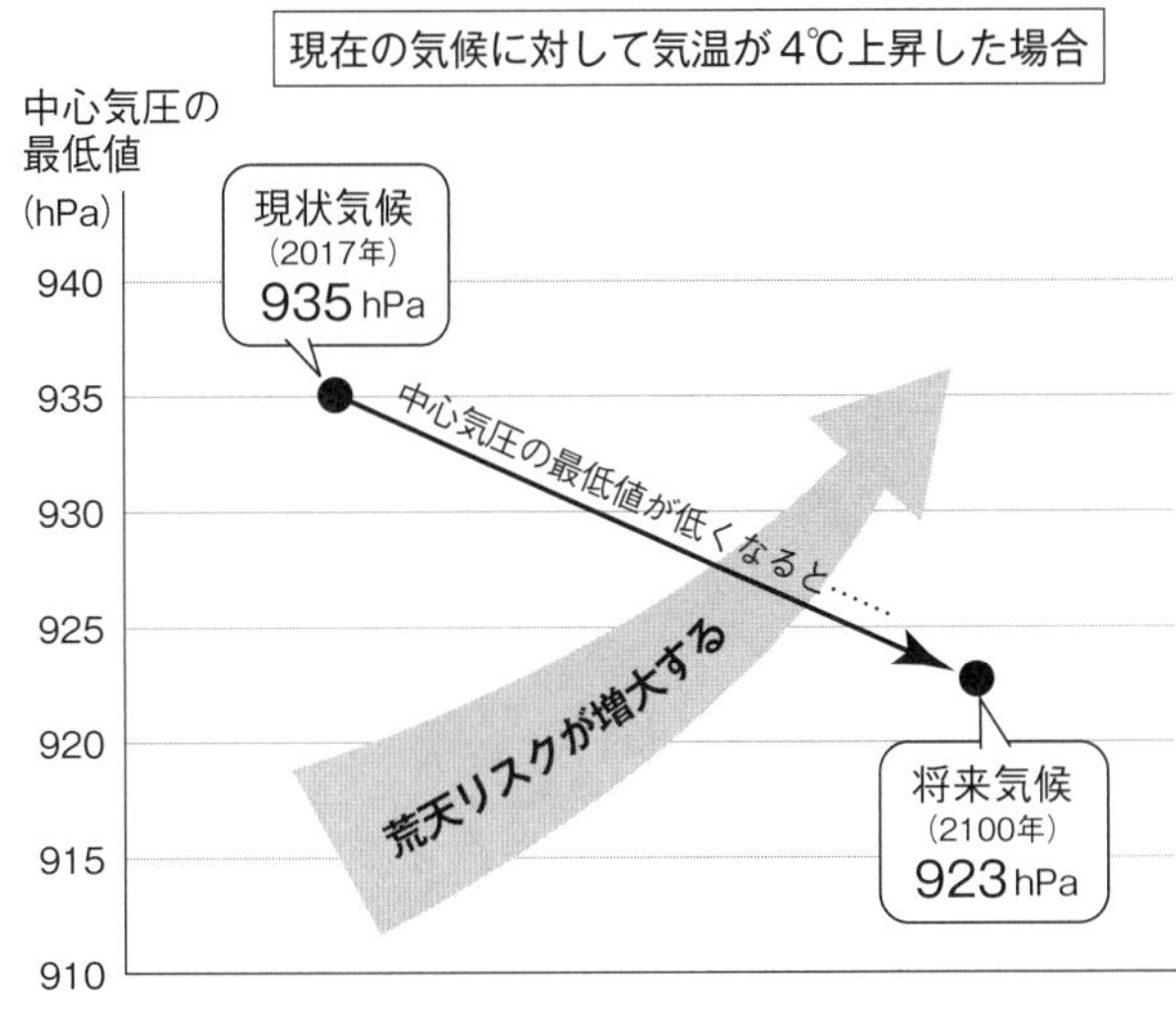

図11　将来気候の爆弾低気圧の強さのイメージ

の一つとして、２０１７年に金沢大学によって発表された論文について紹介する。

ずばり、結論は将来の気候変動によって爆弾低気圧の発生数は変わらないが、〝台風並みに強い爆弾低気圧の割合が増加する〟ということである。そして、爆弾低気圧は日本列島の南岸を通過する低気圧よりも日本海を通過する低気圧の割合が増加するという非常に興味深い結果になっている。

現在気候と将来気候における爆弾低気圧の中心気圧についてのシミュレーションデータを金沢大学が解析した結果を、簡略化して図11に示す。将来気候とは、現在の気候に対して気温が４度Ｃ上昇した場合を仮定している温暖化の最悪シナリオとなり、２１００年頃の気候を想定している。このような不確実な

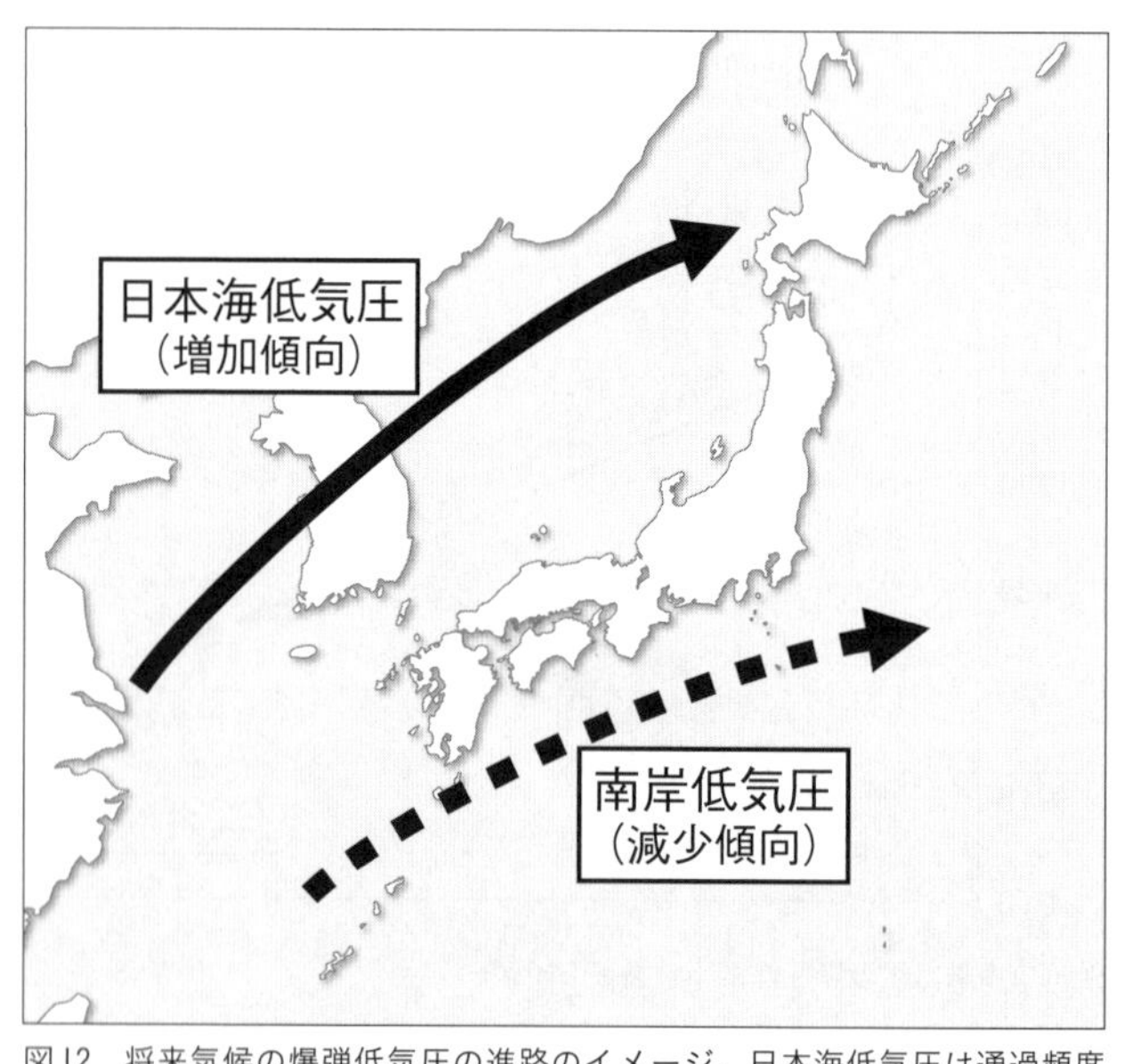

図12　将来気候の爆弾低気圧の進路のイメージ。日本海低気圧は通過頻度が増加、南岸低気圧は通過頻度が減少する傾向がある

将来の予測のためには、一つの計算結果ではなく、複数の計算を実施して傾向を見るという方法が一般的な研究手法になっている。これは「アンサンブル計算」と呼ばれていて、気象庁の1か月予報や3か月予報などの長期予報でも使われている「アンサンブル予報」と同様の手法であるが、もっと長期間にわたるシミュレーション実験を実施していることが異なる。

低気圧の中心気圧の最低値を比較すると、現在気候よりも将来気候の方が、爆弾低気圧の中心気圧が低くなる傾向にあることが分かる。そして、現在気候による60年に1回の頻度で発生する爆弾低気圧の中心気圧の最低は935

ヘクトパスカルであるのに対して、将来気候では９２３ヘクトパスカルまで低下する。つまり台風並みに強い爆弾低気圧が増えて、荒天リスクが増大するということになる。

日本海を通る爆弾低気圧の割合が増える

図12に、金沢大学の論文が示した将来気候における爆弾低気圧の進路の解析結果を示す。ここからいえることは、日本海低気圧は爆弾低気圧になりやすくなる一方で、南岸低気圧は爆弾低気圧になりにくくなるということである。

なぜこのような傾向が出てくるのかはまだ研究段階であり、理由ははっきりしていないが、気候変動によって低気圧が発達しやすいエリアが北の方に移動していく傾向にあるのかもしれない。

金沢大学による解析結果から予想されること

将来気候において、台風並みに強い爆弾低気圧の割合が増えて、さらに日本海低気圧が爆弾低気圧になる割合が増える傾向にあることは、どのようなリスクをもたらすのであろうか。現在気候でも日本海低気圧は、通過する前から通過時にかけて南から暖かい風が入るため、気温が上昇して雪崩（なだれ）の危険がある。将来気候では、中心気圧が低くなるため暖かい風が強く吹くようになり、多雪地帯では雪崩の危険性がさらに増加するであろう。なお、将来気候においても、中部山岳の北部ではかえって積雪が増えるというシミュレーション結果が出ている（第7章参照）。南風が台風並みに強まる恐れもある。

そして、日本海低気圧が通過した後は、寒気が入って日本海側の山を中心に吹雪となることが多いが、低気圧の中心気圧が低くなった分、猛吹雪となる恐れがある。おそらくは、爆弾低気圧の通過前後の気温差も、現在気候よりも大きくなるであろう。現在でも、日本海低気圧の通過時の雨に濡れた身体を、通過後の吹雪にさらすことによる低体温症の遭難事故が後を絶たないことを考えると、日本海低気圧に対する一層の注意が必要となってくるであろう。

■コーヒーブレイク①

気象庁55年再解析ＪＲＡ－55について

解析技術の進歩によって詳細な気象解析データが一般に入手できるようになったのは２００６年頃からである。したがって、それ以前に起きた山岳遭難の気象状況を知ることは非常に難しかった。そのような過去の気象状況を解析するには、気象庁55年再解析ＪＲＡ－55が非常に役に立つ。ＪＲＡ－55は「Japanese 55-year Reanalysis」の略で、「ジェイラ・ゴー・ゴー」と読む。この読み方から分かるように競馬（日本中央競馬会）とは全く無関係である。（なお、ＪＲＡ－55の命名者が競馬好きであったかどうかは定かではない）

ＪＲＡ－55は、気象庁の気象観測所やラジオゾンデ（高層気象観測用の気球）などの当時の観測値を使って、現在の解析技術により再解析することによって、過去の気温、風などの大気の状態を再現したものである。ラジオゾンデによる観測体制が整備された１９５８年からの55年間のデータがある。ＪＲＡ－55を使えば過去の山岳遭難の気象状況を鮮やかに蘇らせることができるため、これまで分からなかった過去の遭難事故の真因が明らかになることが期待される。

第2章　山岳を襲う豪雨

1　梅雨についてもっとよく知っておこう

日本ではどの時期にどれぐらいの雨が降るのか

まずは、1年のうちで、どの時期に雨が多いのかを見てみよう。図1は、気象庁の統計データを使って、中部山岳付近にある気象庁の観測所の代表として、松本での月合計降水量の平年値をグラフにしたものである。ざっと眺めると、夏から秋にかけて降水量が多く、6月・7月と9月にそれぞれ降水量のピークがあることが分かる

このうち第一のピークがいわゆる梅雨のシーズンの雨である。多くの人がご存知の通り、梅雨前線が日本付近に停滞して、その活動が活発になることによって、毎年のように豪雨をもたらす。梅

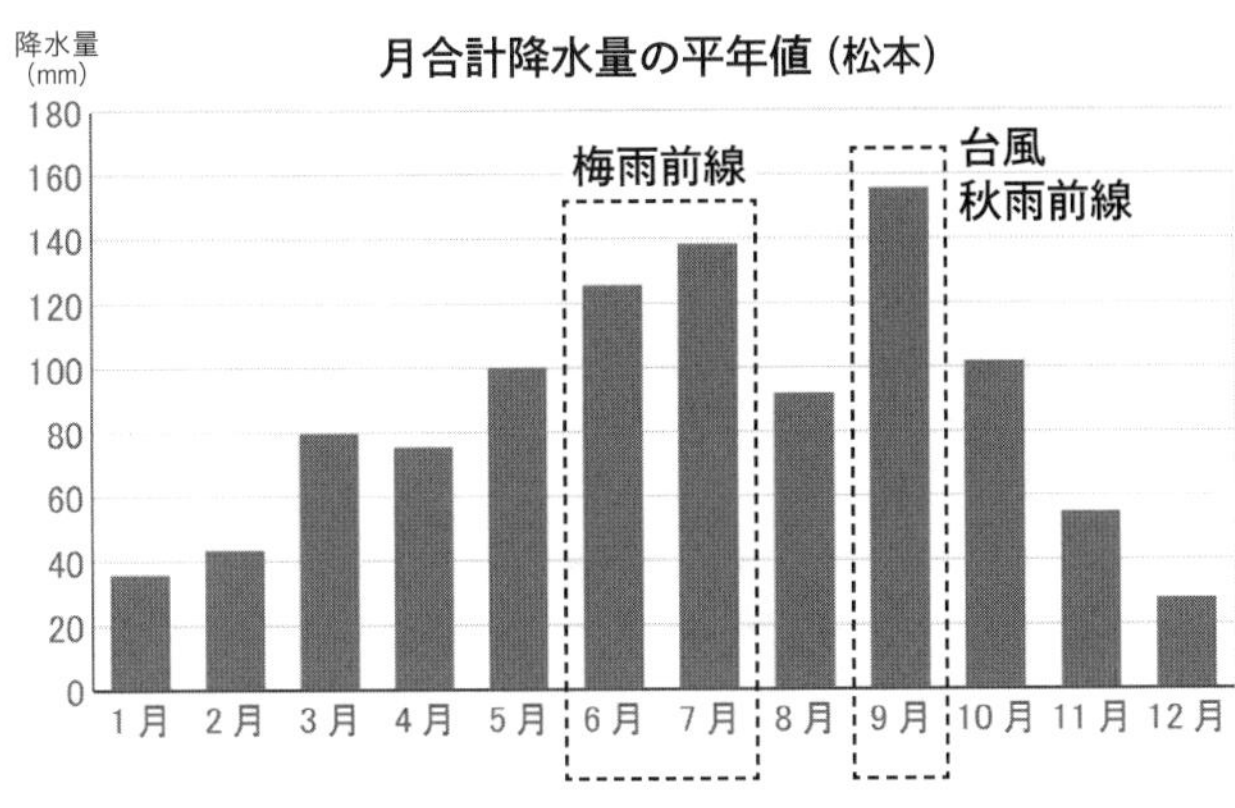

図1　松本の月合計降水量の平年値。6・7月と9月の二つのピークがある

雨時に接近してくる台風もあるが、少数であり日本に上陸することはあまりない。ただし、離れたところにある台風が梅雨前線に向かって、大量の湿った空気（積乱雲の原料）を送り込むことによって、台風が間接的に大雨をもたらすことはよくある。この場合でも主役は、あくまで梅雨前線である。

第二のピークの主役は、いうまでもなく台風である。秋雨前線だけによる大雨や、秋雨前線と台風の合わせ技による大雨もあるが、やはりこの時期は台風シーズンであり、台風による雨が多い。

梅雨の時期の雨はどこでたくさん降るのか

次に、梅雨の時期にどこで雨が多いのかを見てみよう。図2は、6月と7月の月合計降水量の平年値の分布を示したものである。6月と7月ともに降水量が圧倒的に多いのは、大多数の人が持つイメージ通りやはり九州であ

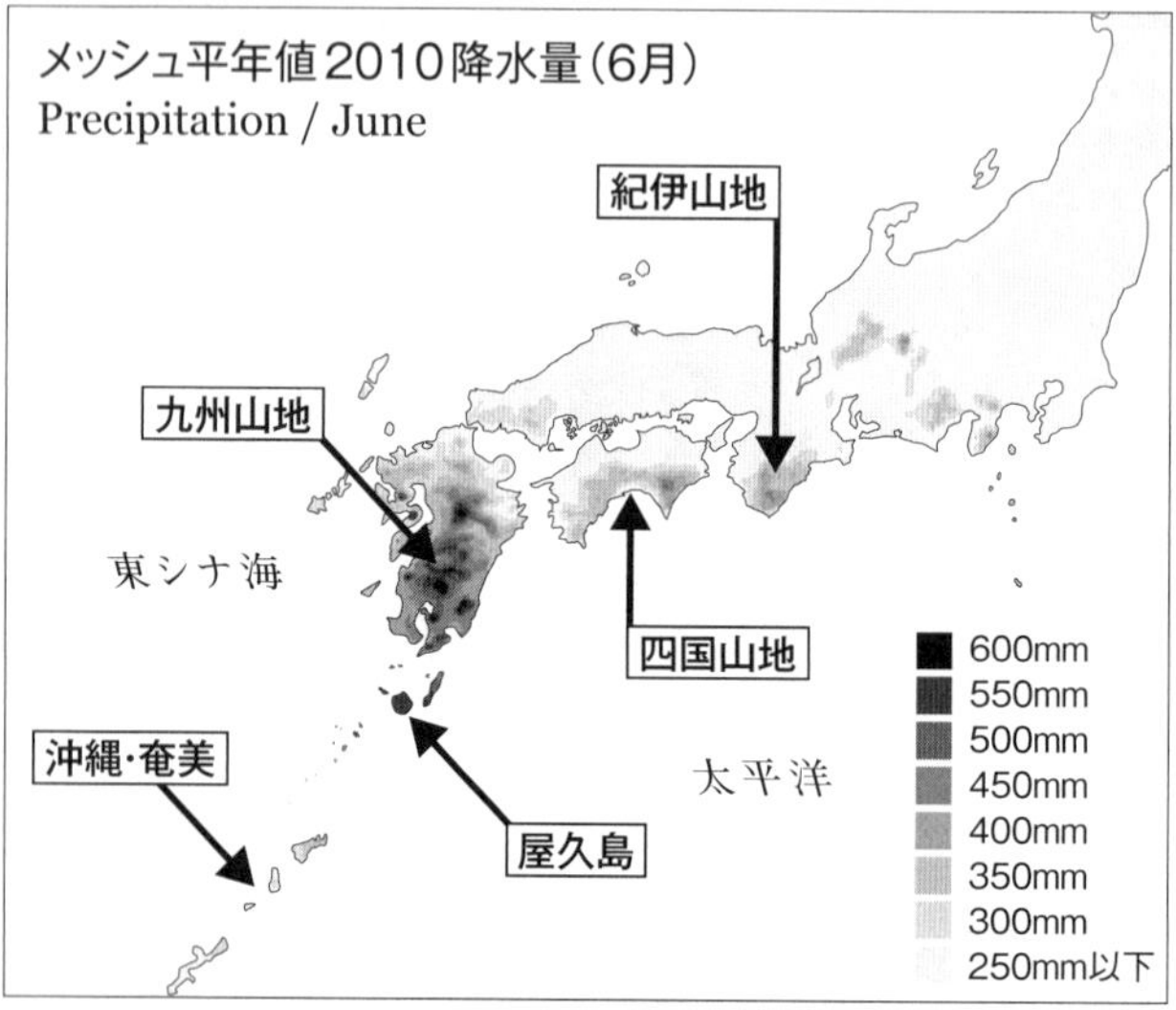

メッシュ平年値2010降水量（6月）
Precipitation / June
紀伊山地
九州山地
東シナ海
四国山地
沖縄・奄美
屋久島
太平洋
600mm
550mm
500mm
450mm
400mm
350mm
300mm
250mm以下

メッシュ平年値2010降水量（7月）
Precipitation / July
両白山地〜伊吹山地
北アルプス
〜南アルプス
天城山
太平洋
600mm
550mm
500mm
450mm
400mm
350mm
300mm
250mm以下

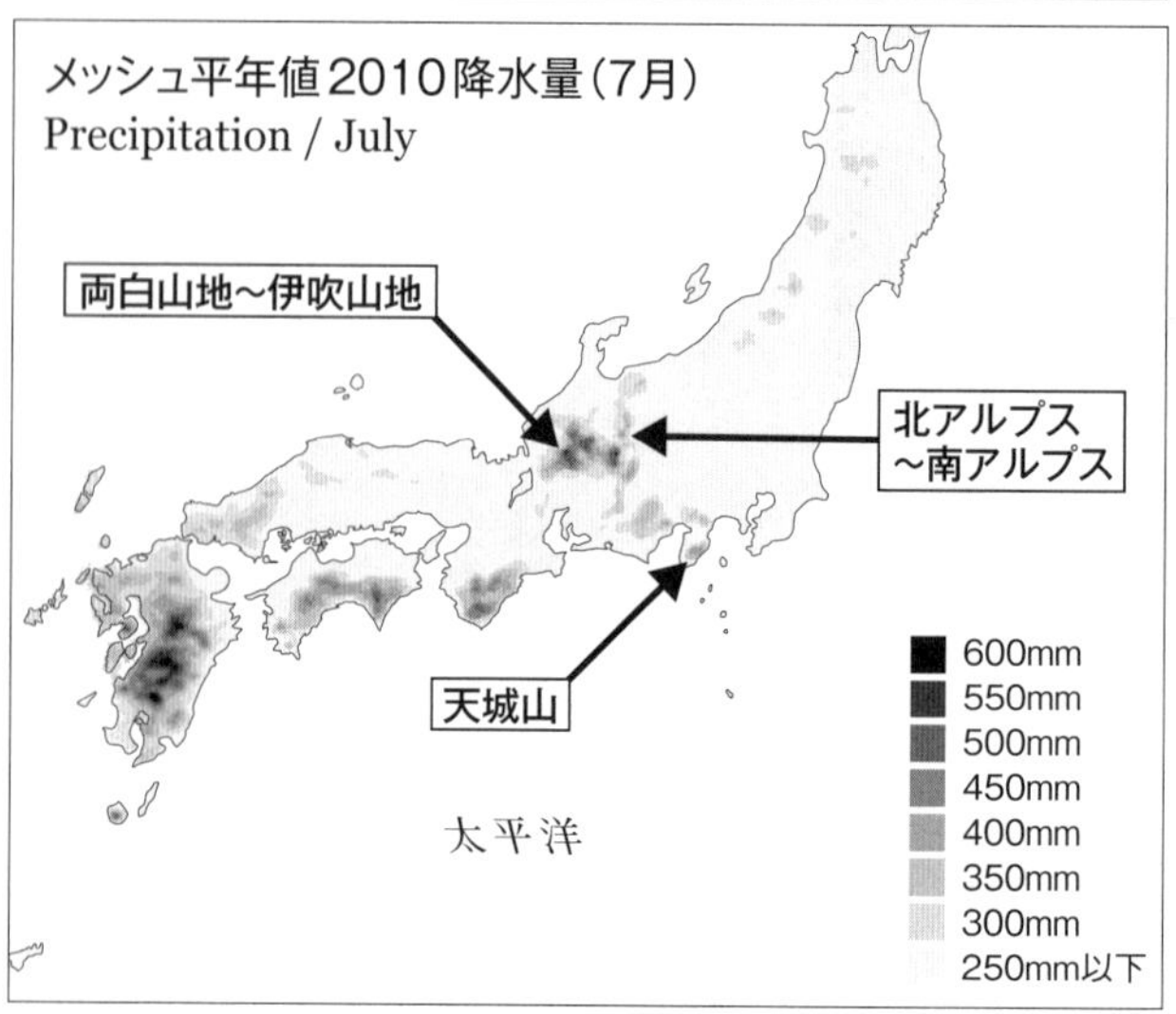

図2　6月と7月の月合計降水量の平年値（統計期間1981〜2010年）

る。よく見ると、九州全体ではなく山の付近で降水量が多くなっている。太平洋や東シナ海から入ってくる湿った空気が九州山地とぶつかることによって、積乱雲が発達しやすくなるためである。屋久島も雨が非常に多い。〝ひと月に三十五日雨が降る〟（林芙美子『浮雲』）と表現されているほどである。屋久島は四方が海で囲われていて、どちらの方向から風が吹いても、暖かい海上の湿った空気が宮之浦岳（１９３６メートル）にぶつかって雲ができるため、１年を通じて雨が多い。特に６月は雨が多く、たとえば２０２０年６月は気象庁の観測データで雨が全く観測されなかった日はゼロであった。そして、太平洋からの湿った空気が南西の風によって直接ぶつかる四国山地や紀伊山地でも雨が多い。

７月に入ると梅雨前線が本州付近に北上してくるため、沖縄・奄美は梅雨明けして、大雨が降る場所は主に西日本から東日本になる。そして、白山などの両白山地から伊吹山地、北アルプスから南アルプスにおいて多くの雨が降っている。また、『天城越え』で有名な伊豆半島の天城山付近でも降水量が多い。

なぜ日本に梅雨があるのか、そして大雨が降るのか

では、なぜこのように梅雨時には日本付近に梅雨前線が停滞して、時として大雨をもたらすのであろうか。思わぬ大雨によって山で遭難しないようにするためには、まず敵の正体をよく知ってお

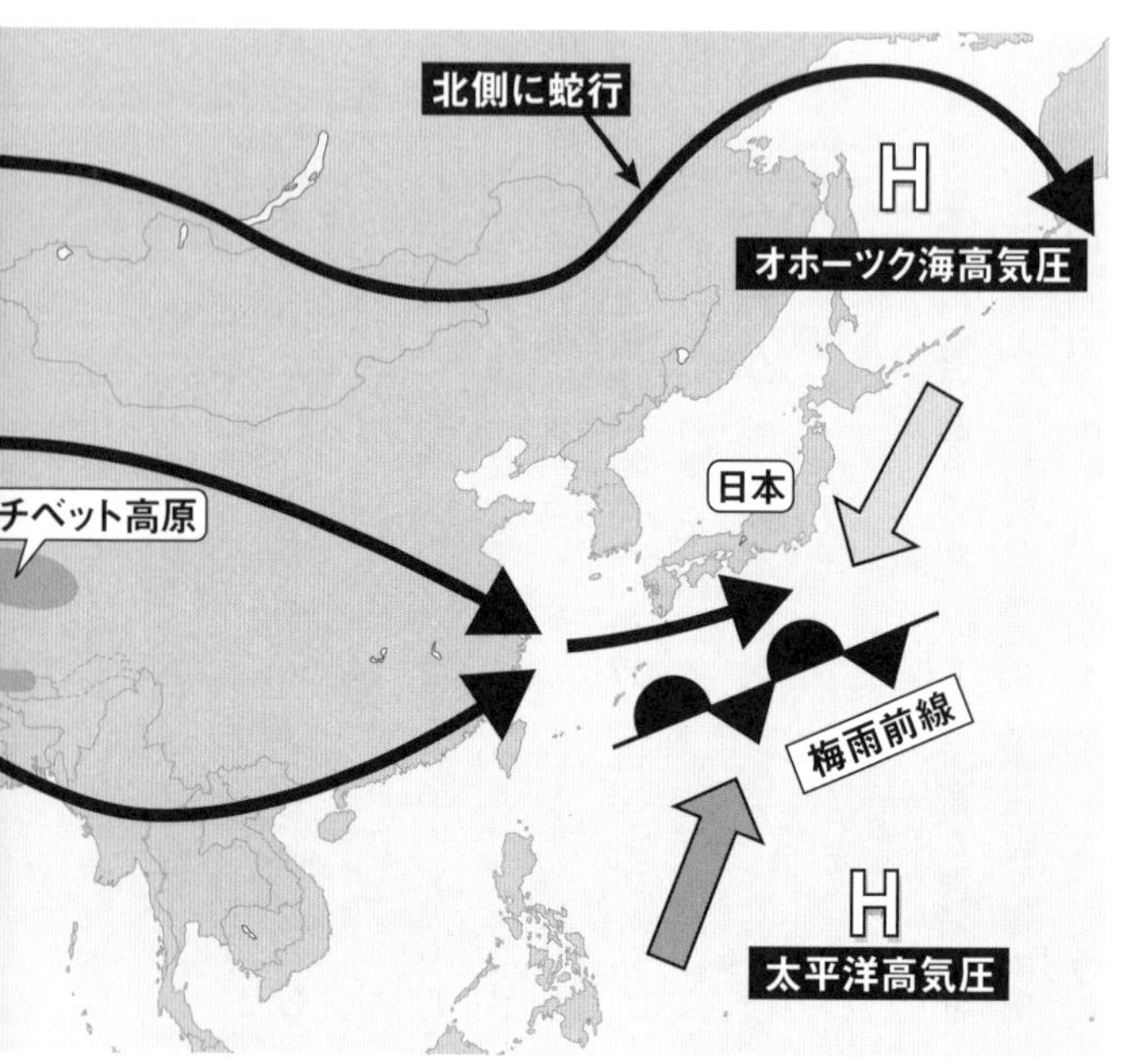

図3　日本の梅雨のメカニズム。チベット高原が梅雨前線を強めている

く必要がある。

実は日本の梅雨には、平均の標高が4500メートルもあるチベット高原と、その周辺の山脈――ヒマラヤ山脈や崑崙（こんろん）山脈などの7000メートルを超える高い山が大きく関わっている。チベット高原とその周辺の高い山がなければ日本の梅雨はないというシミュレーション結果もある。それはまさに広大なスケールで起きている現象である。

日本を含む中緯度のエリアでは、上空に「寒帯前線ジェット気流」と「亜熱帯ジェット気流」という二つの強い西風が流れている。梅雨のシーズンは寒帯前線ジェット気流がオ

ホーツク海付近で大きく北側に突き出すように蛇行することが多い。一般的に、ジェット気流が北側に蛇行すると、そこで下降気流が発生して、地上付近の高気圧を強める。オホーツク海は、もともと水温が低く、海上の空気が冷やされて密度が高くなることによって高気圧ができやすい。そして、上空からの下降気流が海上の高気圧を強める。このようにしてできるのがオホーツク海高気圧である。

一方で、日本の南には太平洋高気圧があって、夏に近づくとともに勢力を強めて日本付近に張り出してくるようになる。そして、地上付近ではオホーツク海高気圧から吹いてくる冷たい北東の風と、太平洋高気圧から吹いてくる暖かく湿った南西の風が日本付近でぶつかり合うことになる。気温や湿度などの性質が違った空気がぶつかり合った所では、冷たい空気が暖かく湿った空気を押し上げるため、そこに雲ができて雨が降る。この二つの空気がぶつかり合った所が梅雨前線である。

そして、もう一つのジェット気流である亜熱帯ジェット気流がチベット高原とその周辺の高い山の手前までやって来ると、それらを避けるように南北に分かれて流れる。ジェット気流は、東シナ海付近の上空で再び合流することによって速度が速くなる。ジェット気流の速度が速くなると、一般的に地上付近の前線を強めることになる。要するに、チベット高原の存在が日本付近の梅雨前線を強めるということになる。

太平洋高気圧から吹いてくる空気は、温かい熱帯域の海からもらった大量の水蒸気（積乱雲の原料）を含んでいる。そのため、梅雨前線の活動が活発になった時には積乱雲が発達して、この大量の水蒸気（気体）が雨（液体）となって、豪雨をもたらすのである。

季節が進み、亜熱帯ジェット気流が北上してチベット高原の北側を流れるようになると、梅雨前線の活動は次第に弱まっていく。それと同時に太平洋高気圧の勢力はさらに強まるため、梅雨前線は弱まりながら北上して消滅し、日本の梅雨が明ける。

〝北海道は梅雨がない〟が定説だが蝦夷(えぞ)梅雨はある

北海道はオホーツク海高気圧に近く、オホーツク海高気圧に覆われやすいため梅雨はないとされている。気象庁による梅雨入りや梅雨明けの発表も、梅雨がない北海道は対象外である。それでも梅雨のような曇りや雨の日が続くことがある。このような北海道での梅雨に似た天候のことを「蝦夷梅雨」と呼んでいる。ちょうどライラック（フランス語でリラ）が咲く頃なので、リラ冷えとも呼ばれている。

しかし、これはオホーツク海高気圧から入ってくる冷たくて湿った空気（太平洋高気圧から入る湿った空気よりかなり水分量は少ない）によってもたらされるものである。北海道以外の梅雨のようにオホーツク海高気圧と太平洋高気圧の双方によってもたらされるものではないため、蝦夷梅雨は本当の意味での梅雨ではない。

一方、梅雨前線は青森県付近まで北上するため、東北地方までは梅雨がある。しかし、西日本や東日本より北上が遅れるため、梅雨の前半は比較的晴れる。そのため東北地方の山は梅雨の前半が狙い目であることは、多くの人がご存知の通りである。

どんな時に豪雨になるのか

梅雨時に豪雨になるパターンはいくつかあるが、代表的なものについて解説したい。まず、梅雨前線が活発な状態を維持して長期にわたって停滞するパターンで、２０２０年の「令和2年7月豪雨」（図4）がその典型的な事例である。

２０２０年の7月は、梅雨前線が3日から31日にかけて、かなりの長期間にわたって日本付近に停滞した。線状降水帯（線状に伸びた強い雨が降るエリアが停滞して豪雨をもたらす）が発生したことによって、非常に激しい雨が長時間続いたため、九州、中部地方、東北地方などの広い範囲に大きな被害を与えた。熊本県、鹿児島県、福岡県、佐賀県、長崎県、岐阜県、長野県の七つの県に大

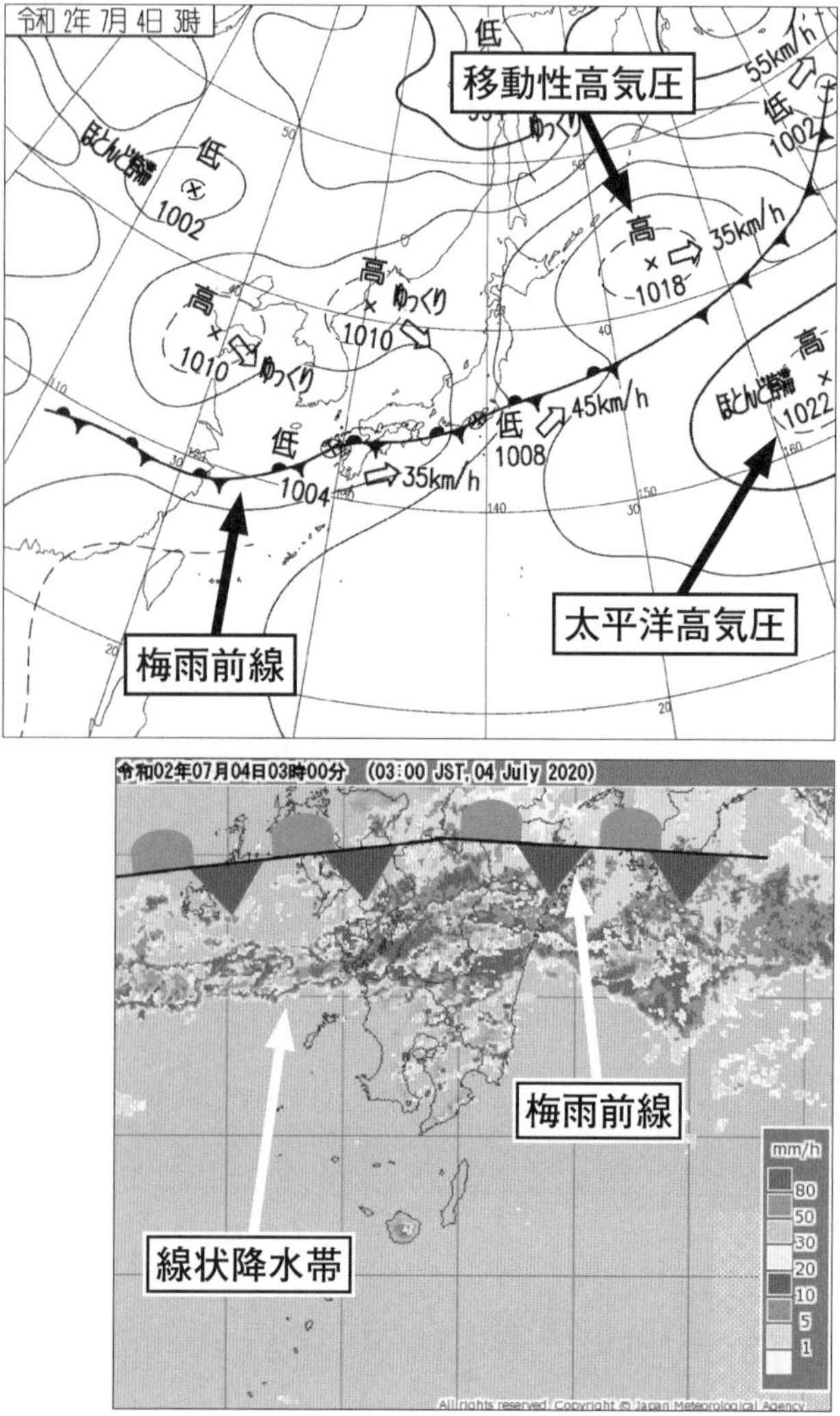

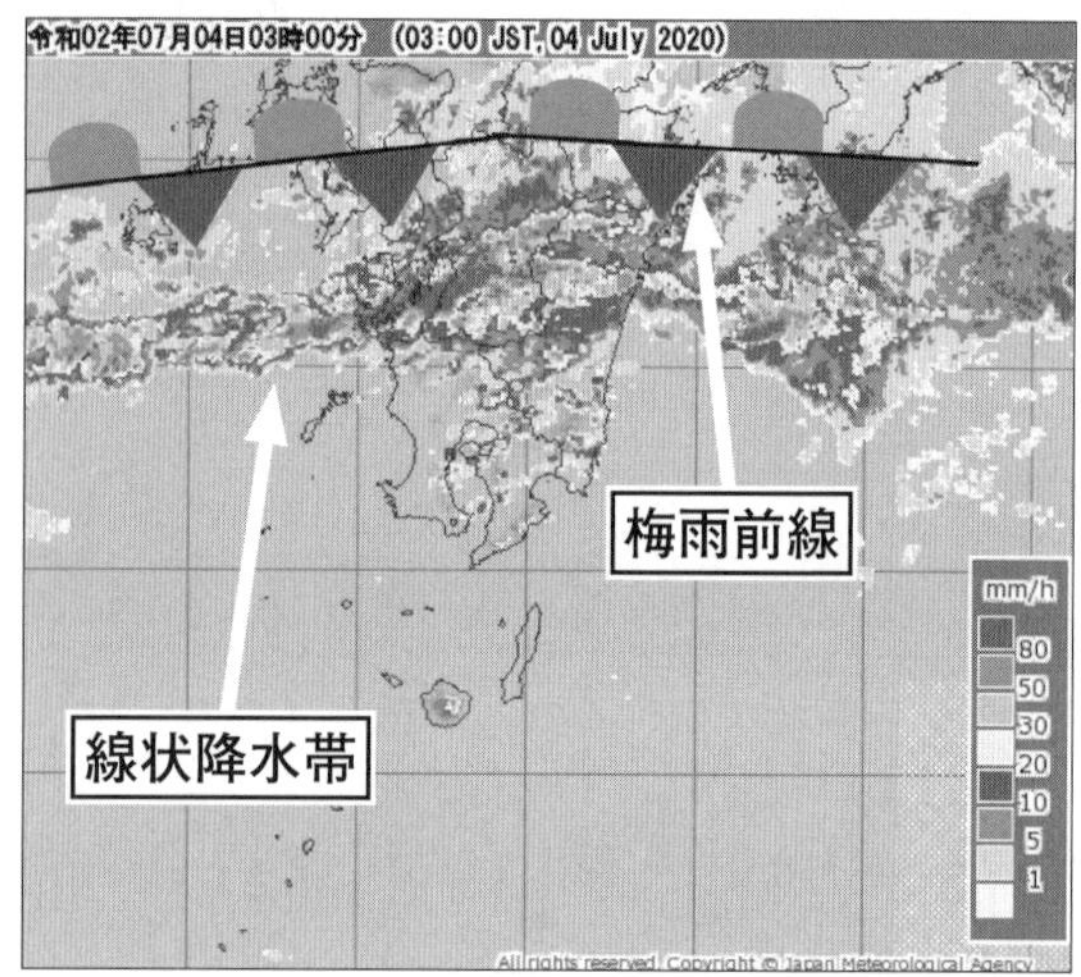

図4　令和２年７月豪雨。上は2020年７月４日３時の地上天気図、下は降水レーダー。梅雨前線の南側にできた線状降水帯が激しい雨をもたらした

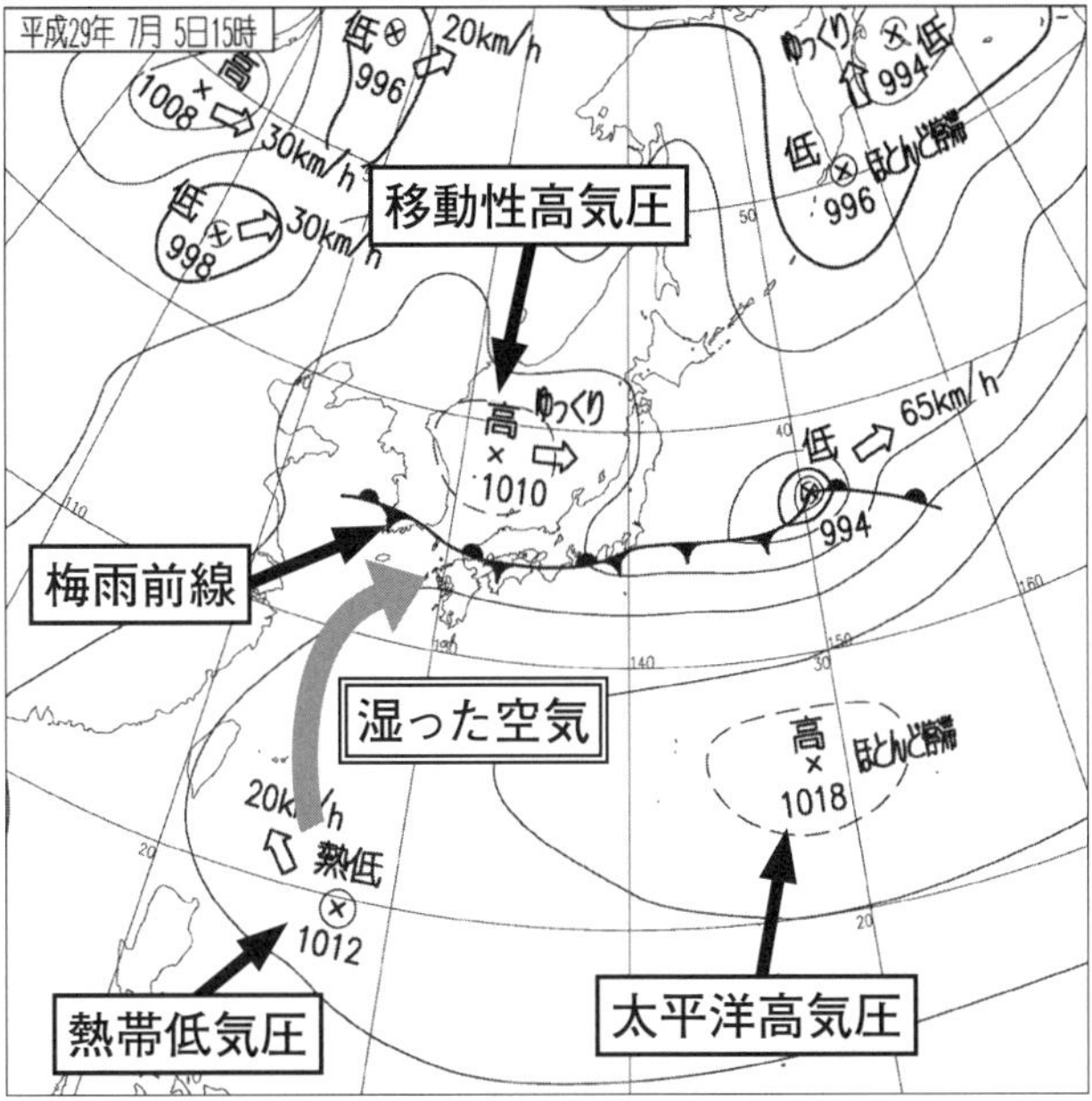

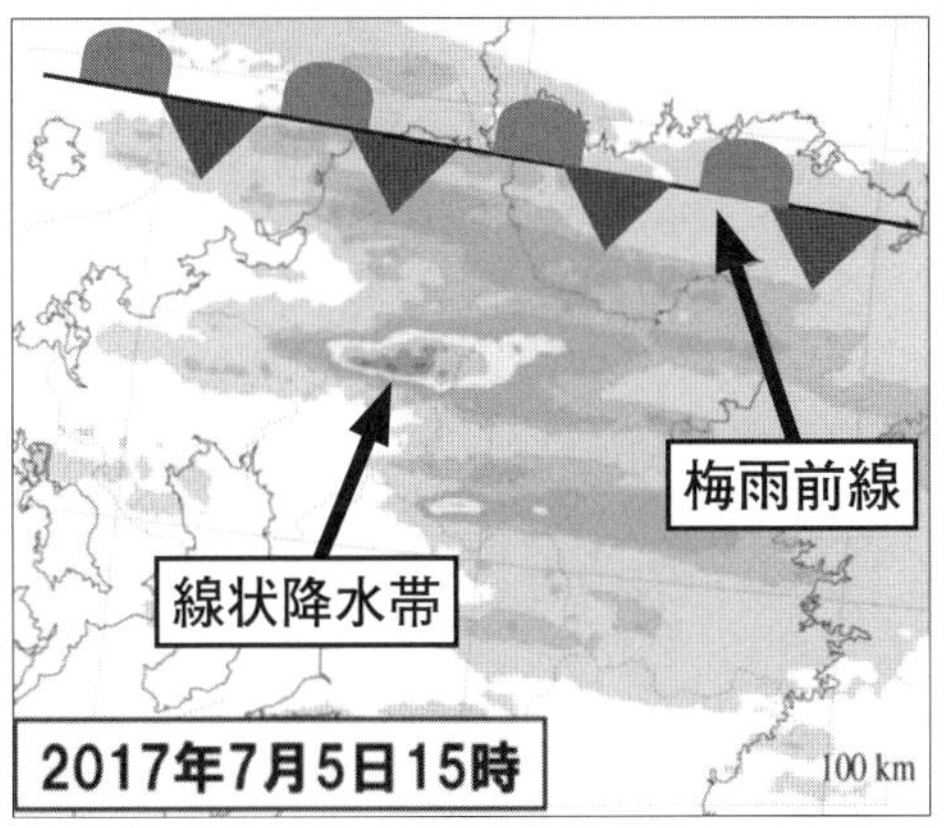

図5　平成29年7月九州北部豪雨。上は2017年7月5日15時の地上天気図、下は同時刻の九州北部の3時間降水量。南海上の熱帯低気圧が豪雨の犯人

雨特別警報が出たのは記憶に新しい。なお、オホーツク海高気圧は常に存在しているわけではなく、図4や5のように移動性高気圧がオホーツク海高気圧の役割を果たすこともある。

次によく起きるのは、梅雨前線から少し離れた南の海上にある台風や熱帯低気圧によって豪雨が発生するパターンである。梅雨前線に向かって、台風や熱帯低気圧から熱帯の非常に湿った空気が入るため、梅雨前線の活動が活発になって大雨になる。要するに、雲を作る原料となる水蒸気が、台風や熱帯低気圧それ自体やその周辺にたっぷりとあるため、台風や熱帯低気圧が梅雨前線に雲を作る材料を渡し、積乱雲を作るお手伝いをしているようなものである。

このパターンの最近の実例は、２０１７年の「平成29年7月九州北部豪雨」（図５）である。7月15日は、沖縄の南にある熱帯低気圧から湿った空気が梅雨前線に向かって大量に流れ込んだため猛烈な雨となり、福岡県と大分県に大雨特別警報が発表され、大きな被害を与えた。この豪雨の時にも線状降水帯ができていた。

近年の豪雨をもたらす犯人「線状降水帯」

積乱雲が次々と発生し、線状に連なって同じ場所に停滞するのが線状降水帯である。一つ一つの積乱雲の寿命はせいぜい30～60分ぐらいであるのに対して、いったん線状降水帯ができてしまうと、数時間にもわたって大雨が続くことになる。これが線状降水帯によって豪雨になる理由である。そして、線状降水帯は梅雨前線の少し南側にできる。したがって大雨になるのは梅雨前線付近だけではなく、その南側でも線状降水帯によって大雨になることがある。これは、線状降水帯をよく知らない人にとってまさに盲点である。

最近になって、「線状降水帯」という言葉を報道でもよく耳にするようになった。実際に近年の梅雨時の豪雨災害では、線状降水帯ができたことが直接の原因であることが多いようだ。このように近年になって線状降水帯による豪雨が増えているのは、気候変動によって日本付近に暖かく湿った空気（雲を作る原料）が入りやすくなっていることが原因といわれている。

梅雨の雨の降り方には「陽性」と「陰性」がある

年によって、梅雨時の雨の降り方には違いがある。約１か月半にわたって続く梅雨時の雨の降り方は、一言で片づけられるほど単純なものではないが、おおざっぱには「陽性」と「陰性」に分けることができる。「陽性」は、降れば大雨、その合間は晴れ間もあるような、メリハリのある雨の降り方になり、気温が高めである。「陰性」は、雨は強くないが、気温が低めで曇りや雨の日が続くパターンである。

どちらかといえば、梅雨の前半は「陰性」が多く、後半は豪雨になりやすい「陽性」が多い。そして、オホーツク海高気圧の勢力が強いと、東北地方と関東地方の太平洋側は、オホーツク海から冷たくて湿った空気が北東の風によって運ばれてくるため、「陰性」になりやすい。逆に、太平洋高気圧の勢力が強いと、太平洋熱帯域から暖かく非常に湿った空気が南西の風によって運ばれてくるため、「陽性」になりやすい。

そして、「陽性」と「陰性」のどちらが多くなるかは年によって変わってくる。また、「空梅雨」と呼ばれている、雨があまり降らない梅雨の年もあるので、その年の梅雨の特徴を把握することが大切である。毎年のように、そして同じ年でもコロコロとその性格を変える梅雨は、筆者にはまるで生き物のように感じられる。

2　大雨になった時に山ではどのようなリスクがあるのか

大雨によって体温を奪われて低体温症になる

詳しくは第5章で解説するが、夏でも長時間にわたって大雨の中にさらされると、低体温症になってしまう。大雨に加えて山岳特有の平地よりも強い風にさらされると、命を落とすことさえある。夏の低体温症は意外と多いことを知っておいてほしい。

川や沢が増水して通過不能に——登山道さえも川になってしまう

普段はチョロチョロとしか水が流れていない小さな沢でも、大雨が降ると濁流が渦巻く渡渉困難な川に豹変する。沢ではなく、ただの登山道が川のようになってしまうこともよくある。ましてや普通の沢では、大きな木や岩さえも押し流す激流となり、人間などは簡単に流されてしまう。急な流れでは、膝まで川に浸かったら立っていられずにすぐに流される。足首ぐらいの深さでも、足元をすくわれることがあるのは沢登り経験者ならご存知の通りである。

厄介なのは、自分のいる場所では大雨が降っていなくても、沢や川の上流で大雨が降れば、その少し後で鉄砲水などの急激な増水が起きるということである。雨が降り続いている時だけでなく、不安定な天気によって局地的な激しい雨が予想されている時にも、沢に入らないように心掛けるのが無難である。本章の事例②では、大雨によって増水した沢で流された事例を解説する。

登山道や登山口までのアプローチで土砂崩れが起きる

雨が降ると、山の斜面では大量の水分が土の中に浸み込むことによって、斜面の土がもろくなる。そして雨が大量になると、さらにもろくなった斜面の土は重力に耐えきれず崩れ落ちる。これが土砂崩れである。事例①では、梅雨前線の豪雨によって土砂崩れが発生し、テントが埋没したことによって１名が亡くなった遭難事故を紹介する。

大雨が収まった後でも土砂崩れが起きる

大雨がやんだ後でも、しばらくは山の斜面の土の中には大量の水分が残っている。土の中から水分がある程度抜けるまでは、依然として土砂崩れの危険がある。一見、大丈夫そうに見える登山道でも、踏み込んだ途端に足元から崩れて、転落事故になることも実際に起きている。山の斜面の土砂から水分が抜けきるまでは、安全を第一にして慎重に行動してほしい。

では、次に梅雨時の大雨による過去の遭難事故の事例を見てみよう。

3　事例①　2004年7月の奥只見山系の白戸川での遭難事故

2004年7月の奥只見（ただみ）山系の白戸（しらと）川での遭難事故の概要

奥只見山系は沢登りや渓流釣りのために訪れる人が多い山域である。2004年7月に遭難事故が起きた白戸川は、福島県の檜枝岐（ひのえまた）村と只見町の境界付近から北側にある田子倉（たごくら）湖に流れ、田子倉湖で只見川と合流する（図6）。かなりの山奥に位置するため白戸川に入る一般道はなく、白戸川までのアプローチは田子倉湖をボートで渡るか、南側の袖沢から入って尾根を越えるのが一般的である。

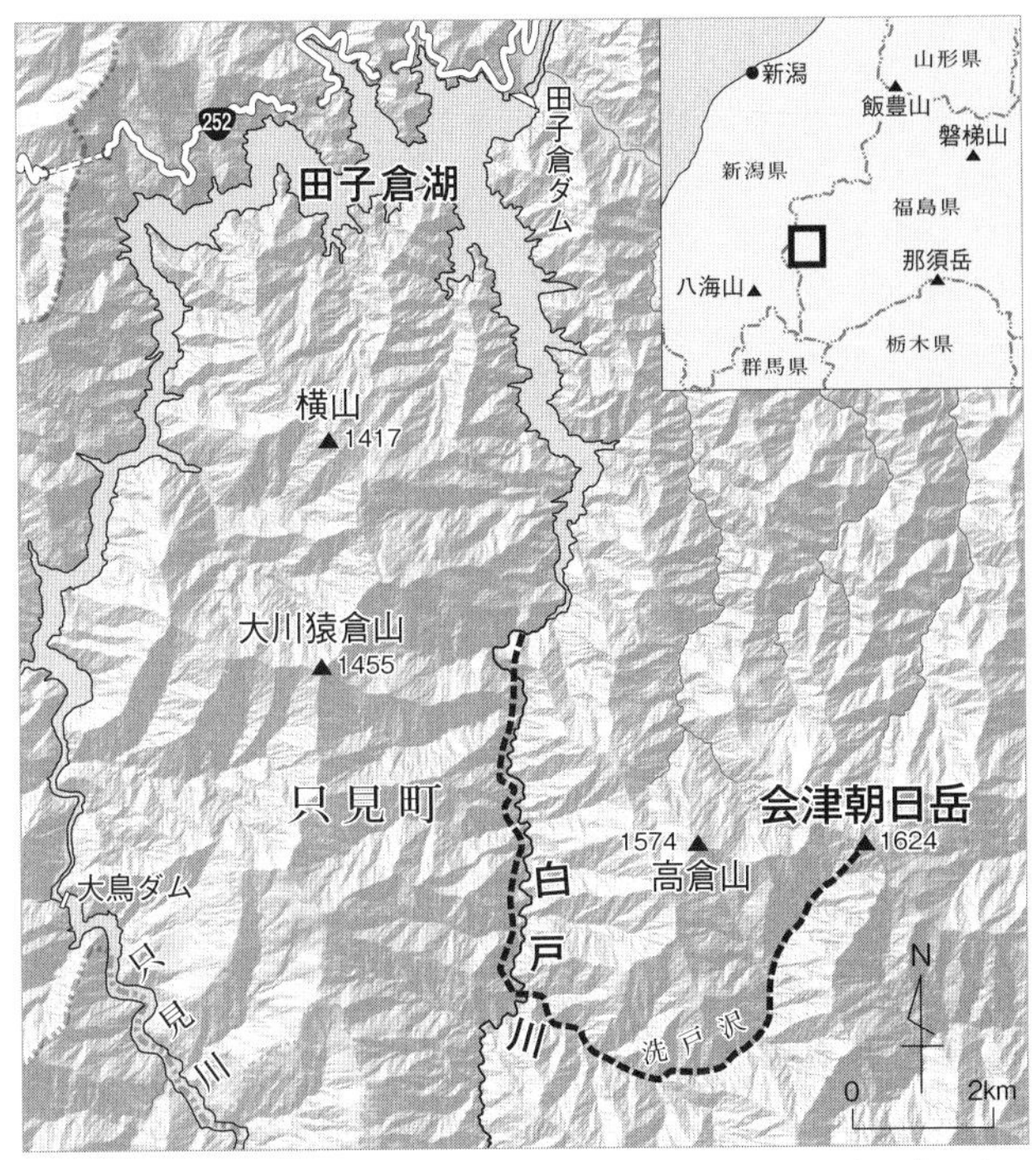

図6　4人パーティーの推定計画ルート。白戸川はかなりの山奥に位置するため、一般道は通じていない

4人パーティーは、沢登りをするために、7月16日の朝に民宿のボートで入渓し、17日の21時頃に土砂崩れに遭って、テントごと生き埋めになった。3名は自力で脱出したが、残る1名はテントが絡まったため脱出できず亡くなった。只見町では16日午後から雨が強まり、土砂崩れが起きた17日には大雨警報が出ていたという。雨が降って沢が増水していたため、民宿では沢登りを中止するように助言していたそうである。

２００４年７月は新潟・福島豪雨、福井豪雨と立て続けに豪雨が襲った

この年の７月はまず、12日から14日にかけて、新潟県中越地方や福島県会津地方で記録的な大雨となり、河川の氾濫によって死者16名、住宅全壊61棟、床上浸水１９１６棟などの大きな災害が発生した。この大雨は、「平成16年７月新潟・福島豪雨」と命名されている。

そして、いったん雨は弱まったものの、16日から再び雨が強まり、梅雨前線は南下しながら福井県や岐阜県に大雨をもたらした。河川の氾濫によって死者４名、行方不明者１名、住宅全壊57棟、床上浸水３３２３棟という大きな災害となり、この大雨も「平成16年７月福井豪雨」と命名された。

当時の天気図と気象庁の観測データで振り返る気象状況

では、まず遭難事故当日の２００４年７月17日９時と21時の地上天気図（図７）を確認してみよう。９時の時点では、梅雨前線は山形県から宮城県付近にあった。太平洋高気圧の張り出しが少し弱まるとともに、梅雨前線は少しずつ南下して、白戸川で土砂崩れが起きた21時には新潟県から福島県付近まで南下してきている。

白戸川に一番近い気象庁の観測地点である只見の降水量のデータを図８にまとめた。まず７月の降水量の日合計の推移を見てみると、土砂崩れが発生した17日よりも13日の方が降水量は多く、１日で３２５ミリも降っている。只見での１９６７年７月からの観測史上で２位の記録となる大雨で

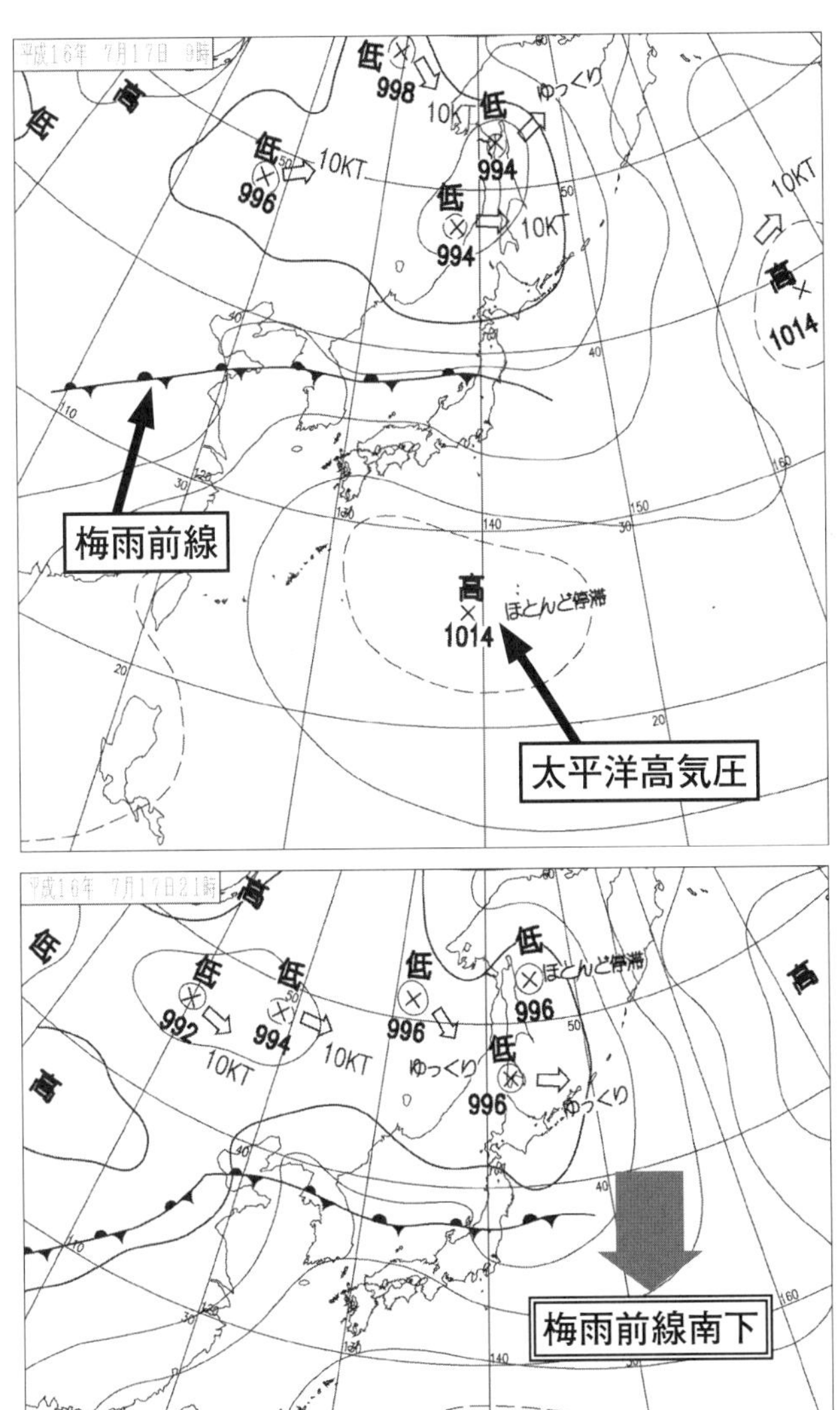

図７　2004年7月17日の9時と21時の地上天気図

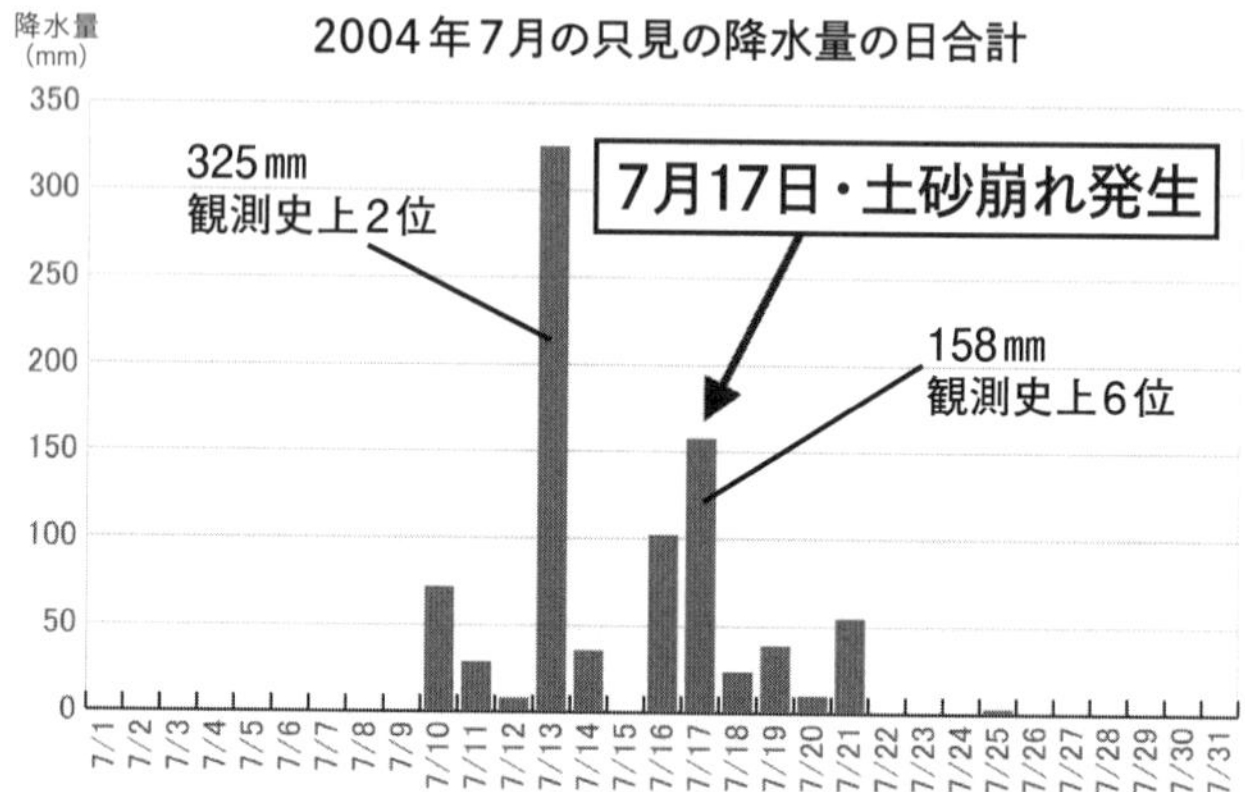

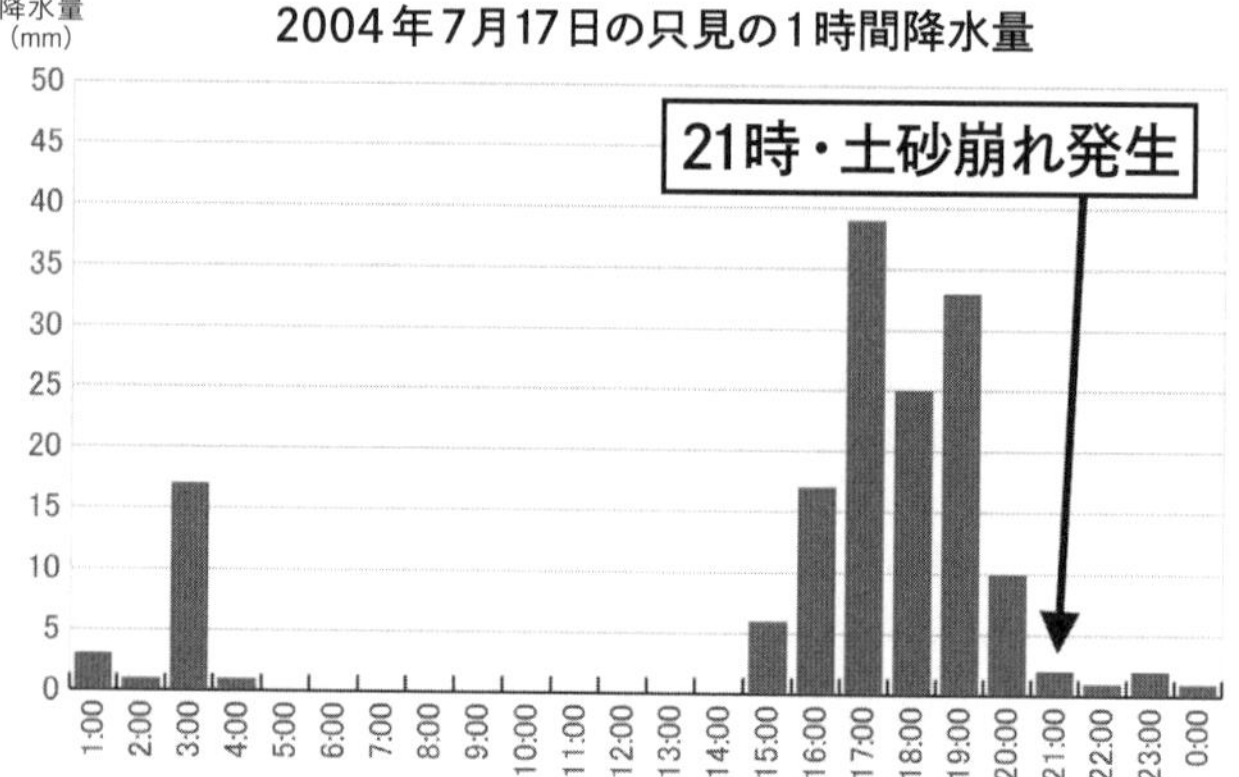

図8　遭難事故時の只見の降水量。7月13日の大雨による水分が土砂から抜けきっていなかったため、7月17日の大雨で土砂崩れが発生した。しかも大雨のピークではなく、それを過ぎてから発生していることに注目

あった。この時に降った雨による水分が土砂から抜けきっておらず、17日の観測史上で6位となる158ミリの大雨が重なったことによって土砂崩れが起きたと思われる。

さらに注目しなくてはならないのは、17日の1時間毎の降水量の推移で、土砂崩れが発生したのは大雨のピークではなく、大雨が収まりかけた頃であったことである。土砂災害は時間差攻撃で襲ってくることがあるという典型的な事例といえる。大雨が収まっても、しばらくは土砂崩れに注意するべき、ということが本事例の貴重な教訓の一つである。

どうすれば奥只見山系の遭難事故を避けることができたのか

繰り返すが、大雨が降り続けることが予想されている時には、絶対に沢に入ってはいけない。この事例では土砂崩れが遭難事故の原因になっているが、川や沢の増水によって行動不能になったり、流されたりしていた可能性もある。

そして土砂災害に対するリスク回避の観点からは、あらかじめ入山前に、13日に現地で観測史上2位の大雨が降っていたことを知っておくべきであった。雪崩に対する備えでも1週間前まで遡って現地での降雪や気温の推移を調べておくことが大事である。雪と土の違いはあるが、雪崩も土砂崩れも、固体が崩れ落ちていくという点では同じであり、現象としては極めて似ている。

4　事例②　2017年6月の屋久島での遭難事故

2017年6月の屋久島での遭難事故の概要

前述のように一年中雨が多い屋久島であるが、特に梅雨時や台風シーズンはあらかじめ豪雨のリスクを想定して入山しないと大変なことになる。事例②は、屋久島付近で発生した線状降水帯による豪雨によって起きた遭難事故である。当時の報道をまとめると以下のようになる。

遭難した男女2名は他の登山者5名と一緒に、屋久島の宮之浦岳（1936メートル）を目指して6月9日午前に入山した。宮之浦岳を登頂した後の11日朝、下山するため山小屋を出発したが、9時20分頃、女性のYさんが沢を渡っている途中で流された。先に渡っていた男性がYさんを捜しに行ったが、そのまま行方が分からなくなった。沢は雨で増水していたという。他の5名は沢を渡らずに下山した。連絡を受けた県警や消防団員約10名が12日5時頃から捜索を行い、6時半頃に男性、同50分頃に女性を別々の場所で発見した。

報道では登山ルートがはっきりしないが、宮之浦岳と縄文杉をめぐる一般的なルートは、淀川登山口から入山して、宮之浦岳に登り、縄文杉を経由して白谷雲水峡に下山する（図9）。このルー

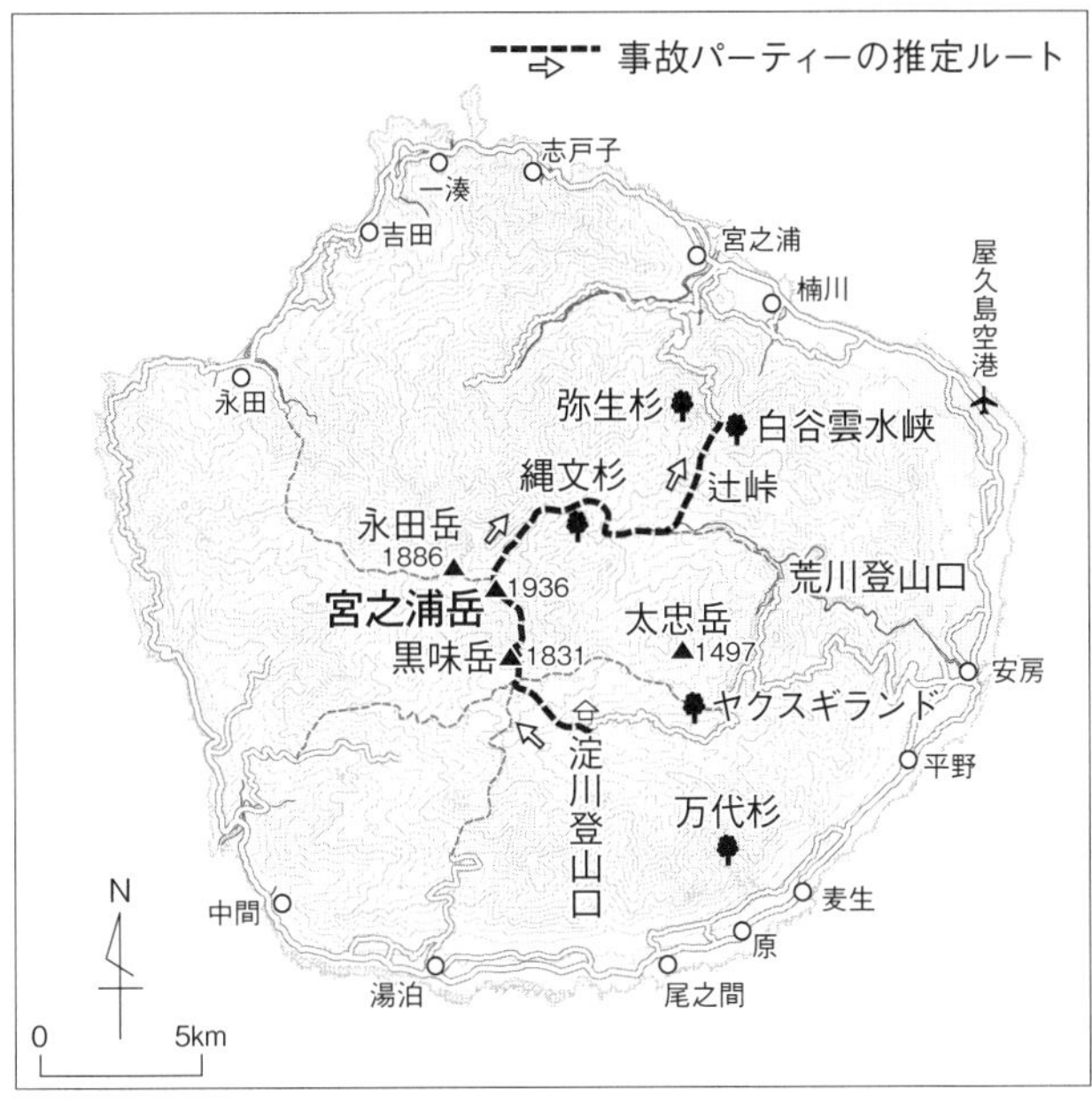

図９　遭難した２名は淀川登山口から白谷雲水峡を目指したと思われる

トでは、縄文杉から先はいったん沢まで降りて、辻峠を登り返してから、白谷雲水峡の登山口に至る。おそらく、沢で流されたのは縄文杉から降りたところにある沢か、もしくは白谷雲水峡であろう。報道では水深70センチに増水した沢を無理に渡って下山しようとしたという。

天気図で見る当時の気象状況

遭難事故当日の６月11日９時の地上天気図（図10）を見てみよう。大陸から梅雨前線が九州南岸を通って、関東地方の南に伸びている。そして、九州南岸には梅雨前線上に低気圧ができている。決して強くはないこの

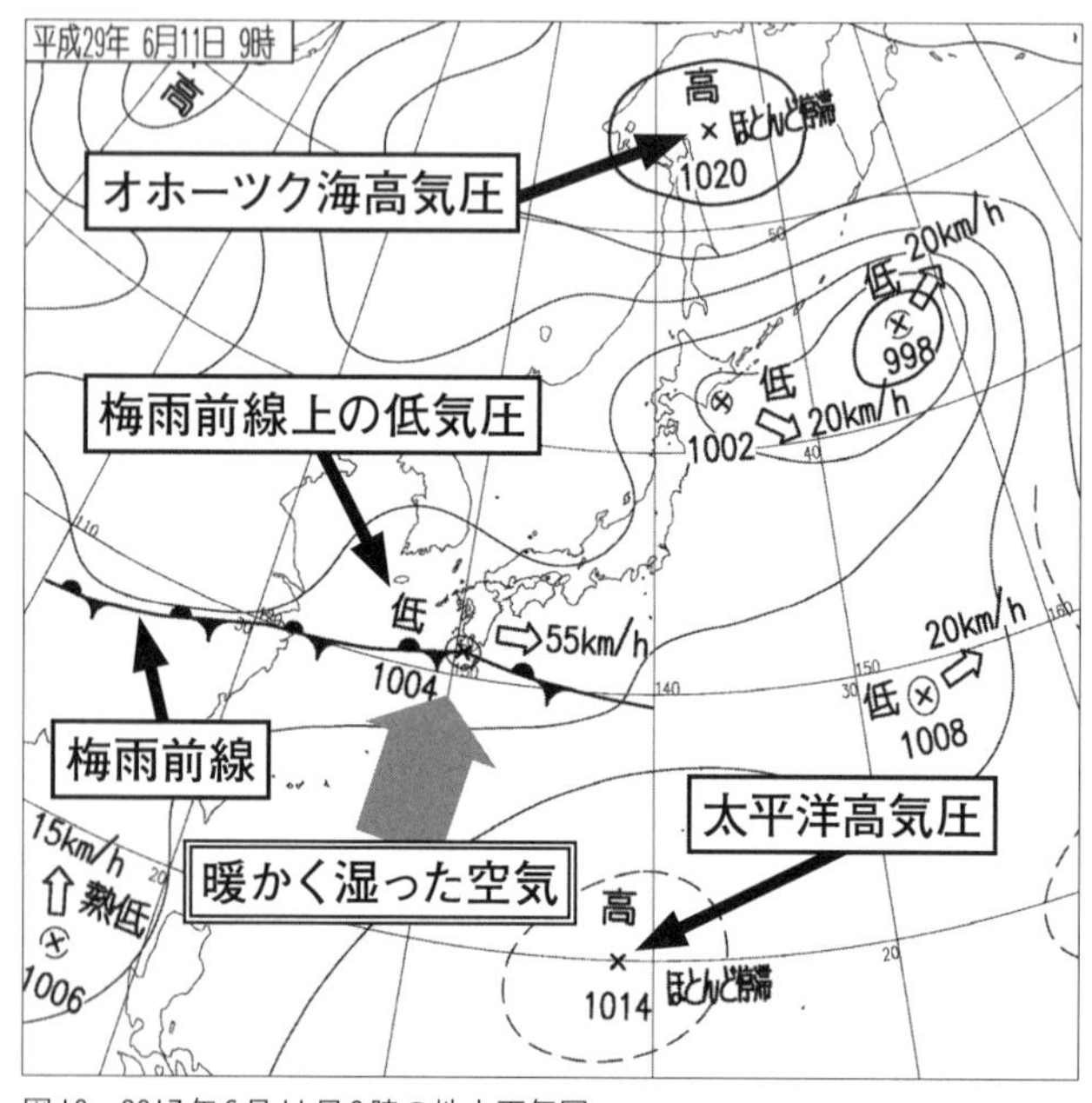

図10　2017年6月11日9時の地上天気図

低気圧が曲者（くせもの）である。低気圧の東西で梅雨前線が「へ」の字に少し折れ曲がっている。この北側に向かって折れ曲がっている箇所は「キンク」と呼ばれていて、そこに向かって集中的に暖かく湿った空気が南から入っていることを示している。そして、この暖かく湿った空気によって線状降水帯ができたのである。

ちなみに「キンク」とは、糸や綱などがよじれた状態をいう。ザイル（登山用ロープ）を使う時に注意が必要なよじれのことを「キンク」というが語源は同じである。前線上にできるキンクとザイルにできるキンクは、命に関わることも共通している。

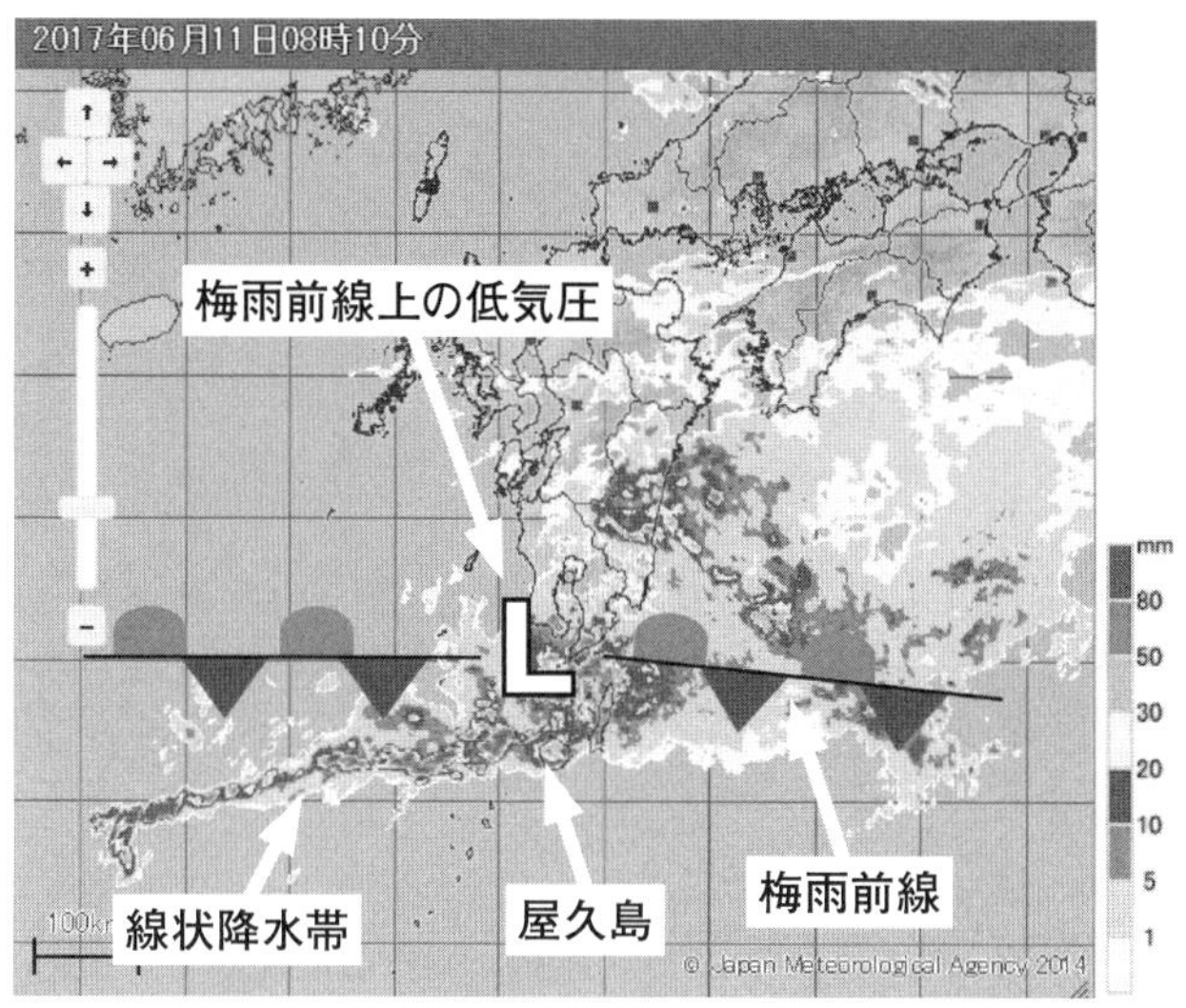

図11　2017年6月11日8時10分の降水レーダー

大矢@山岳防災気象予報士 @yasuoya0 · 6月11日
【九州南部は大雨注意】梅雨前線上の低気圧の南側で線状降水帯ができています。九州南部の山、屋久島は注意。気象庁情報>
"九州南部では、１１日昼過ぎにかけて局地的に雷を伴い非常に激しい雨が降るおそれがあります。低い土地の浸水、河川の増水や氾濫、土砂災害に警戒してください"

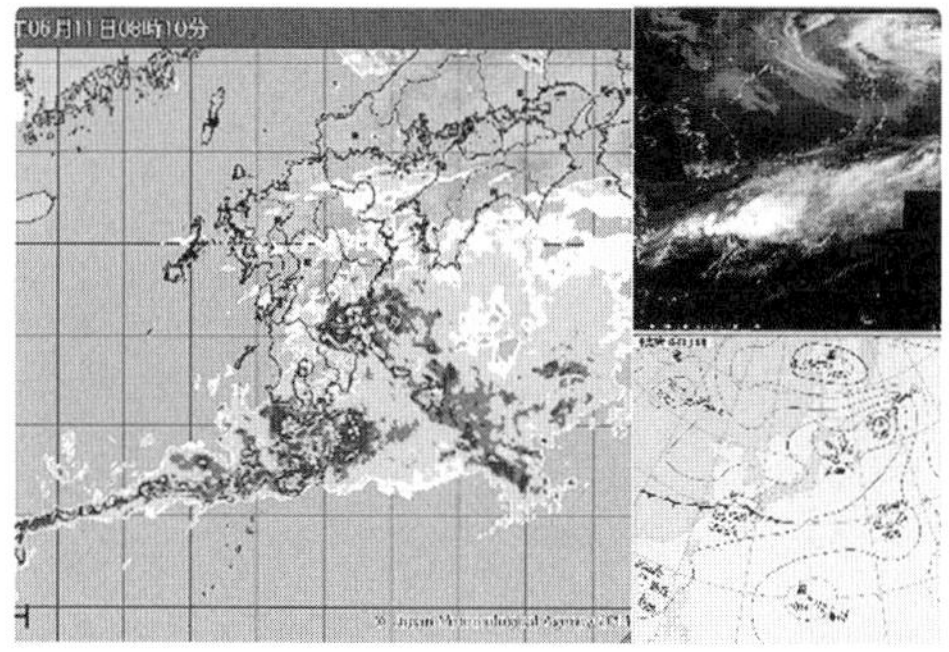

図12　屋久島遭難事故当日朝の筆者のTwitter。大雨への注意を呼びかけたが、事故が起きてしまったのは本当に残念

この遭難事故も線状降水帯による大雨が原因だった

筆者がスマートフォンに保存していた遭難事故当日の8時10分の降水レーダー画像を図11に示す。梅雨前線のすぐ南側に線状降水帯ができていて、屋久島はまさにその線状降水帯の中にあることが分かる。気象庁は早朝に、屋久島を含む九州南部に対して、11日昼過ぎにかけての非常に激しい雨による河川の増水や氾濫について、警戒を呼びかけていた。

筆者は、電車通勤中にこの線状降水帯を見つけて即座に危険な状況を察知し、Twitterで注意喚起を行った（図12）が、時すでに遅く、その約1時間後に事故が発生してしまい、力及ばず本当に残念な結果となってしまった。

どうすれば屋久島での遭難事故を防ぐことができたのか

大雨が予想されている時に沢に入らないようにするという注意点は、事例①と同じである。そして、この遭難事故の原因である、増水した沢で流されたことについては、防ぐことができたと思われる。

この日の降水量の推移（図13）を見ると、9時台と10時台に降水量が増しているが、この最も降水量が多い時間帯に沢を渡ろうとしたことが分かる。この後、11時になると大雨は収まってきて、15時には雨はやんでいる。

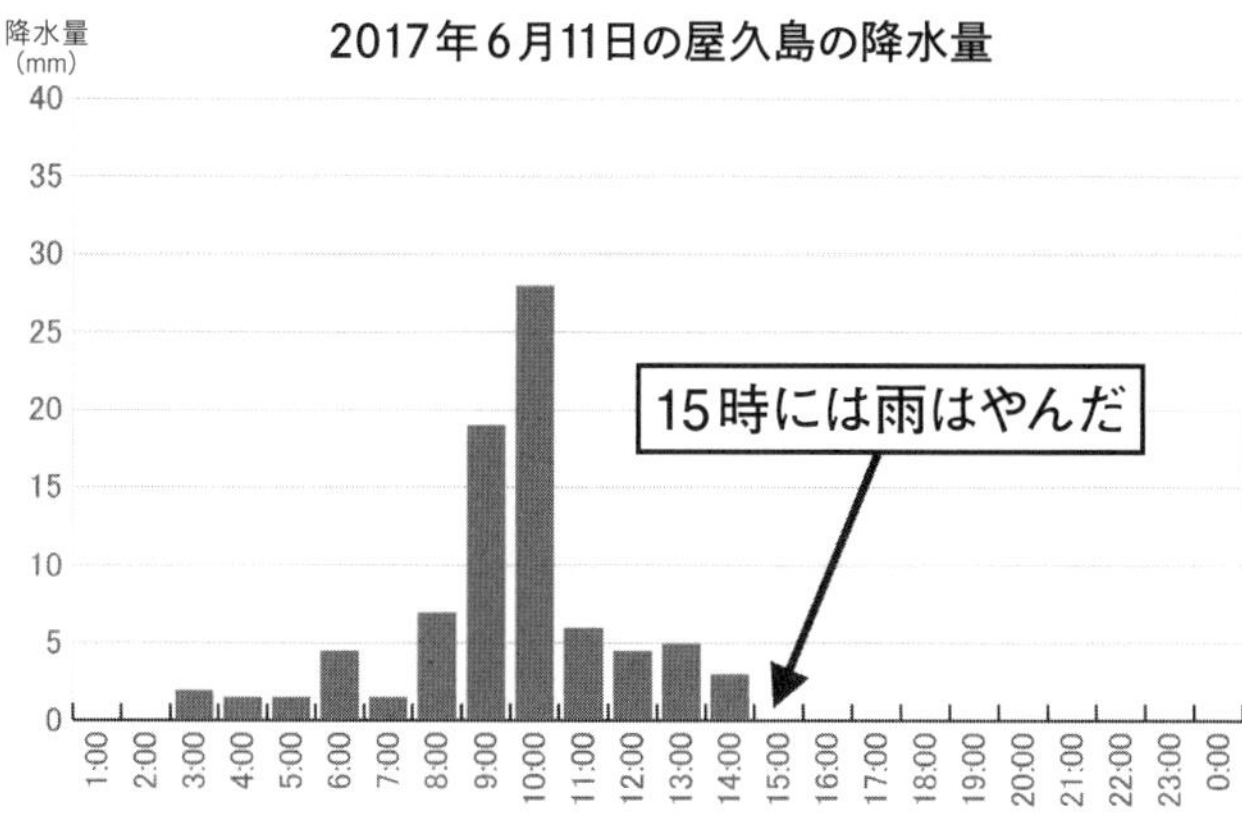

図13　遭難事故当日の屋久島の降水量の推移。雨が弱まってから下山を開始すれば事故を防ぐことができた

もう一度、９時の天気図を見てほしい。九州南岸にある前線上の低気圧は、時速55キロメートルという非常に速い速度で東に進んでいる。低気圧がこの速度のまま進めば６時間で３３０キロメートル東に進むことになる。３３０キロメートルは、おおよそ福岡から岡山までの距離なので、６時間後には低気圧は四国の南まで進むであろうことが予想できる。図14の15時の地上天気図を見ると、まさに前線上の低気圧は四国の南まで進んでいる。そのため、屋久島での雨はやんだのである。気象庁による気象情報も、河川の増水に対する警戒期間は昼過ぎまでであった。

したがって、この一番雨が降っている時間は山小屋で待機して、11時頃に雨が弱くなってから下山を開始すればよかったと思う。現在の天気予報は比較的正確なので、当日朝に天気予報を確認していれば、

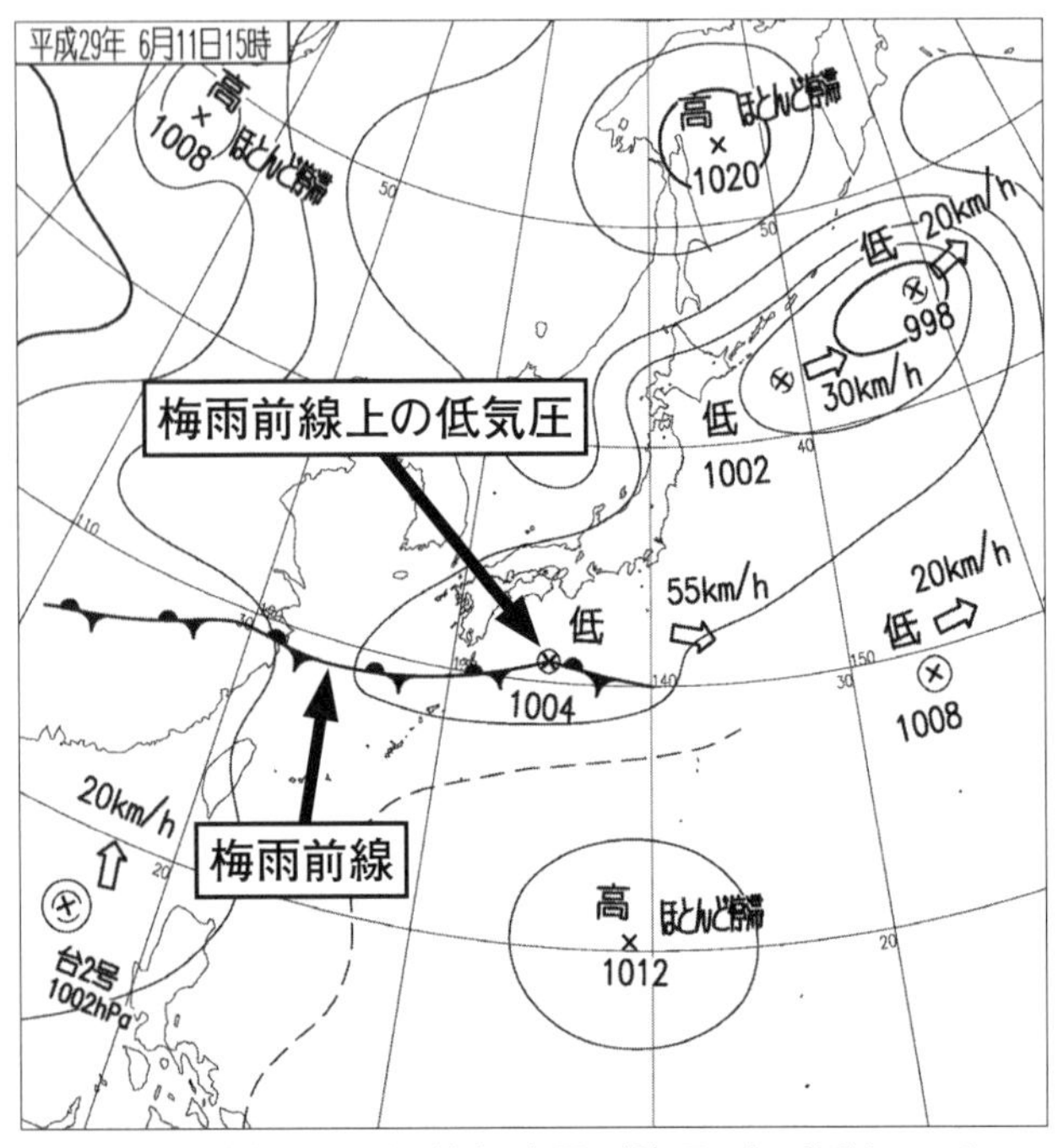

図14　遭難事故当日の15時の地上天気図。低気圧は東に移動している

午前中が大雨のピークで、昼頃から雨が弱くなることが分かったはずだ。

雨がやんでも土砂崩れの危険は残っているものの、沢の増水に関しては、この遭難事故が起きた所のような沢の源頭からの距離が短い小さな沢では、増水が収まるのが比較的早い。せめて、沢を渡るのをもう少し待っていればと悔やまれる。

そして、増水した沢の渡渉を決してなめてはいけない。水深70センチならば、膝を超えて太ももあたりである。急な流れによる大きな力を受けて、バランスを崩した女性はあっという間に流されてしまったと思われる。先に沢を渡ることができた男性は、流された女性を探しに行って、増水した沢に再び入ってしまい流されてしまった。どうしてもやむをえず渡渉する必要があるのであれば、ザイルで確保することが山のセオリーであり鉄則である。それでも流されてしまうことがあるので、決して無理をすべきではない。

５　将来の気候変動によって梅雨の大雨はどうなるのか

気候変動によって極端な大雨が増える

気象庁の「気候変動監視レポート２０２０」によると、過去１２０年間の大雨が降る年間日数が増加傾向にあるという（図15）。その反面で、弱い雨も含めた雨が降る年間日数は減少傾向となっている（第4章の図16）。要するに、降れば大雨、降らない時は降らない、というように雨の降り方が極端化する傾向にあるということになる。これはシミュレーションではなく、実際にこれまでにすでに起きている現象なのである。

そして、気象庁の「地球温暖化予測情報　第9巻」（２０１７年）によれば、将来気候のシミュレーションでは、滝のように降る雨（1時間に50ミリ以上の降水量）の頻度は、全国的に増加する（図

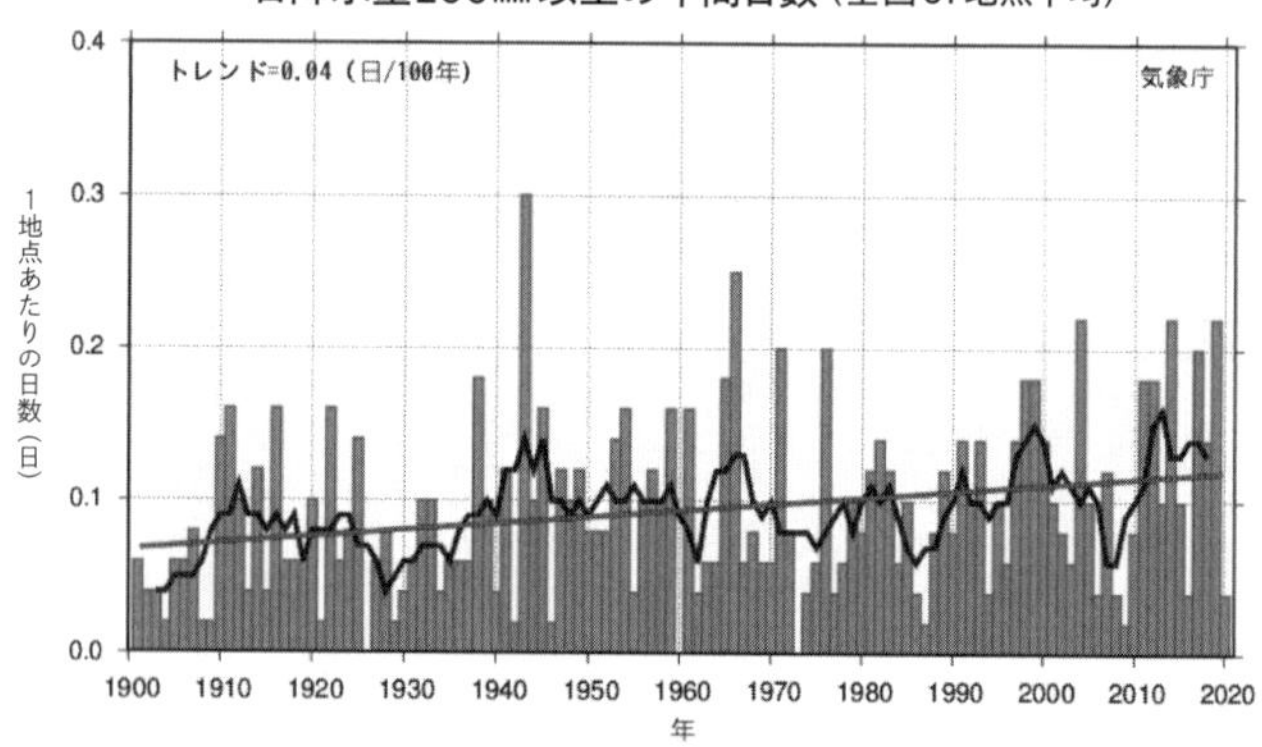

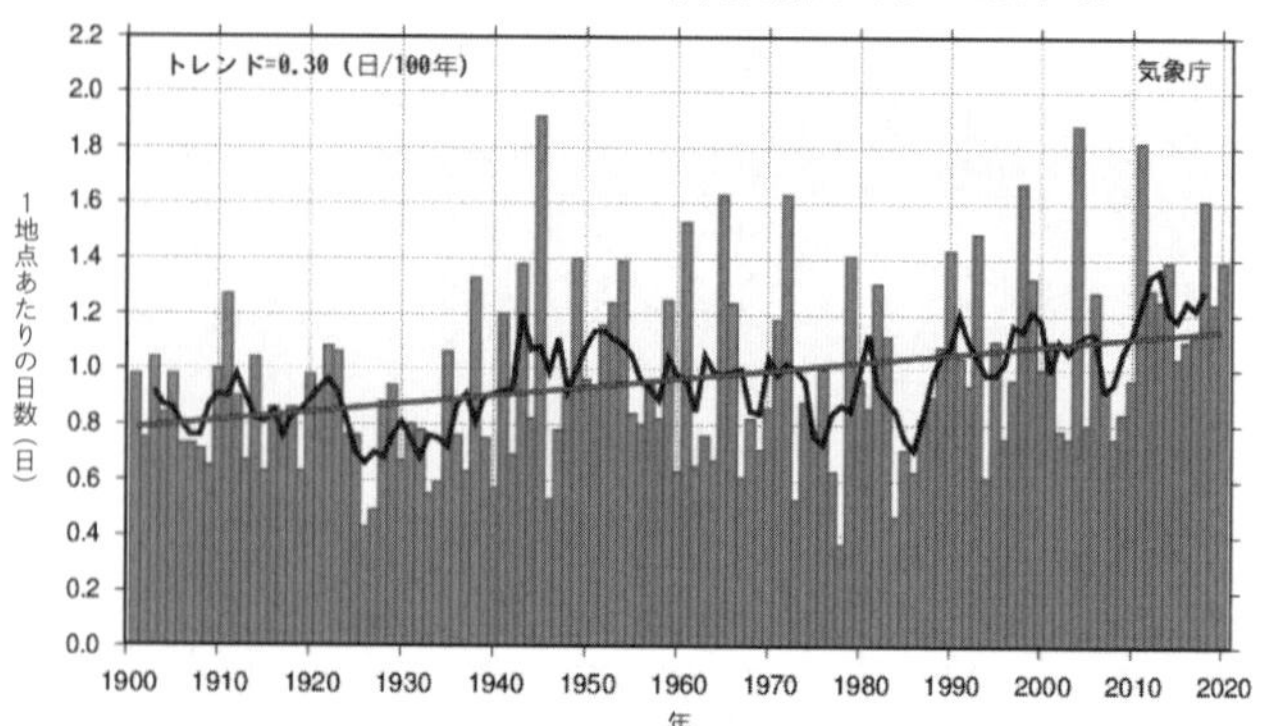

図15　大雨が降る年間日数の長期傾向。棒グラフは51地点の平均値、太い実線は5年移動平均値、淡い実線は平均的な変化傾向を示している

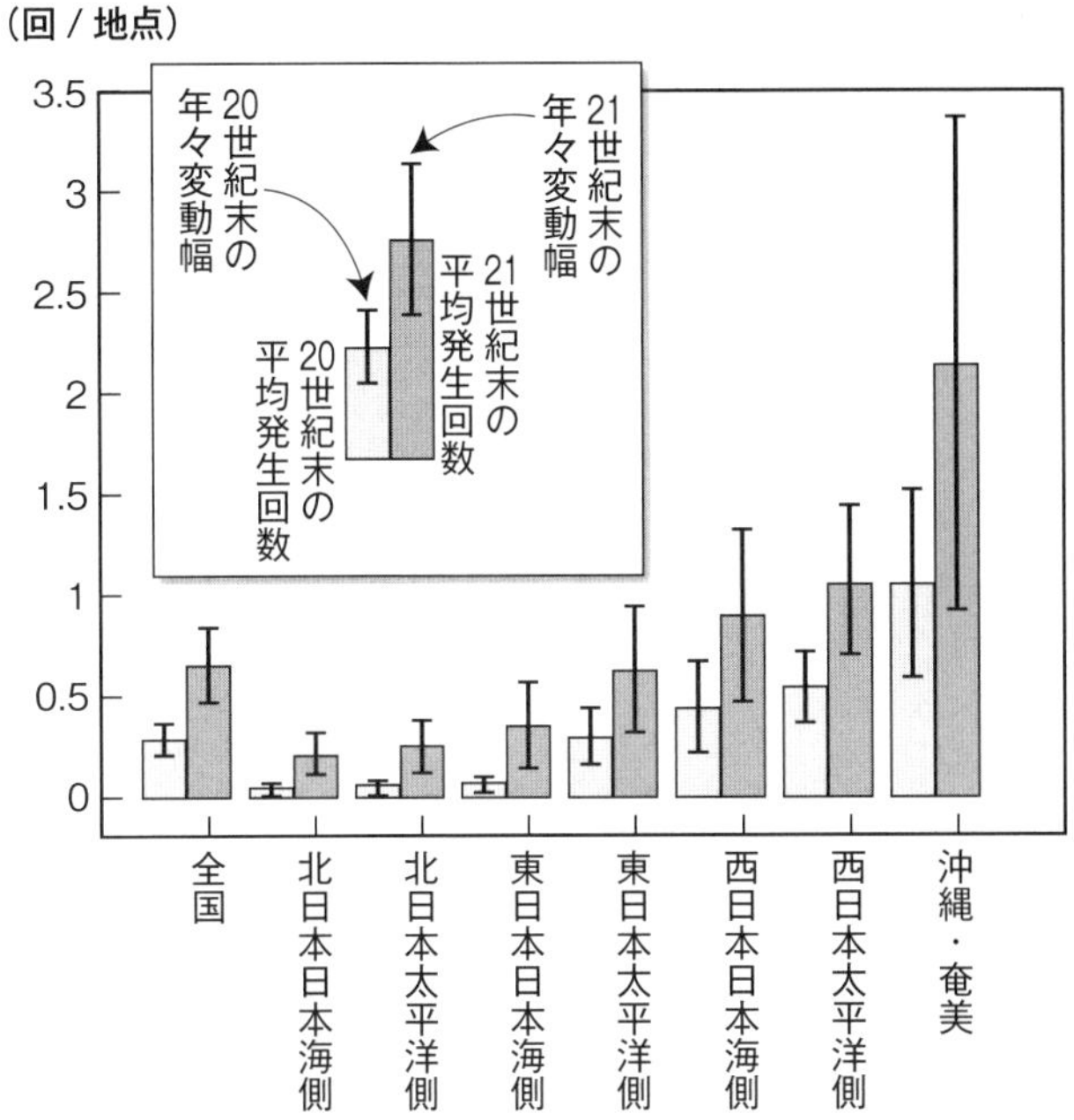

図16　滝のように降る雨（1時間降水量50ミリ以上）の将来予測

16）。全国平均では、なんと2倍以上の頻度に増加するという結果が出ている。つまり、過去から現在まで極端な雨が増え続けている傾向が、将来も続くということになる。

将来気候では、山行期間中に大雨になるリスクがないかどうかについて、事前の気象情報の確認をこれまで以上に確実に行っていく必要がある。現代の予報技術をもってしても、先の予報ほど当たりにくくなるため、山行中も最低1日2回ぐらいは何らかの気象情報を確認するように心掛けたい。

気候変動によって梅雨明けが遅くなる可能性がある

また、気象研究者によるシミュレーション結果では、将来気候では梅雨明けが遅れるという結果も出ているので紹介しよう。図17にそのメカニズムを示す。将来気候で温暖化すると、平均的には大気の安定度は高くなる。我々人間が暮らしている地上付近だけでなく、5000メートル以上の上空の気温も上がるため、上空寒気が入った時に大気の状態が不安定になるのとは正反対の現象が起きるのである。そのため、前述のように雨が降りにくくなるのであるが、空気中に含まれる水蒸気（雲の原料）は増えるため、降れば大雨になるのである。

しかし、平均的には雨が降りにくくなるため、熱帯域での対流活動（暖められた空気が上昇して大量の積乱雲ができる）は現在よりも不活発になる。そのため、インド洋熱帯域の対流活動によって夏に強くなるチベット高気圧は、将来気候では弱くなることになる。ちなみに、チベット高気圧は1万メートルを超える上空で発達する高気圧で、太平洋高気圧とともに日本の猛暑と大いに関係がある。そのチベット高気圧の北側の、これまた1万メートルを超える上空には亜熱帯ジェット気流と呼ばれる強い西風が流れている（42〜44ページ参照）。このジェット気流は梅雨時には日本付近を通過して、そのすぐ南側に梅雨前線ができる。

将来気候においてチベット高気圧が弱まると、ジェット気流の北上が遅れて、その結果として日本付近の梅雨前線の北上も遅れることになる。これが、将来気候で梅雨明けが遅れるとされるメカ

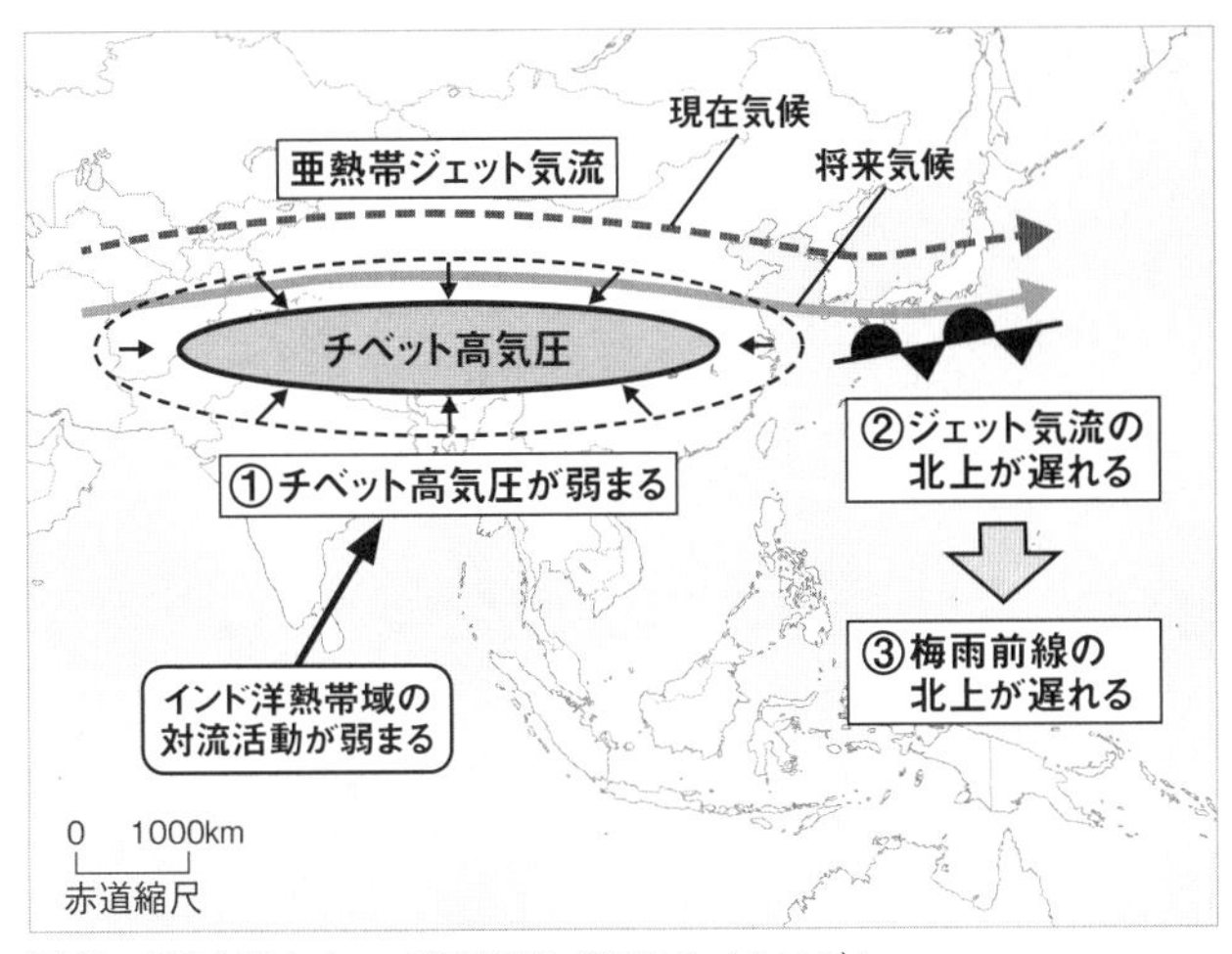

図17　将来気候によって梅雨明けが遅れるメカニズム

ニズムである。

なお、これはあくまでシミュレーションの結果であって、本当にそうなるかどうかは実際に監視していく必要がある。しかし、将来気候のリスクの一つとして知っておく必要はあると思われる。

梅雨前線が北海道付近まで北上する

一方で、梅雨前線の活動が活発なまま北海道付近まで北上してくることが、近年になって増えてきている。実例として２０１８年の「平成30年７月豪雨」の時に、梅雨前線が北海道付近に停滞した時の地上天気図を図18に示す。

平成30年７月豪雨は、西日本や岐阜県などに河川の氾濫や洪水、土砂災害などの大きな被害を与えたが、太平洋高気圧が強まった影響で７月２日から４日頃にかけて梅雨前線が北海道付近まで北

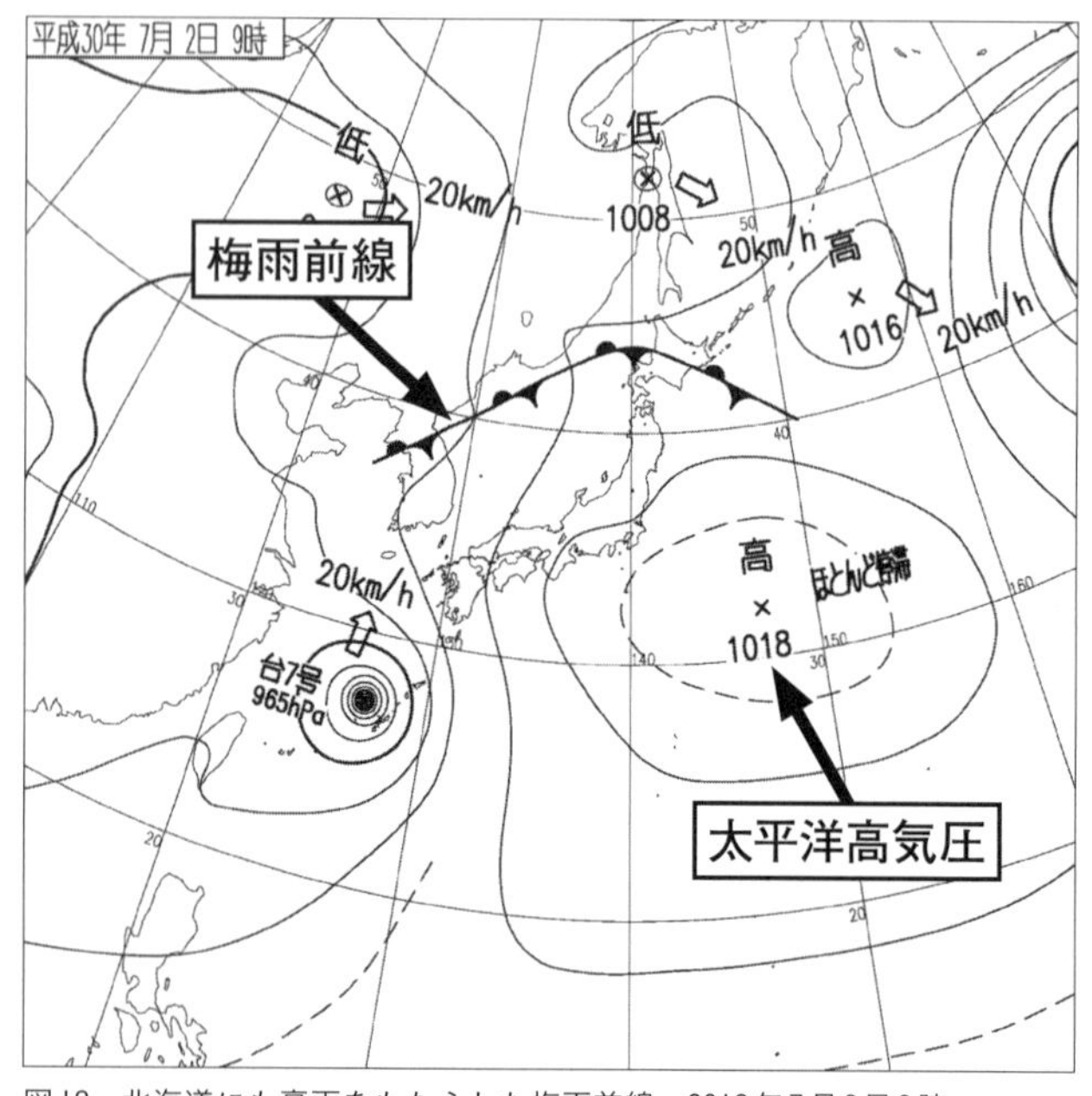

図18　北海道にも豪雨をもたらした梅雨前線。2018年7月2日9時

上して停滞したため、北海道でも床上・床下浸水、崖崩れ等の被害が出た。トムラウシ温泉とともにトムラウシ山への登山口として知られる天人峡では、大雨によって道路が一部崩落して宿泊客130名が孤立するという事態になった

このほかにも、2020年8月上旬にも北海道付近に梅雨前線が停滞している（図19）。この時は5日に梅雨前線が北海道付近に北上し停滞、7日には台風4号から変わった温帯低気圧が再発達しながら北海道付近を通過したため、利尻島では50年に一度の大雨となった。気象庁の観測地点では、礼文（礼文島）で125

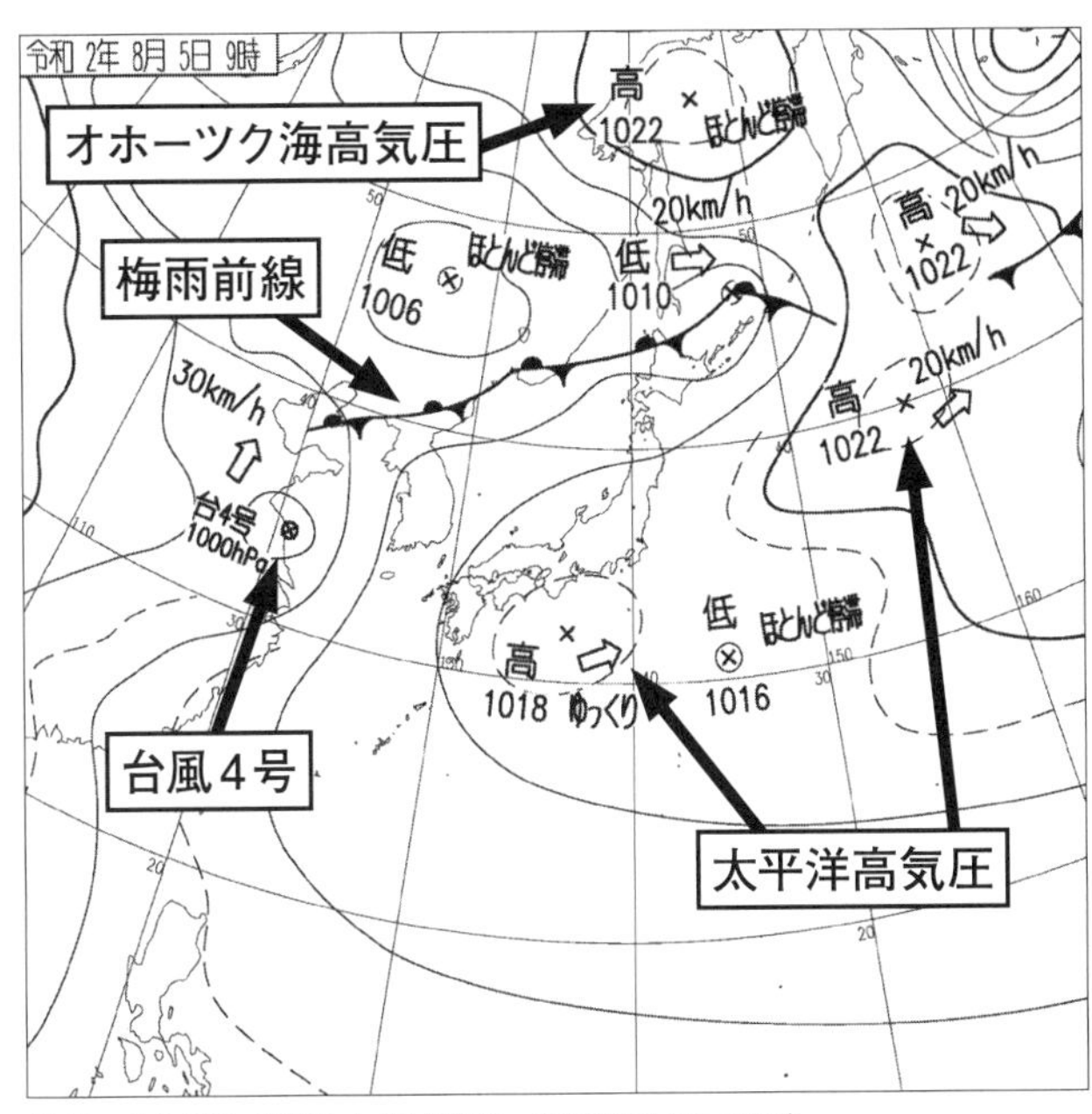

図19　北海道に停滞した梅雨前線。2020年8月5日9時

ミリ、本泊（利尻島）で１１７ミリの６時間降水量を記録している。本泊の８月の月合計降水量の平年値は１２０ミリぐらいであるから、わずか６時間で１か月分の雨が降ったことになる。

ちなみに２０２０年は、東北地方の南部では８月２日に梅雨明け、北部は梅雨明けなしであった。なお、立秋（２０２０年は８月７日）を過ぎると暦上は秋となるため、梅雨前線は秋雨前線と名前を変えることになる。

これまで梅雨がないとされてきた北海道であるが、将来の気候変動によって見直されるかもしれない。

第3章　落雷リスクは増える

1　雷についてもっとよく知っておこう

山で遭う雷ほど怖いものはない——真横や下の方からも稲妻が走る

雷は昔から「地震、雷、火事、親父」と恐れられている。ピカッと光ったかと思うと、いきなり頭上でゴロゴロと爆音が轟（とどろ）いて、どこかに雷が落ちた気配がすると、家の中にいても生きた心地がしない。ましてや、登山中で近くに避難する小屋がない時に、間近でゴロゴロと鳴った時の恐怖といったらない。そんな状況を想像してみることが、山で落雷を避けるための第一歩である。

よく「雷が落ちる」という言葉が使うが、これを叱られるという意でなく文字通り取ると、雷は頭上から落ちてくるイメージを抱くであろう。しかし注意しなければいけないのは、「側撃」とい

図1　2018年8月27日に東京を襲った雷

って、いったん木などの高いものに落ちた雷が、途中から真横に飛んでくることが時々起きることだ。、山の稜線で雷雲の中に入ってしまった時には、下の方から雷が飛んでくることすら起きる。この思わぬ方向から飛んでくる雷には要注意である。

２０１８年８月27日に東京を襲った図１（口絵にカラーで掲載）の雷の写真をご覧になれば、横から飛んでくる雷の恐さが分かる。注目すべきは、積乱雲の側面から稲妻がいったん真横に走ってから落雷していることである。これは、真上に雲がなくても落雷の危険があることを意味する、とても恐ろしい写真である。

予報技術が進んでもなくならない落雷事故

天気予報も精度が悪く、観天望気によって雷雲（正確には積乱雲）が発達する兆候を見ていないと雷を避けられなかった昔ならいざ知らず、現在の天気予報は少なくとも前日には雷の危険性をかなり精度良く予報できる。それでもピンポイントで雷の発生地点を予想したり、発生した雷がどこに落ちるのかを予測したりすることは非常に難しい。そのため、警察白書による統計（図2）を見ると、落雷による死傷者や行方不明者は減少傾向とはいっても、毎年のように落雷による死者が出ていることが分かる。

落雷事故が起こるのは登山中だけではない。学校のグラウンド、ゴルフ場、海水浴場、そしてサーフィンや農作業、散歩などの屋外の活動でもよく落雷事故が起きる。登山でもそうだが、いずれも周囲に避雷針の役目を果たす高い木などがない広い場所で起きることが多い。雷は〝周囲よりも高いものに落ちる〟という性質があり、その

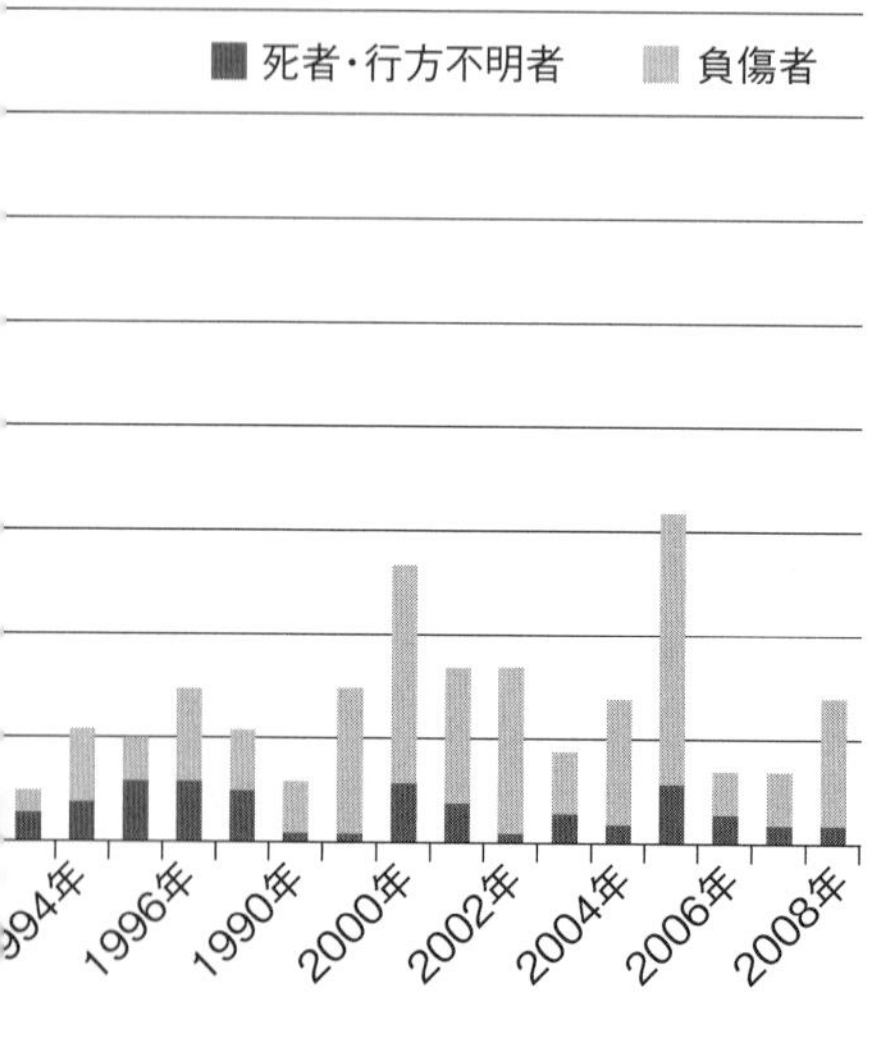

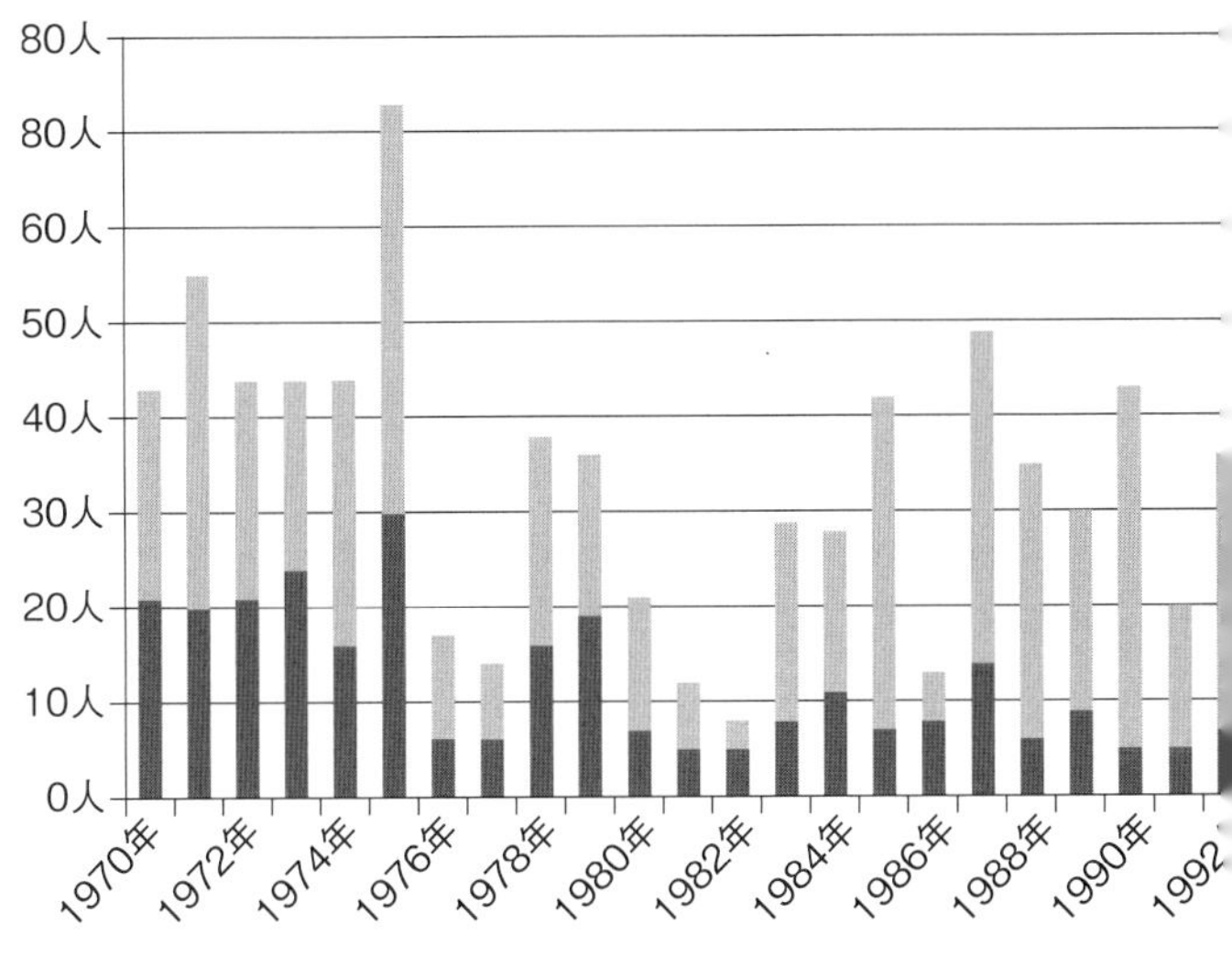

図2　落雷による死傷者・行方不明者数（全国）

場所では人間が一番高いものであったため、自らが雷を呼び込んでしまうのである。

第3章では、恐れられている割には意外と知られていない雷の実態を知り、過去の遭難事例からの教訓を学んでもらいたい。〝落雷は防げないが、落雷事故は防ぐことが可能である〟と専門家の間でいわれているが、まさに真実を突いている。大自然が相手なので、雷自体を人間の力で制御することは不可能だが、雷の性質と対処法を知っておいて、事前に雷注意報や観天望気で落雷リスクを考慮すれば、かなりの確率で落雷事故を回避することができる。本書がその一助となればと願っている。そして、将来の落雷リスクがどうなるのかも詳しく解説する。

2 覚えておくべき雷の知識

雷はいつ、どこで発生しやすいか

雷といえば夕立（ゆうだち）（夏の季語）を連想し、まさに夏の風物詩である。しかし太平洋側に住んでいる多くの人は驚くと思うが、実は日本海側の地方では冬の方が雷は多い。図3を見ると、年間の雷日数は東北地方から中国地方にかけての日本海側で多く、特に新潟や金沢などの北陸地方で多いことが分かる。宇都宮などの北関東も雷が多いことで知られているが、やはり太平洋側の地方では圧倒的に夏の雷が多い。

図4に示すように夏と冬とで落雷（専門用語で対地放電と呼ぶ）の分布を比較すると、夏と冬の違いがよく分かる。暖候期（4月から9月）は特に関東甲信地方から東海地方、そして近畿地方にかけてのエリアで落雷が多い。それに対して寒候期（10月から3月）は、特に東北地方から北陸地方にかけての日本海側で落雷が多いことが分かる。また、夏の落雷は昼頃から夜の初め（18時から21時頃）が大部分であるのに対して、冬の落雷は昼夜問わず起きていることも分かる。

冬の日本海側で落雷が多いのは、シベリアからの冷たい空気が北西風によって日本海の上にやっ

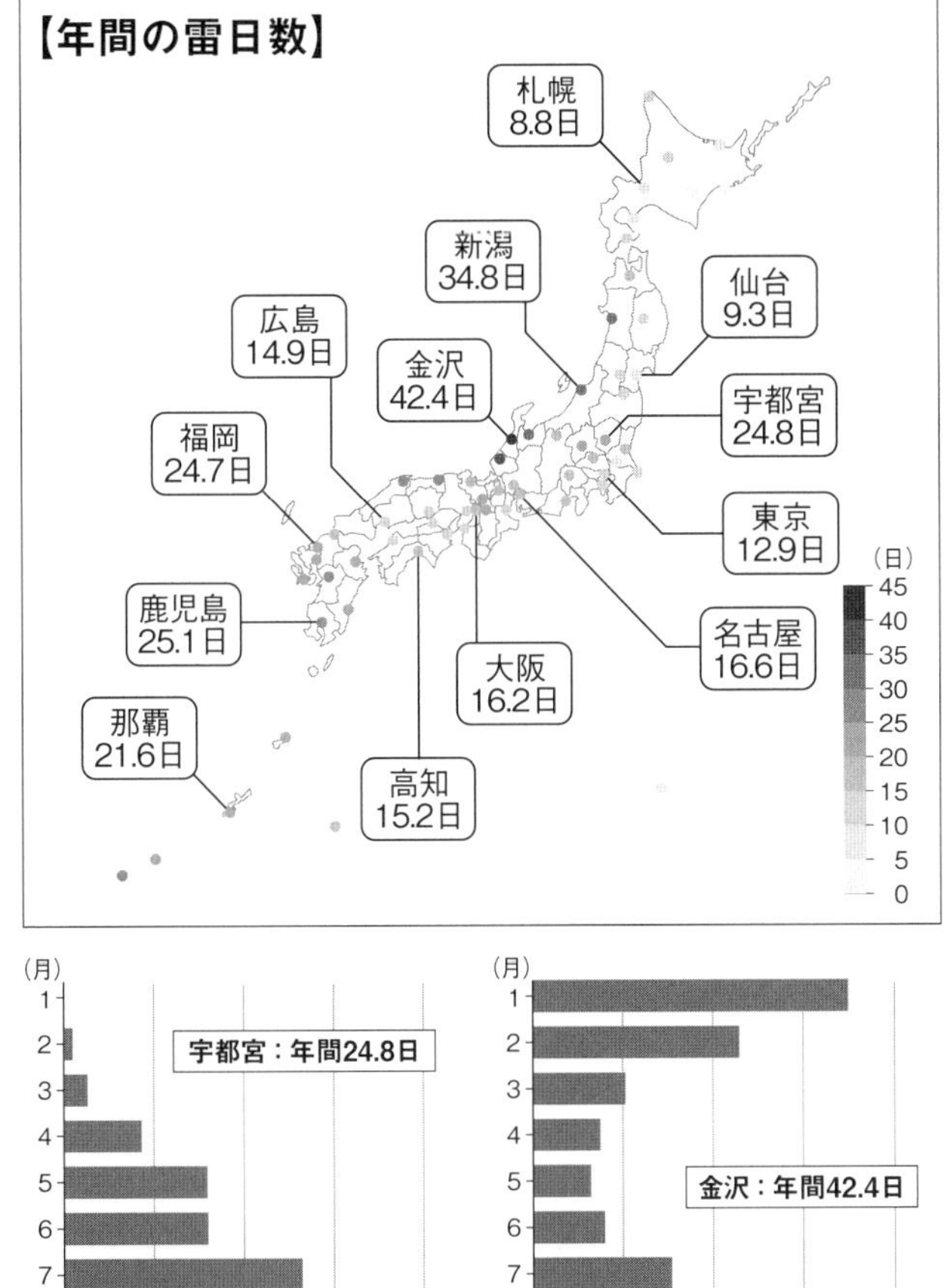

図3　年間の雷日数（全国）と月別雷日数の平年値（宇都宮と金沢）

日本周辺の落雷分布（2007～2011年）　寒候期（10～3月）

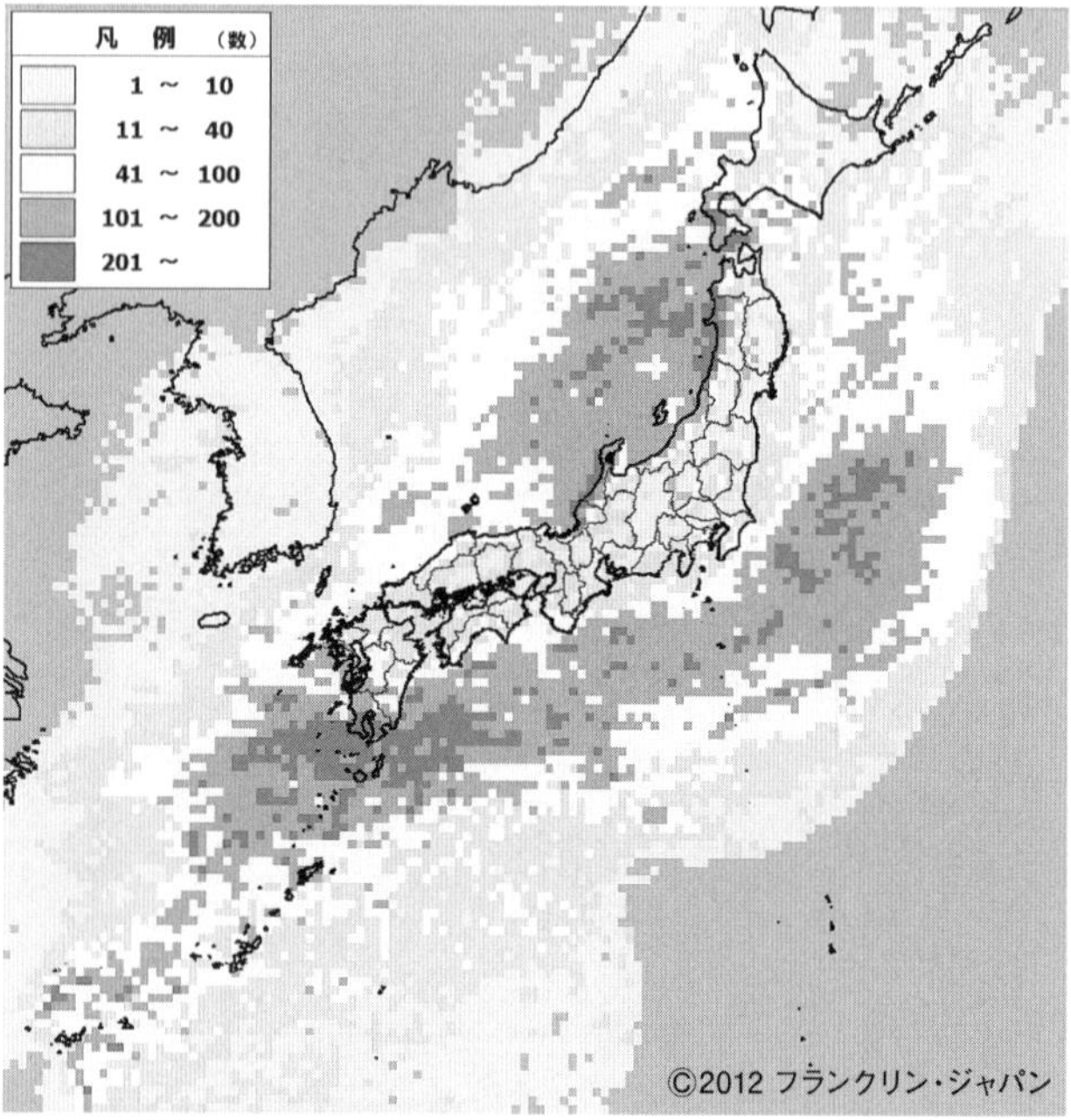

凡　例　（数）

1 ～ 10

11 ～ 40

41 ～ 100

101 ～ 200

201 ～

©2012 フランクリン・ジャパン

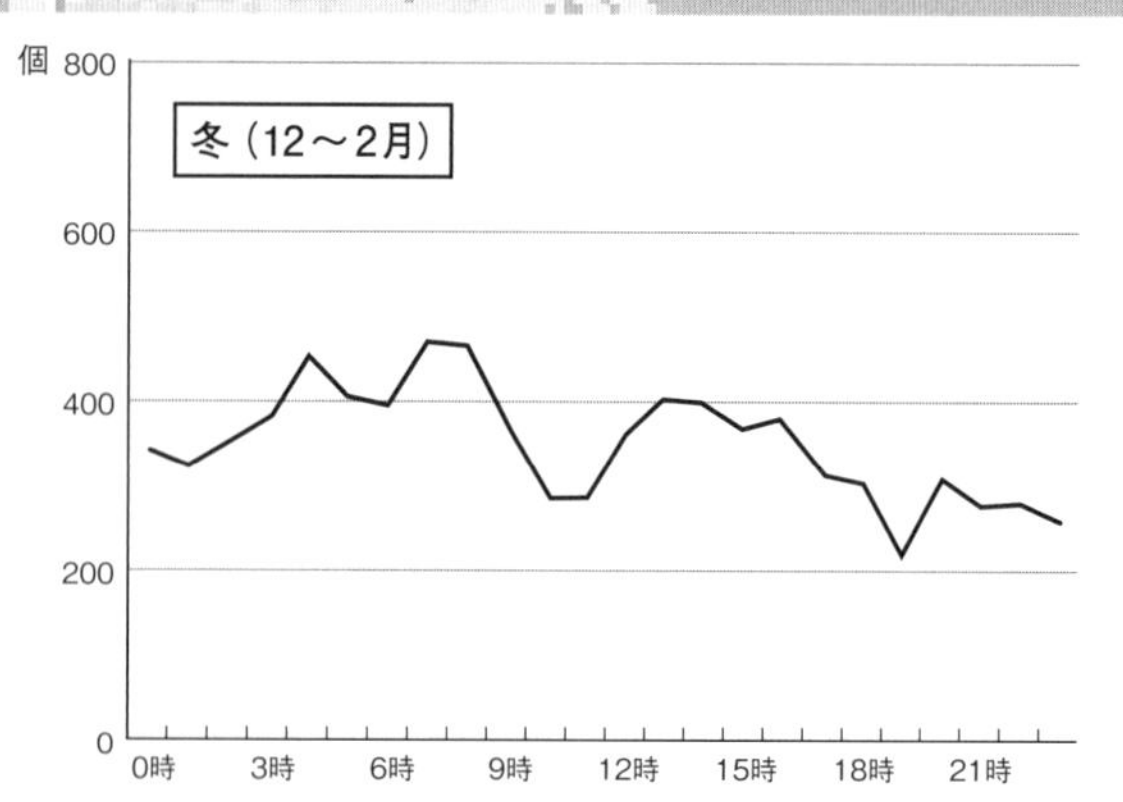

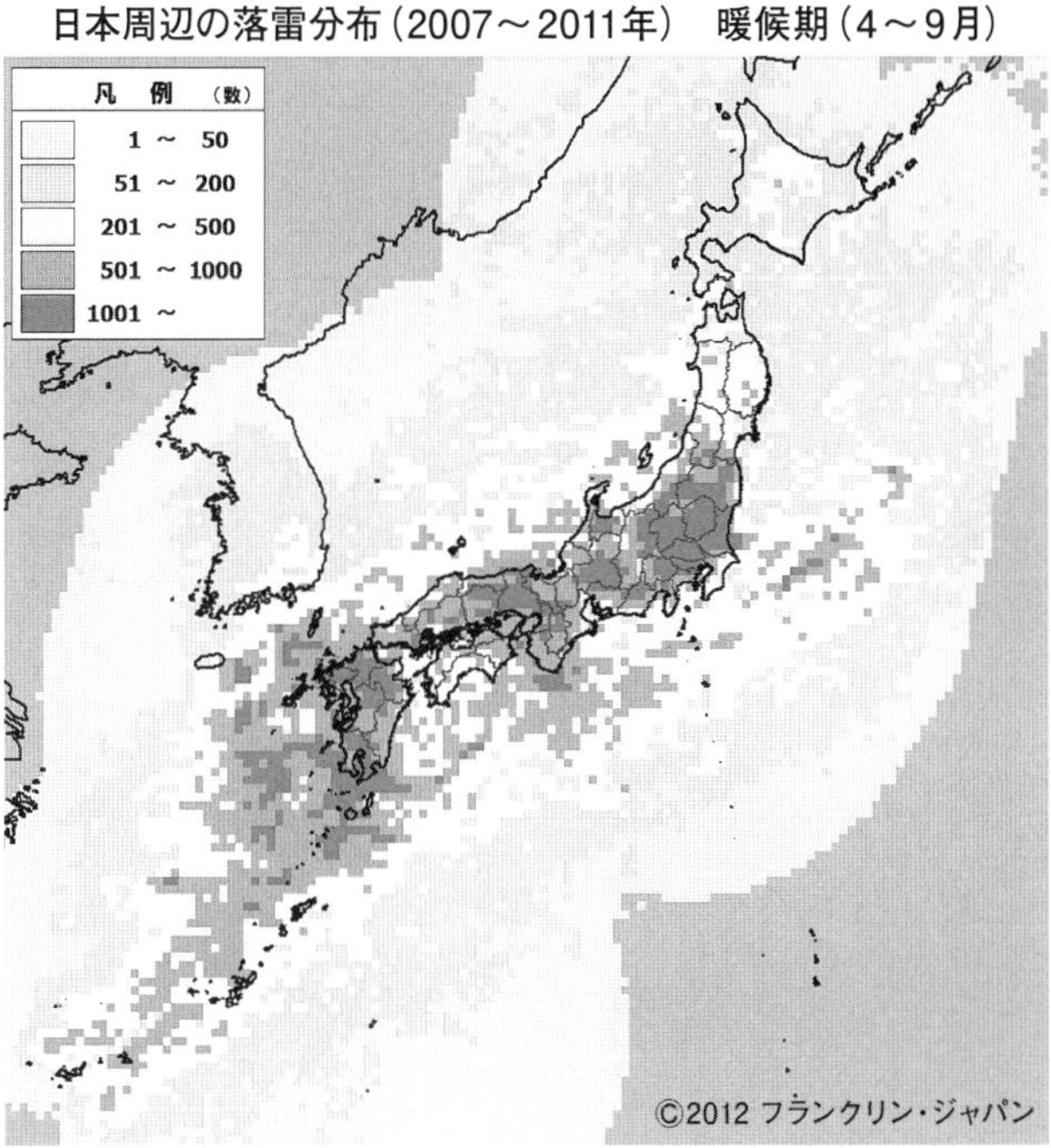

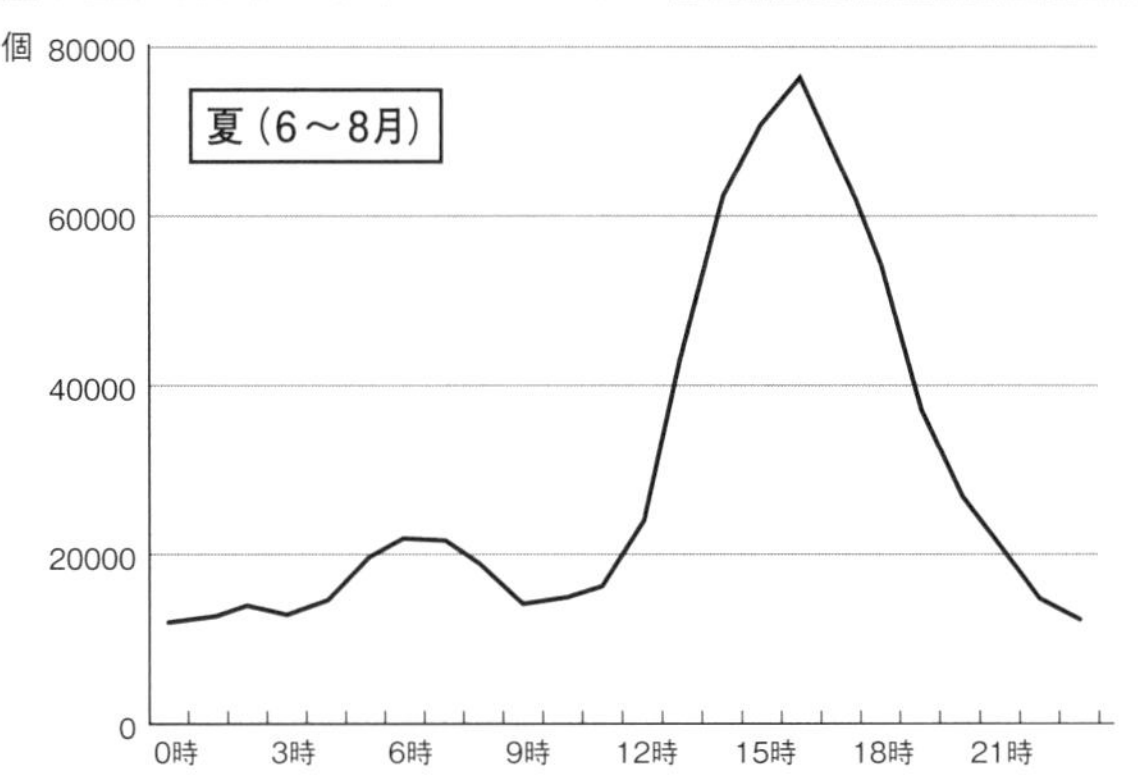

図4　夏と冬の落雷の分布（上）と時間帯ごとの雷検知数（下）の比較

て来た時に、温かい日本海から大量の湯気（正確には水蒸気）が出ることによってできた雲が、日本海を進むにしたがってさらに多くの水蒸気をもらって積乱雲にまで発達するためである。この積乱雲は、日本海側の地方に大雪をもたらすと同時に、冬の雷ももたらす（日本海側の豪雪については第7章で詳細に解説する）。

第3章では、山岳での落雷遭難事故が後を絶たない「夏の雷」に焦点を当てて解説するが、日本海側の山を登る時には「冬の雷」についても注意することを決して忘れないでいてほしい。

雷の正体は静電気によって起きる巨大な火花放電

では、このような雷はいったいどのようにして起きるのだろうか。皆さんは冬の乾燥している季節に、車や家のドアの金属製の取っ手に触れた時、衝撃とともにバチっと火花が出た経験をしたことがあると思う。セーターなどの洋服を脱いだ時にも同じように火花が出ることがある。これは静電気の仕業であり、プラスの電気がたまった物とマイナスの電気がたまった物との間で、火花放電が起きるのである。セルフ式のガソリンスタンドで、給油前に「静電気除去パッドに触れてから給油」と注意書きがあるのは、まさにその火花放電によるガソリン引火事故を防止するためである。

実は、雷が発生する時に起きている現象はこの静電気による火花と全く同じで、それが空と大地の間の巨大な空間のスケールで起きているのである。身近な静電気による火花は、電圧こそ300

0ボルト以上と高いものの電流は非常に小さいため（数ミリアンペア程度）、発火物への引火による火災の危険はあるものの、人が電撃によって亡くなることはない。

しかし、雷の場合はスケールがとてつもなく大きいため、電圧はおよそ1億ボルト、電流は数十万アンペアといわれている莫大な電気エネルギーを持っている。したがって、雷の直撃を受ければとんでもないことになる。そして雷のエネルギーの一部による側撃であっても、過去に多くの人が亡くなっている。このような巨大な電気エネルギーによる落雷遭難事故を避けるためには、雷についての正しい知識を身に付けることが大切である。

どんな時に夏の雷が発生するのか、雷が起きやすい条件は何か？

夏の日中は太陽がほぼ真上に近いところから照りつけて、地面を強烈に加熱するため、地面のすぐ上にある空気が暖められて、風船のように体積が膨らんで軽くなることによって上昇する。空気は上昇すると冷えるという性質（断熱膨張冷却と呼ぶ）を持っているため、上昇を続けると空気中の水蒸気が結露して雲ができる。地面に近い所にある水蒸気が多いほど、そして地面が強烈に加熱されるほどたくさんの雲ができて、背の高い積乱雲にまで発達する（図5、口絵にカラーで掲載）。

したがって、夏の雷は気温が上がる昼頃から急激に増える。

このように、夏の強烈な日差しによって発生する雷を「熱雷（ねつらい）」という。通常でも午後からの雷は

図5　強烈な夏の日差しによって加熱された地上付近の空気が、風船のようにふくらんで軽くなり、上昇することによってできた真夏の積乱雲

夏の風物詩であるが、この熱雷をさらに発生しやすくする要因が三つある。

一つ目は「上空寒気」である。500ヘクトパスカル付近（キリマンジャロの標高に相当する上空約5800メートル）にマイナス6度C以下の冷たい空気が南下してくると、地面付近から上昇してきた空気は周囲の空気より暖かく軽いため上昇しやすくなって、積乱雲が発達しやすくなり雷リスクが増える。このように上空寒気などによって積乱雲が発達しやすくなっている状況を「大気の状態が不安定」と呼んでいる（図6）。多くの落雷遭難事故は、この上空寒気によって起きている。

そして二つ目は、山岳で特に雷が起

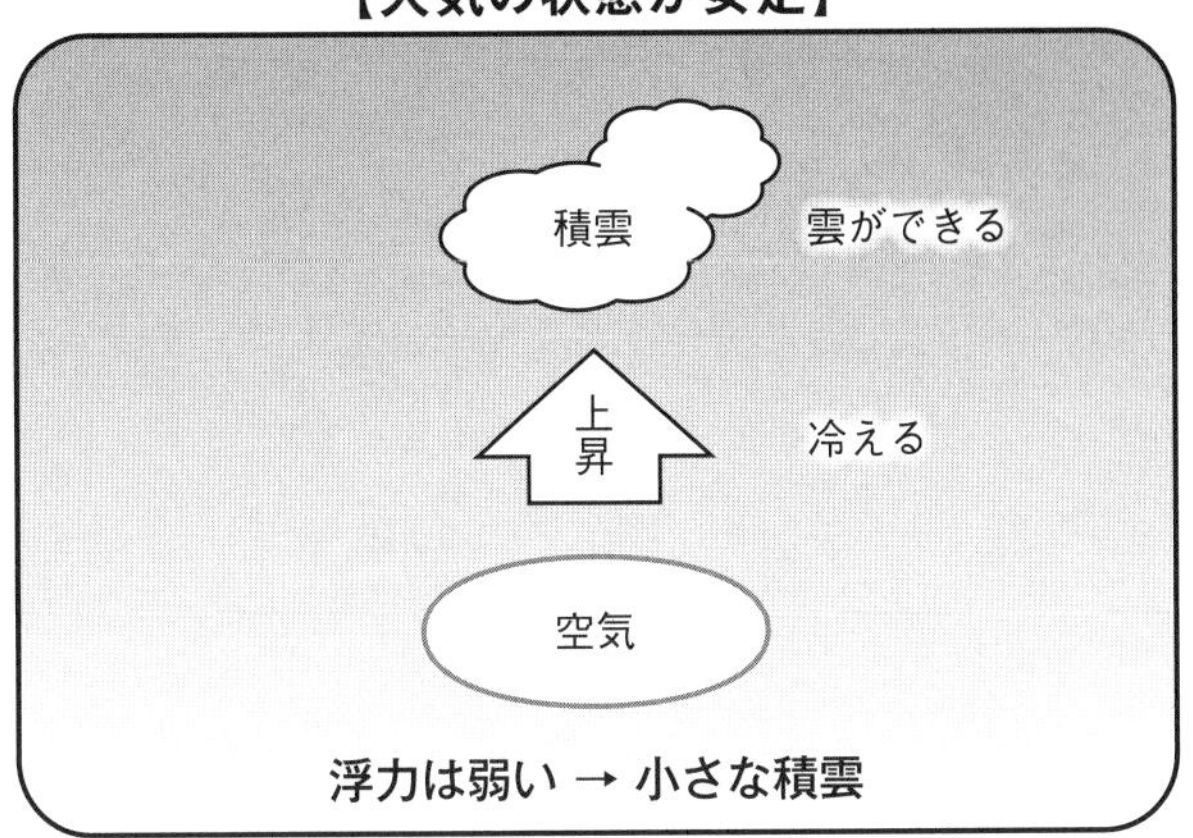

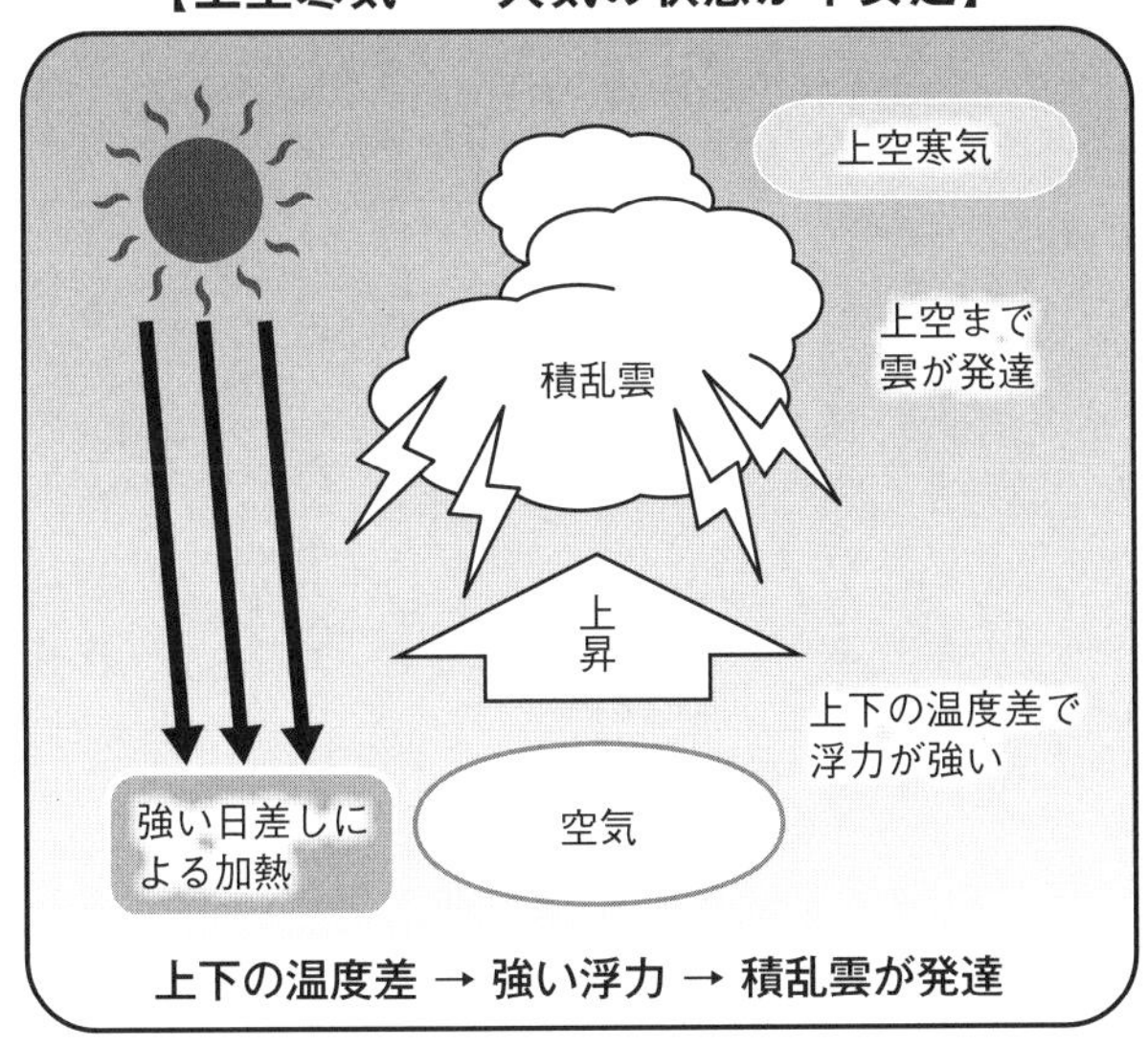

図6　大気の状態が不安定になると落雷のリスクが増す

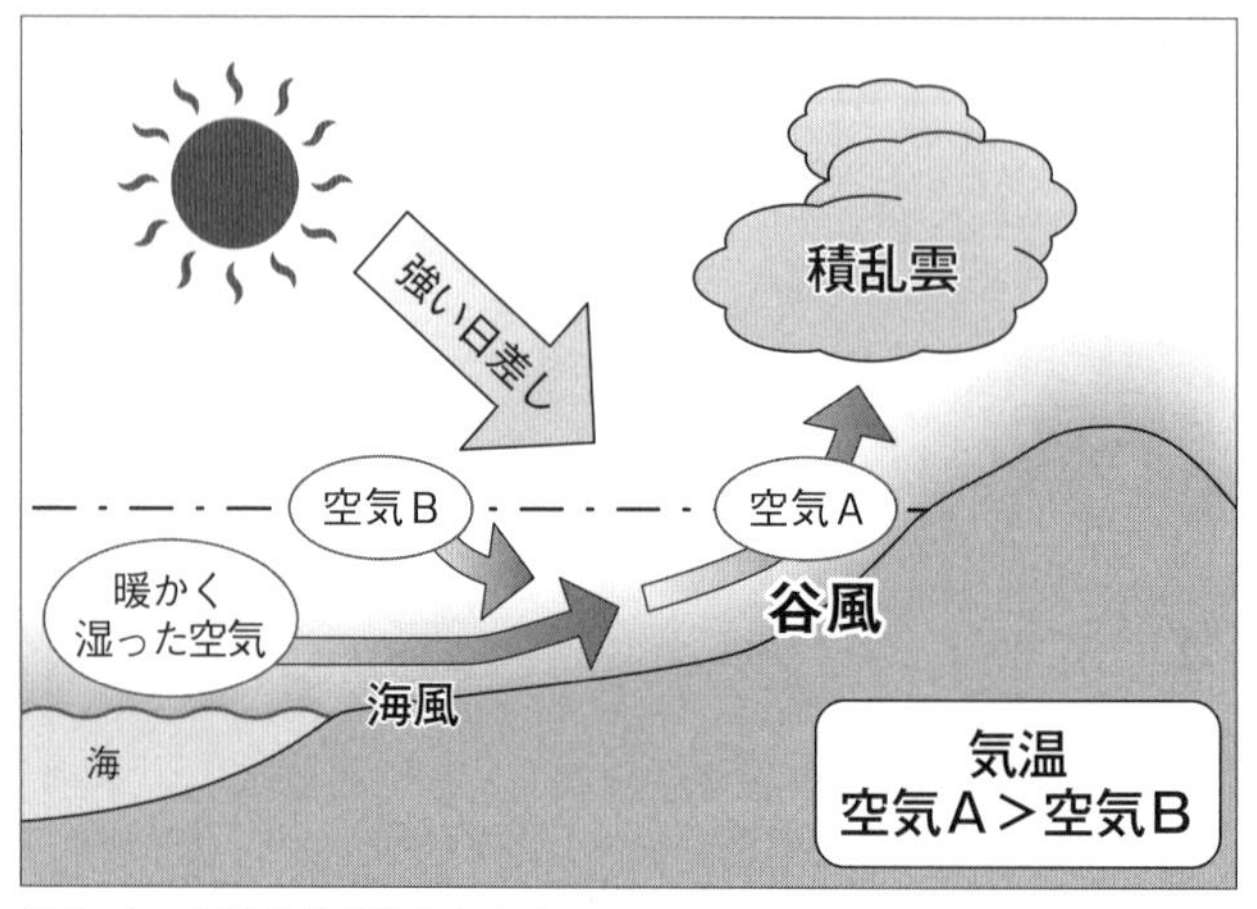

図7　山では積乱雲が発生しやすい

きやすい理由である。それを図7に示す。山の斜面は太陽の光が当たって温められるため、そのすぐ上の空気の温度も上がる。山の斜面の上の「空気A」の温度は、同じ高さにある周囲の「空気B」の温度よりも高いため、周囲の空気より軽くなって上昇する。空気は上昇すると冷える性質があるため、結露して雲ができる。朝は晴れていたのに昼に近づくにつれて下から雲が湧いてくるのは、そのためである。陸地と海の温度差によって海上から入ってくる暖かく湿った空気（海風）は、積乱雲の原料である水蒸気を谷風に供給する。

山で昼前から午後にかけて発生する、この下から上に昇っていく空気の流れを「谷風」と呼ぶ。この「谷風」によって山岳やその麓では積乱雲が発達しやすくなり、雷が発生しやすくなる。反対に夜間に発生する上から下に降りてくる空気の流れを「山

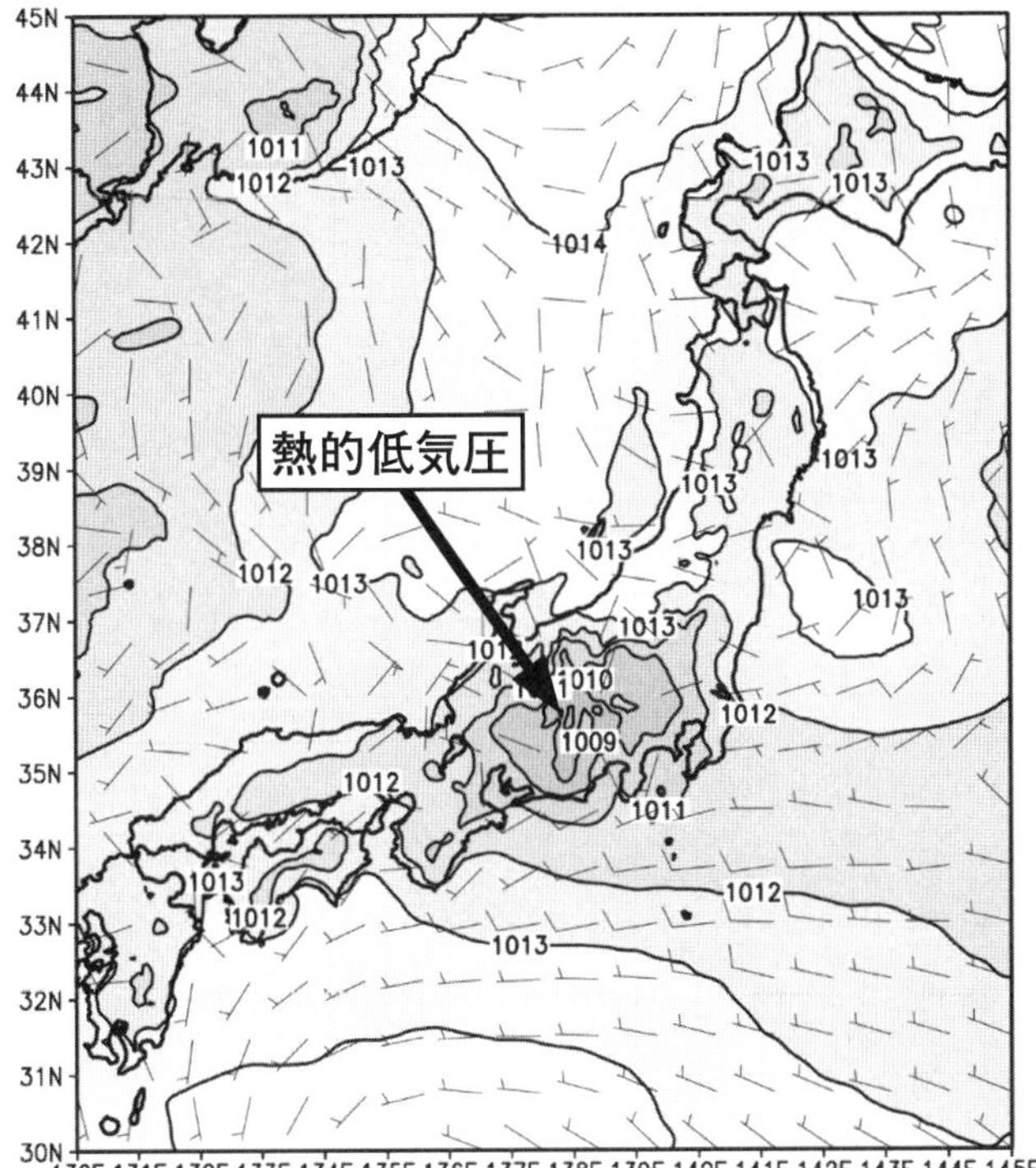

図8　2018年8月27日15時の局地解析図。関東甲信地方にできた熱的低気圧によって東京は激しい雷雨に見舞われた

風」と呼ぶ。空気は下降すると温まる性質（断熱圧縮昇温）を持っているため雲の水分は蒸発して、夜から明け方になると「山風」によって雲は消えて晴れる。

三つ目の要因は、関東甲信地方などの本州内陸部に特有なものである。熱容量（温めるために必要なエネルギー）が小さいため、陸地は海に比べると熱しやすく冷めやすい。そのため中部山岳のある本州内陸部では、広い範囲で地面が夏の太陽の日差しによって加熱されて、そのすぐ上の空気も暖められて膨張することによって空気の密度が薄くなる。つまり気圧が低くなる。このようにして、本州内陸部の広い範囲で低気圧ができることになる。このような内陸部への強い日差しによってできる低気圧を熱的低気圧（ヒートロウ）と呼んでいる。この熱的低気圧が上昇気流を強めて積乱雲を発達しやすくすることによって、中部山岳や周辺の関東甲信地方などに落雷をもたらす。

図8は２０１８年８月27日の東京の落雷（図１）の気象状況を解析するために、筆者が作成した局地解析図である。関東甲信地方に熱的低気圧ができていることが分かる。この熱的低気圧によって、東京では夜に激しい雷雨となって各地で道路が冠水し、目黒川が増水して氾濫寸前となって、多くの世帯で停電が発生した。

ちなみに、熱的低気圧は局地的に発生する低気圧であるため、通常の低気圧や高気圧などの大きなスケールでの現象を伝えることが目的である現在の気象庁の地上天気図には現れない。夏の暑い日には、熱的低気圧ができている可能性があることを知っておいてほしい。

よくある雷についての誤解

落雷事故がなくならない大きな要因として、雷に対して誤ったイメージを持っている人が多いことも原因と考えられる。誤解しやすい項目をいくつかまとめてみた。

・雷は金属に落ちる――金属であろうがなかろうが雷は周囲より高いものに落ちやすい。
・雷は上から落ちてくる――雷は真横からも下からも襲ってくる。
・雷雨に遭ったら木の下で雨宿り――絶対にやってはいけない!!　落雷した木からの側撃による落雷事故が後を絶たない。
・雷は海には落ちない――実際には落ちる。海水は電気をよく流すためサーファーの死亡事故あり。
・一度、雷が落ちたら同じ場所には落ちない――大いなる誤解。何度でも落ちる。
・雨が降っていなければ雷は落ちない――積乱雲から真横に稲妻が走って落ちることがある（図１）。
・雨がやんだら雷は落ちない――右と同じ。過去に何度も落雷事故の事例あり。

この中で筆者が注意すべきと痛感するのは最後の二つの項目である。図1を見ても分かると思うが、頭上に雲がなくても、そして雨が降っていなくても落雷事故が起きるということである。実際に事例②で解説する2012年8月の槍ヶ岳での落雷遭難事故は、強い雨がやみかけた時に起きた。そして、学校のグラウンドでも雨がやんだ後の練習や試合の再開時の落雷事故が幾度も繰り返されている。

過去の教訓を生かさない限り、同じことは何度も繰り返される。残念ながら人類の歴史はそのような道をたどってきた。しかし、我々がやっている登山では、その負の連鎖を打ち切って、皆が安全に楽しめるようにしたい。それが筆者の心からの願いである。

事前に雷を避けるためには知っておくべきキーワード

テレビやラジオ、インターネットなどの天気予報で、以下のキーワードが出たら落雷リスクがあることを肝に銘じておいてほしい。

・雷注意報――そのものズバリ。雪崩と同じく警報がないので、山では警報だと考えてほしい。
・上空寒気――積乱雲が発達しやすい状況を作る。
・湿った空気――積乱雲を作る材料である水蒸気が大量にあることを意味する。

・大気の状態が不安定――上空寒気と湿った空気の合わせ技で落雷が起きやすい状態。
・不安定な天気――「大気の状態が不安定」とほぼ同じ意味で使われる。
・雷雨――そのものズバリ。
・にわか雨――大気の状態が不安定であることを意味する。
・雷3日――上空寒気の動きが遅いため、3日ぐらいは雷が発生しやすい状況が続くという諺。

もし運悪く山で雷に遭遇してしまったら

たとえ備えを万全にしても100パーセント完全ではないため、運悪く山で雷に遭遇してしまうことはありうる。そうした時の対処法をまとめておく。

・稜線からただちに降りる――自分が一番高くなることを避ける。
・稜線からの避難が困難な時や、高い木のない広い場所にいる時は、しゃがんで姿勢を低くする。（図9）
・高い木があれば4メートル以上離れて、45度以上の角度で見上げる保護範囲に入る。（図9）
・ピッケルやストックなど尖ったものを頭上に振り回さない――そこに落雷する。
・登山パーティーでは、お互いの間隔を4メートル以上あける――お互いに雷の側撃を避ける。

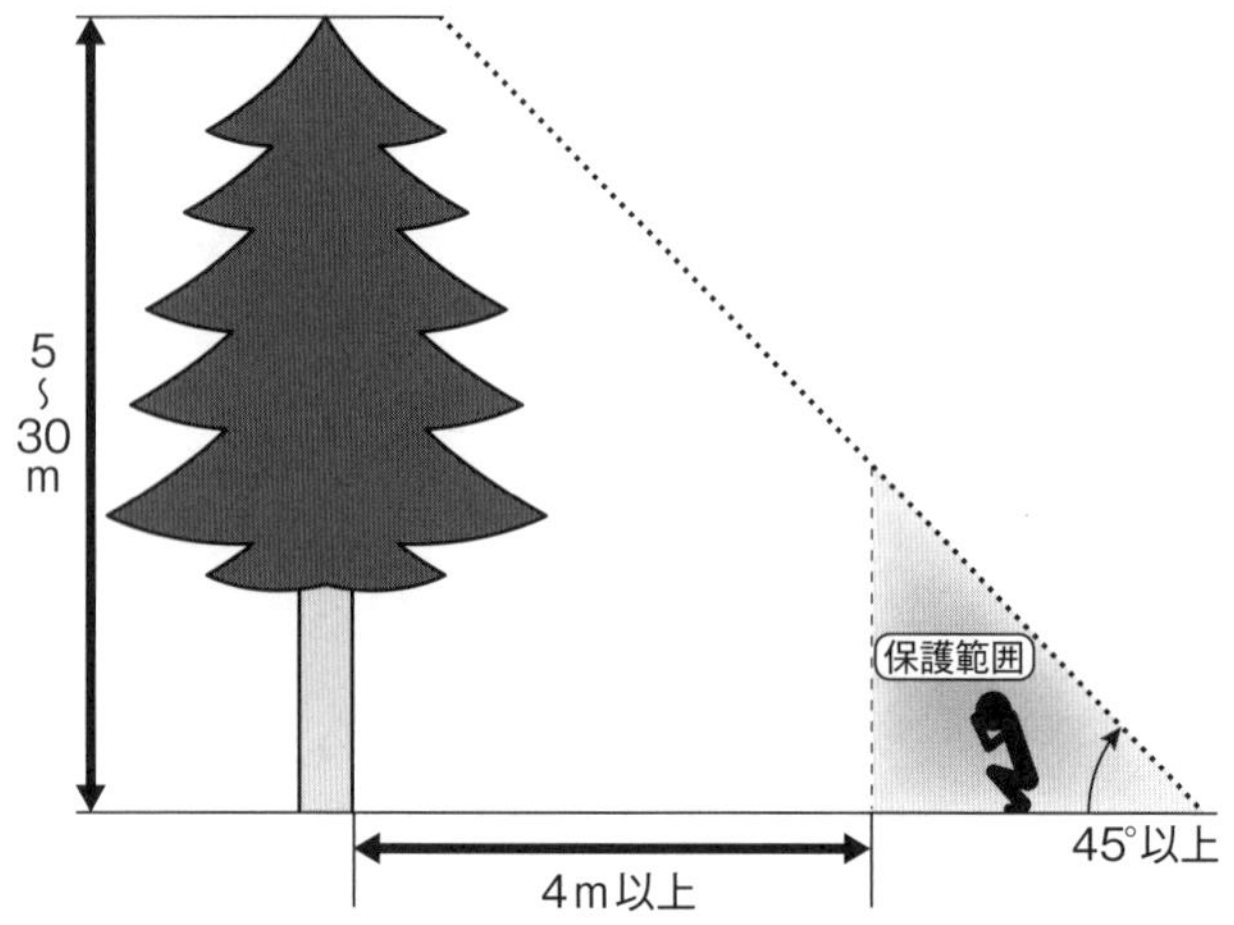

図9　稜線からの避難が困難な時や、高い木のない広い場所にいる時は「雷しゃがみ」が有効。踵を合わせて爪先で立ち、両手で耳を塞いでなるべく低い姿勢をとる。高い木があったら4メートル以上離れ、木のてっぺんを45度以上の角度で見上げられる保護範囲に入るとよい

事例①の西穂高岳落雷事故では、一列に並んでいたため大惨事になってしまった。
・雷鳴が聞こえたら、遠くから聞こえてもすでに落雷危険エリアであることを認識する。
・雷鳴が遠くなって雨がやんでも油断しない――実際に事例②はそのような状況で起きた。

雷に遭った人への応急処置――ためらわずに心臓マッサージを!!

もし同行者が雷に遭ってしまった時は、すぐに心肺蘇生を実施するとともに、救助を呼ぶ。落雷に遭った人は、その電撃ショックで心臓停止に陥る。しかし諦めてはいけない。心臓マッサージ（胸骨圧迫）は、落雷による心停止に対してかなり有効である（日本赤十字マニュアル）。本当は気道確保をして人工呼吸と併用するのがベストであるが、新型コロナ感染が心配な現状では、心臓マッサージだけでもよい（同マニュアル）。心臓マッサージによって血液を循環させて、脳死を防ぐことが最優先である。

一番いけないのは何もしないことなので、ためらわずに行動してほしい。ちなみに、人工呼吸と併用する場合は、人工呼吸を2回・心臓マッサージを30回のサイクルを繰り返す。山にはAEDはないので、基本的な心肺蘇生法は日本赤十字社や消防署などの講習を受けておくことをお勧めしたい。（筆者も日本赤十字社と消防署の講習を受講している）

では、実際に起きた夏山での落雷事故の事例を見てみよう。

2　事例①　１９６７年８月の西穂高岳での落雷遭難事故

史上最悪の落雷遭難事故の概要

１９６７年８月１日に北アルプスの西穂高岳独標（２７０１メートル）付近で起きた落雷事故は、長野県松本深志高等学校のパーティーのうち11名が死亡、13名が負傷するという日本の登山史上最悪というだけでなく、平地での落雷事故も含めて、国内での雷による最悪の惨事となった。

松本深志高校では、毎年、希望者を募って西穂高岳（２９０９メートル）への集団登山を実施していた。この年は７月31日に、引率の教員５名、２年生の生徒50名のパーティーで松本市を出発し、その日は上高地の小梨平キャンプ場で宿泊した（図10）。

翌８月１日は７時過ぎに小梨平を出発し、９時半頃に西穂山荘に着いた。９時頃までは、ほぼ快晴の良い天気だったという。10時頃から西穂高岳頂上方面に雲が湧き始めている。残っている写真によると、谷風によって下の方から湧いた雲が、頂上を通り越してかなり上まで昇っていく危険な雲であったようだ。観天望気を知っていれば、大気の状態が不安定である証拠なので、注意したであろう。もし下の方から湧いた雲が稜線付近に留まっていれば、大気の状態は安定している。

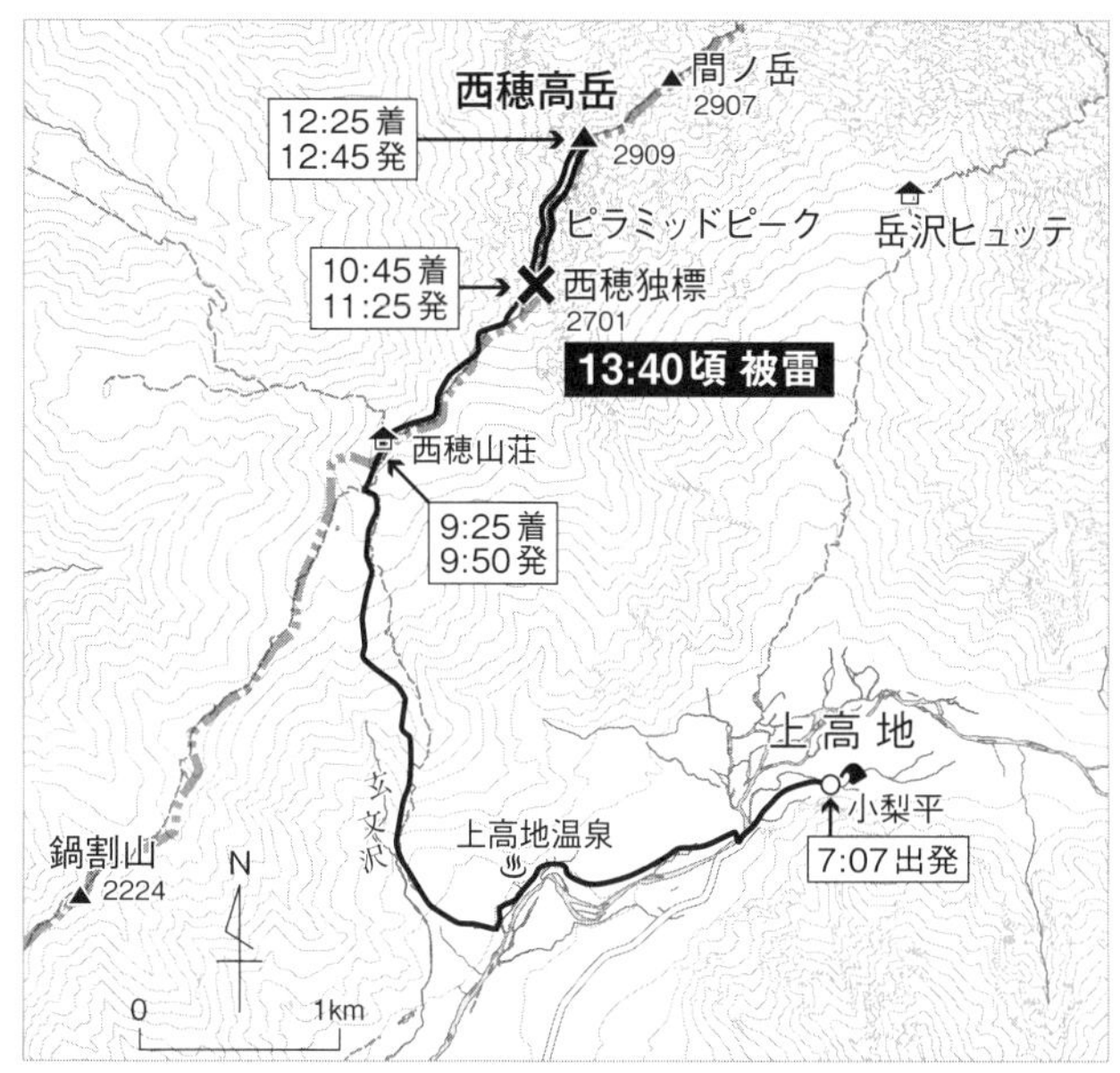

図10　落雷事故当日の松本深志高校パーティーの行動

10時45分に独標に着いた時にはまだ晴れていたが、積乱雲になる前の綿状の雲である積雲が周囲の山にできていて、所々で大きな雲の塊（雄大積雲と呼ぶ）に発達していた。昼食後に独標を出発し、12時頃にピラミッドピークを通過した頃には西側からガスが湧き始めて、西穂高岳頂上への急な登りの途中で完全にガスに包まれてしまった。

12時25分に西穂高岳頂上に到着。12時45分に大粒の雨が落ちてきたため、雨具を付けて大急ぎで下山を開始したが、風雨ともに強くなったため下半身がかなり濡れたという。雨は10分ほどでやんでいったんは晴れてきたが、ピラミッドピークを通過した頃に暗くなって再び風雨とともに強くなり、雷も鳴り始めた。そして、雷と風雨が続く中、独標付近で落雷に遭い、死者11名、負傷者13名という前例のない多数の人が被害を受けた落雷事故となった。

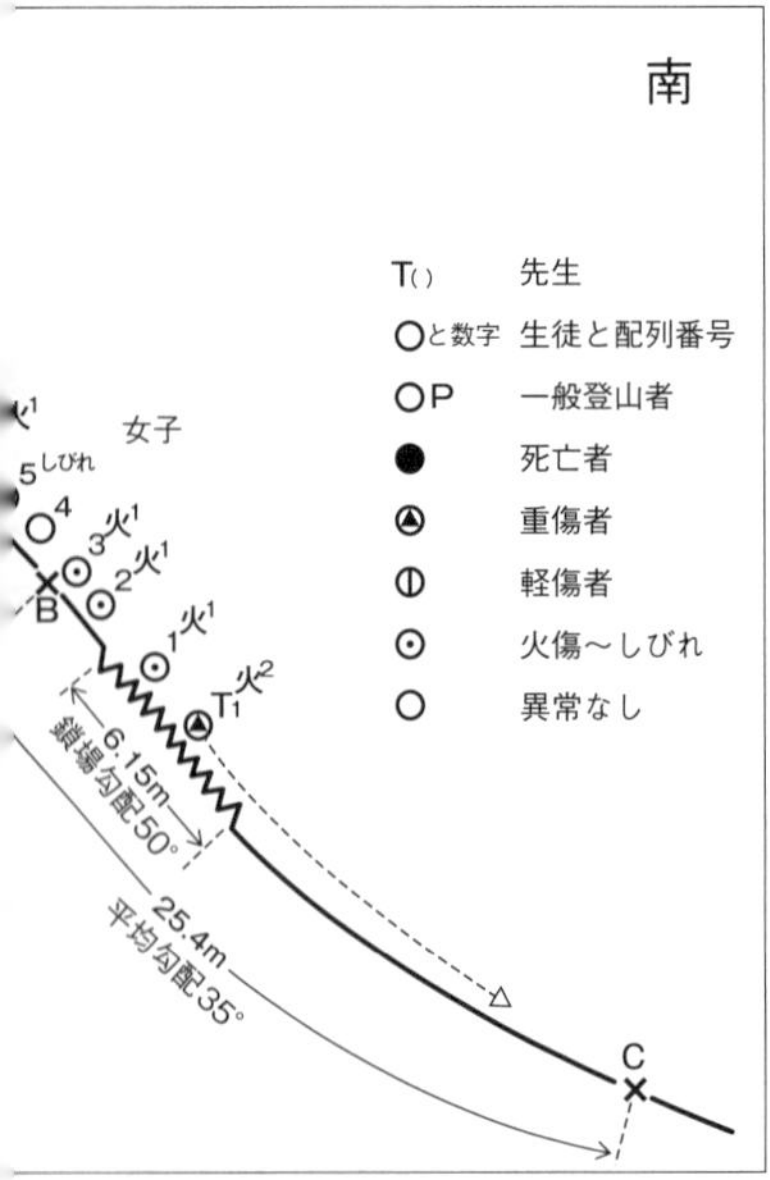

逃げ場のない独標付近の稜線で一列になったことが被害を大きくした!!

1967年の気象学会誌「天気」には、当時の松本測候所の井村宇一郎氏の「1967年8月1日西穂高落雷遭難」という論文が投稿されていて、落雷時の様子が非常に詳細にまとめられている。雷を知るために非常に参考になる内容であり、インターネットで公開されているため、検索してぜひとも目を通すことをお勧めしたい。

図11に落雷事故の時の松本深志高校パーティーの配列図を示す。引率の教員が先導して、その後に女子生徒7名が続き、教員2名を挟んで男子生徒34名、最後に教員2名が狭い独標付近の稜線を数珠（じゅず）つなぎに並んでいたことが

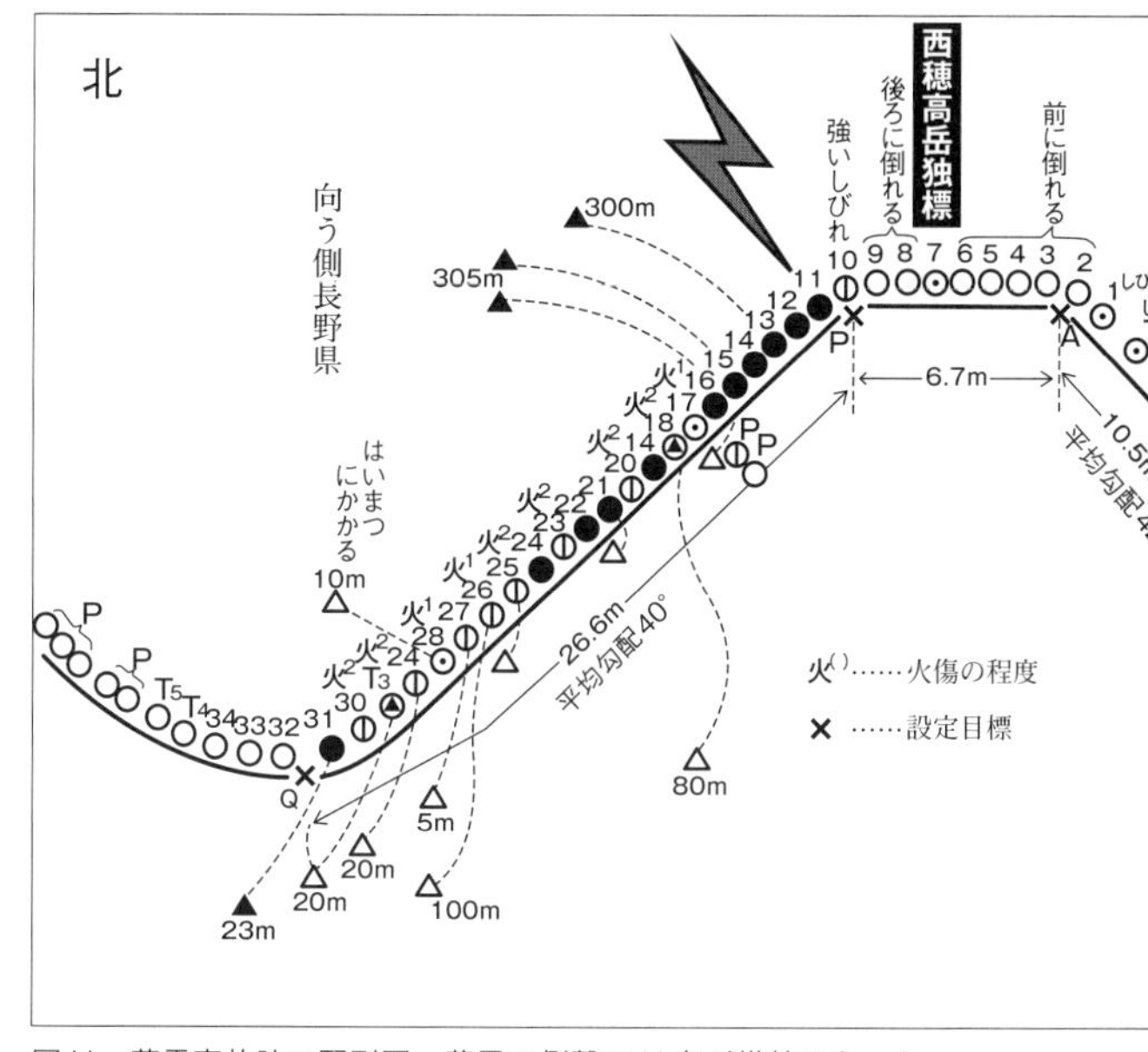

図11　落雷事故時の配列図。落雷の側撃で11名が犠牲になった

分かる。●は残念ながら亡くなった生徒たちである。

雷は独標の北斜面側上部に落ちて、落雷の側撃が並んでいた生徒たちを経由して北斜面を直線的に伝わっていったと推定されている。高低がある稜線の低い場所や、直線経路から少しずれた場所にいた生徒たちは、直線的に走った落雷の側撃を免れて助かった。

JRA-55による再現①

現在の解析技術を使った気象庁の55年再解析データJRA-55を使って再現した地上天気図を図12と図13に示す。JRA-55のデータを使って西穂高岳落雷事故の気象状況の再現を行ったの

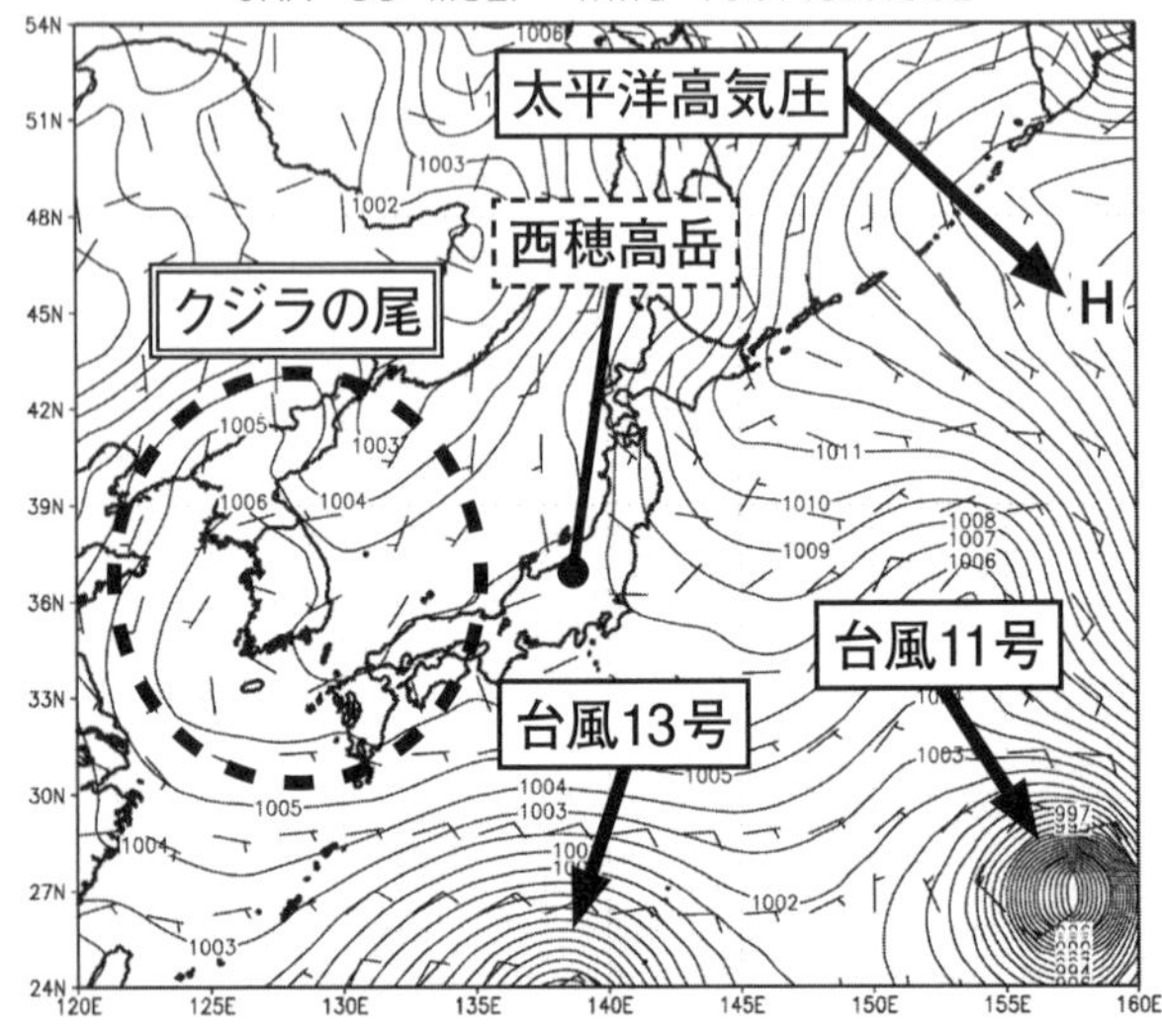

図12　1967年8月1日の9時の地上天気図

は、おそらく筆者が初めてであろう。

図12が8月1日の9時、図13が15時の天気図である。9時の天気図を見ると、南海上には台風13号があるものの、西穂高岳付近は太平洋高気圧に覆われていて晴れている。ところが15時になると、本州中央部に熱的低気圧が出現している。この熱的低気圧によって、本州中央部で雷が発生しやすい状況になっていたと思われる。

そして注目すべきは、二つの天気図の朝鮮半島付近から西日本付近の等圧線であり、文字通り「クジラの尾」の形をしていた。「クジラの尾」型の天気図は、猛暑をもたらす夏の代表的な天気図である。しかし注意が必要なのは、クジラの尾の部分では天気は比較的安定しているが、尾のくびれか

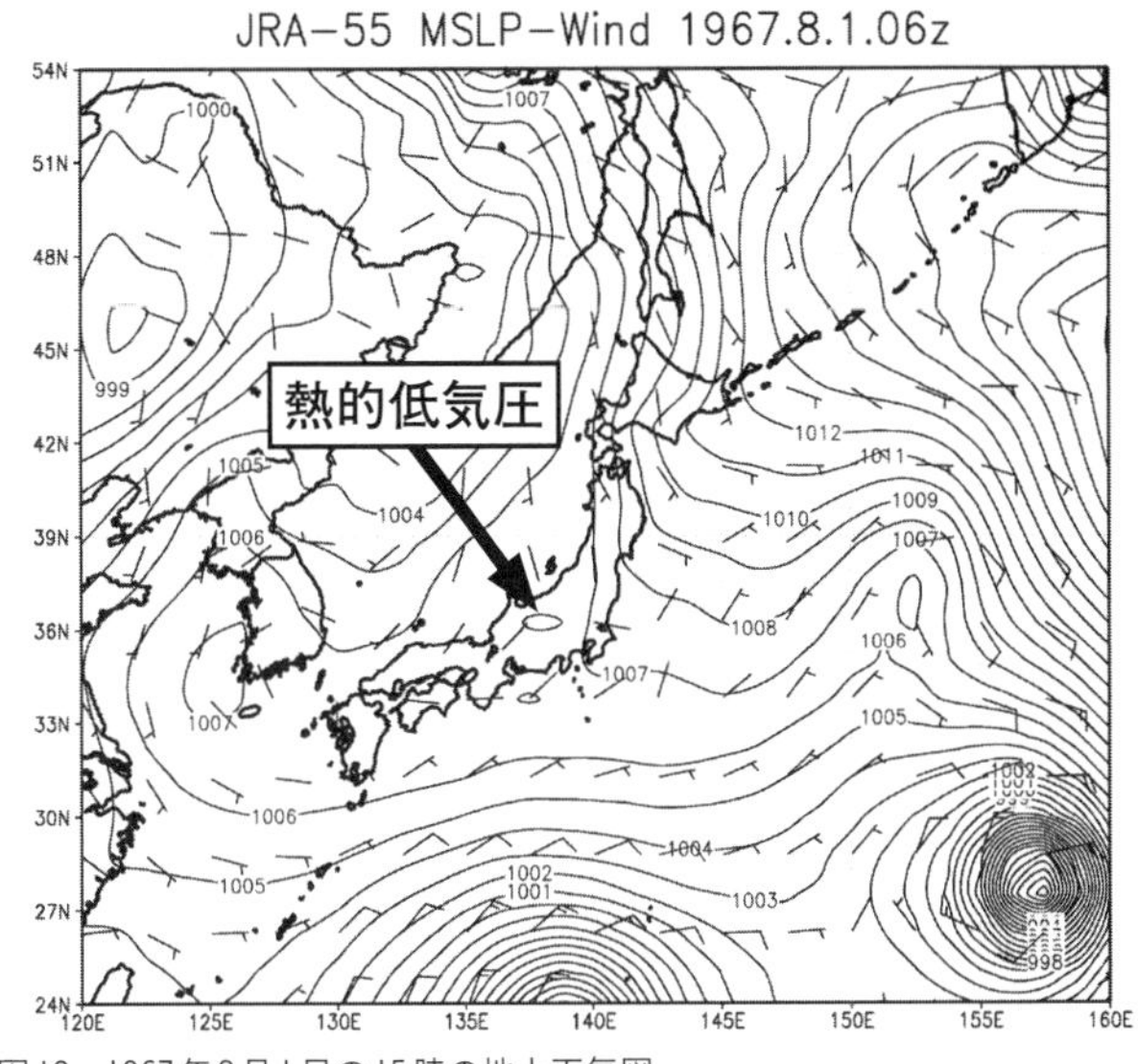

図13　1967年8月1日の15時の地上天気図

ら胴体部分では昼頃から雷雨などの不安定な天気になりやすいことである。その理由は、「クジラの尾」型の天気図になると尾のくびれから胴体部分は高気圧の勢力が弱いため、気温が上がる昼頃から本州内陸部に熱的低気圧が発生しやすくなることによる。もし夏に「クジラの尾」型の天気図が予想されていたら、昼頃からの雷に注意ということを覚えておきたい。

JRA−55による再現②

この落雷事故の時にも、やはり上空寒気によって不安定な天気になっていた。JRA−55を使って、筆者が再現した落雷事故当時の上空寒気の様子を図14に示す。

500ヘクトパスカル（上空約5800

メートル）では東北地方の東海上に、「寒冷渦」と呼ばれる寒気を伴う上空の低気圧があった。これは地上天気図では現れない曲者である。寒冷渦が持っている上空寒気は、北極圏の冷たい空気が南下してきたものである。寒冷渦が運んできたマイナス6度C以下の冷たい空気が、北海道南部から関東甲信・北陸地方付近まで覆っていることが分かる。

6月から8月の夏の時期において、500ヘクトパスカルでマイナス6度C以下の寒気が入ると大気の状態が不安定となって、ただでさえ谷風によって雷が起きやすい山岳地帯では非常に危険な状態になる。大気の状態が不安定な様子を一目で知るためには、SSI（ショワルター安定指数）と呼ばれるものの分布を見るとよい。気象予報士を目指そうという人でない限り詳しい内容を知る必要はないが、SSIが大きいほど大気が安定した状態になり、ゼロ以下だと大気の状態が不安定となって落雷リスクが高くなる。

JRA－55データを使って、筆者がSSIを解析した結果を図15に示す（口絵にカラーで掲載）。西穂高岳の落雷事故当日は、北アルプス付近はSSIがマイナス3度C以下という、大気が非常に不安定な状態になっていたことが分かった。

大変残念ながら西穂高岳落雷事故は、非常に不安定な大気の状態によって起きるべくして起きた落雷事故であったといえる。現在では、GPV気象予報というホームページでSSIの予想図が公開されており、検索すればすぐに見つかるので、ぜひとも閲覧をお勧めしたい。

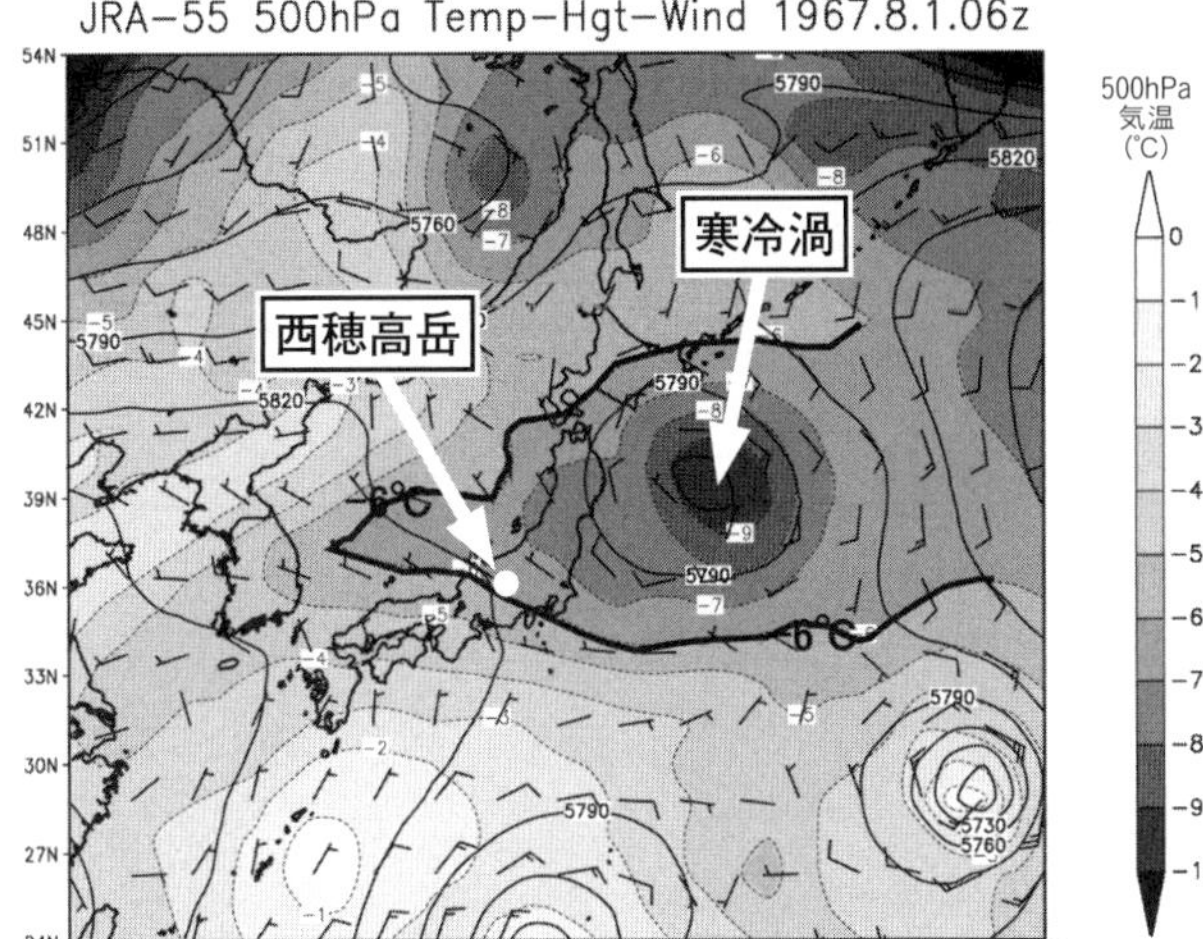

図14　1967年8月1日15時の500ヘクトパスカル天気図

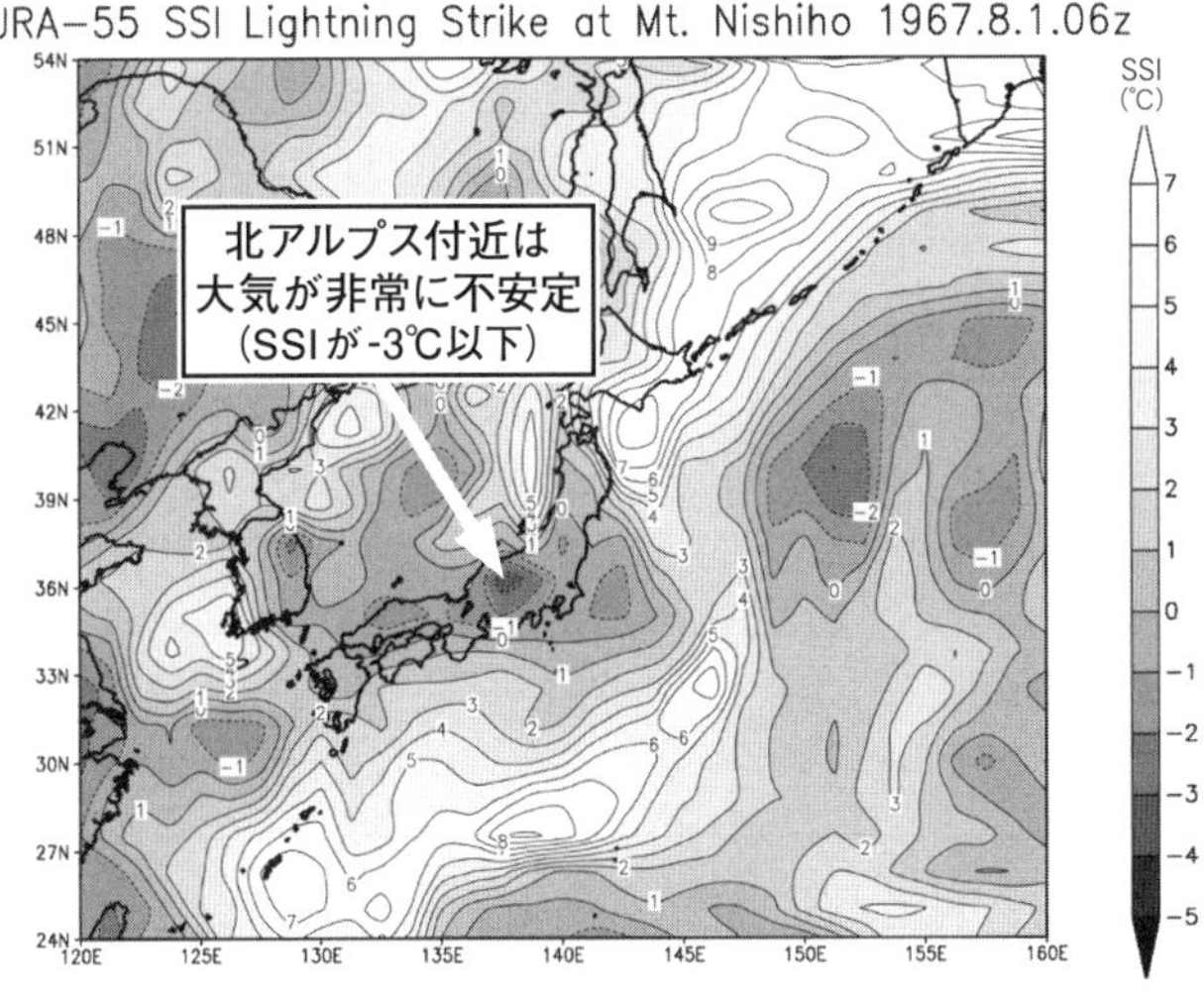

図15　1967年8月1日15時の大気の安定度

どうすれば西穂高岳落雷遭難事故を防ぐことができたのか

予報技術がまだ発達していなくて、現在のように雷の予報が難しかった時代でも、現在、そして将来も通用する昔からのアウトドアのテクニックがある。それが「観天望気」である。

まずは、西穂山荘を出発して独標に向かう途中で、10時頃から西穂高岳頂上方面に雲が湧き始めた時点で、稜線を通り越してかなり上まで上昇する雲の様子から、積乱雲の発達と落雷の兆候を読み取ってほしかった。この時点で、昼を過ぎてからの行動は危険と判断して、休憩を短くして行動を早めるか、独標までの往復に留めておけば落雷事故は起きなかった。

次のポイントは独標である。晴れていたとはいえ、湧き上がる雲を目にしながら、40分も昼食のために留まってしまった。学校の集団登山では難しかったかもしれないが、西穂高岳の頂上を目指すなら、遅くなればなるほど落雷の危険が高くなることを考えて、休憩時間を短くして先を急ぐべきであった。高校生たちの体力や体調などで、それができないのならば先に進むべきではない。西穂高岳頂上でも20分休憩しており、その合計の1時間を少しでも短くできたかどうかが、帰りに独標付近の狭い稜線を抜けて、落雷を回避できたかどうかの生死を分けた。

厳しいようだが、山行パーティーのリーダーはこのような観天望気の知識と、地形やメンバーの状況（技術、体力、体調など）を総合的に判断することが必要だ。ましてや、学校管理下の登山の場合は、引率する学校側の責任は重い。

起きてしまった過去の遭難事故に鑑みて、松本深志高校では、悲惨な落雷事故の教訓を風化させないような取り組みを現在も継続している。

3　事例②　2012年8月の槍ヶ岳での落雷遭難事故

槍ヶ岳での落雷遭難事故の概要

この落雷事故は、間近で鳴っていた雷が遠のいて、雨が弱まっても依然として落雷の危険はあることを示す典型的な事例である。落雷事故の前日も、槍ヶ岳（3180メートル）・穂高岳付近は午後から雷雨になる不安定な天気であった。落雷事故が起きた8月18日は、同じ日に槍ヶ岳や穂高岳に登っていた登山者たちの記録によると、未明から10時頃まではよく晴れていたようだ。10時を過ぎるとガスが湧き始め、10時半頃には槍ヶ岳・穂高岳の稜線は完全にガスに包まれてしまった。

そして11時を過ぎると雨が降り始めて、11時半頃には雨が強くなり、その後に雷鳴も聞こえ始めた。12時前後に間近で合計3回の雷光と雷鳴があった。そのうちの一つが、槍ヶ岳の東鎌尾根を登っていた登山者に襲いかかって1名が重症を負った。

13時前には雷鳴は遠くなって、雨も弱まってきた。槍ヶ岳の穂先で落雷事故が起きた13時10分は、ガスが晴れて雷も遠くに聞こえる状況であった。そんな時に、一発の雷があたかも巨大な避雷針のような槍ヶ岳の穂先（図16）に落ちて、槍ヶ岳の頂上から降りてくる登山者たちを襲い、1名の命を奪ってしまった。事故の前には、その登山者たちが頂上に向かって登るのを目撃した槍ヶ岳山荘の関係者が、引き返すように拡声器で呼びかけていたという。

落雷事故の当日はどのような気象状況だったのか

図17に示すように、地上天気図では日本付近は東海上にある太平洋高気圧に覆われていて、1967年8月の西穂高岳落雷遭難事故（事例①）の時のような「クジラの尾」もないように見える。この天気図だけでは落雷事故が起きるような不安定な天気を読み取ることは難しい。

しかし、実際には落雷事故の当日は未明から午前中にかけて関東地方でにわか雨が降る不安定な天気であった。気象庁ホームページには雨の様子や雷の様子を知ることができるナウキャストというデータがある。2012年当時は「降水ナウキャスト」と表記されていたが、現在は「雨雲の動き」となっている。図18に、8月18日の10時半と12時の雨の様子と雷の様子をまとめた。ちょうど筆者は所属するデンソー山岳部の北海道と槍ヶ岳・穂高岳での夏山合宿の気象サポートをしていた時期であったために、たまたまこの槍ヶ岳の落雷事故当日の貴重なデータが保存できている。（余談であるが、筆者は8月15日の時点で8月16日から18日にかけて落雷の危険が高いことを予測して、デ

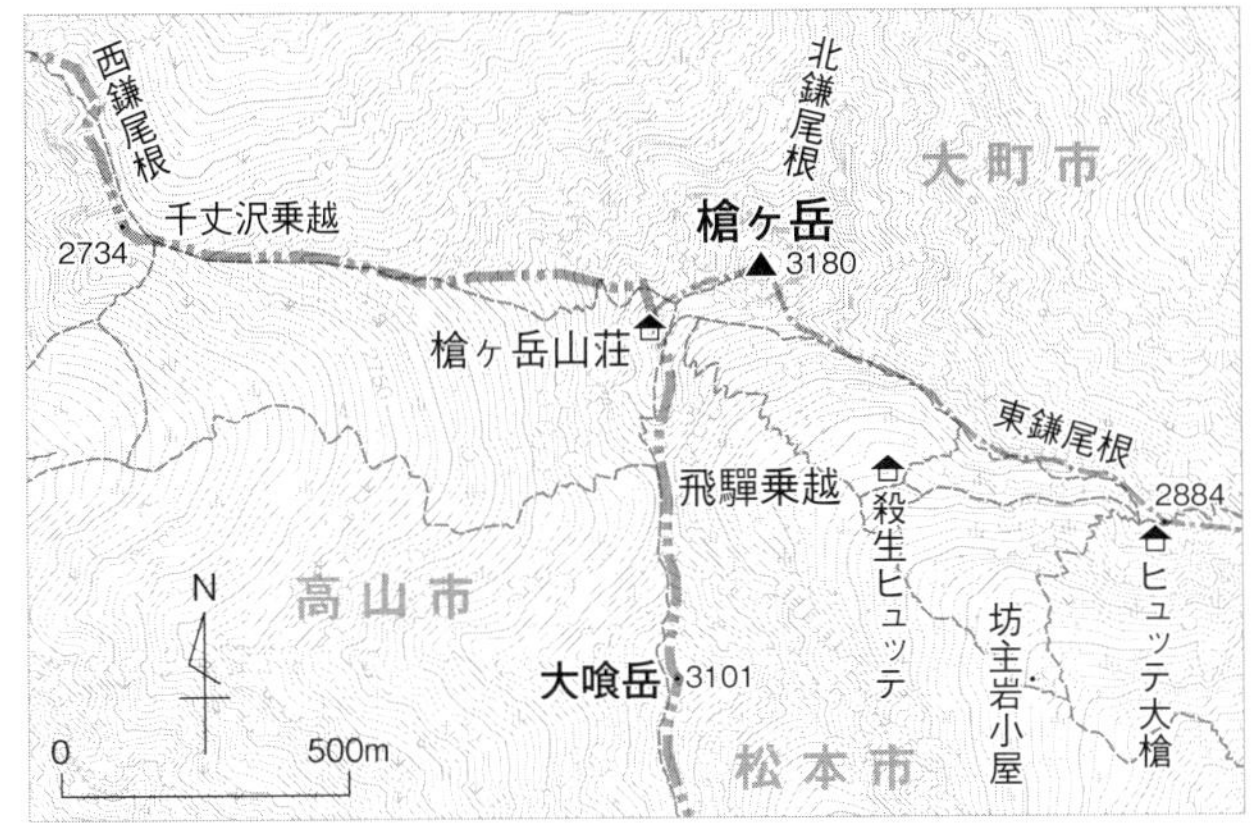

図16　槍ヶ岳の頂上部は鋭角に尖っているため「槍の穂先」と呼ばれる

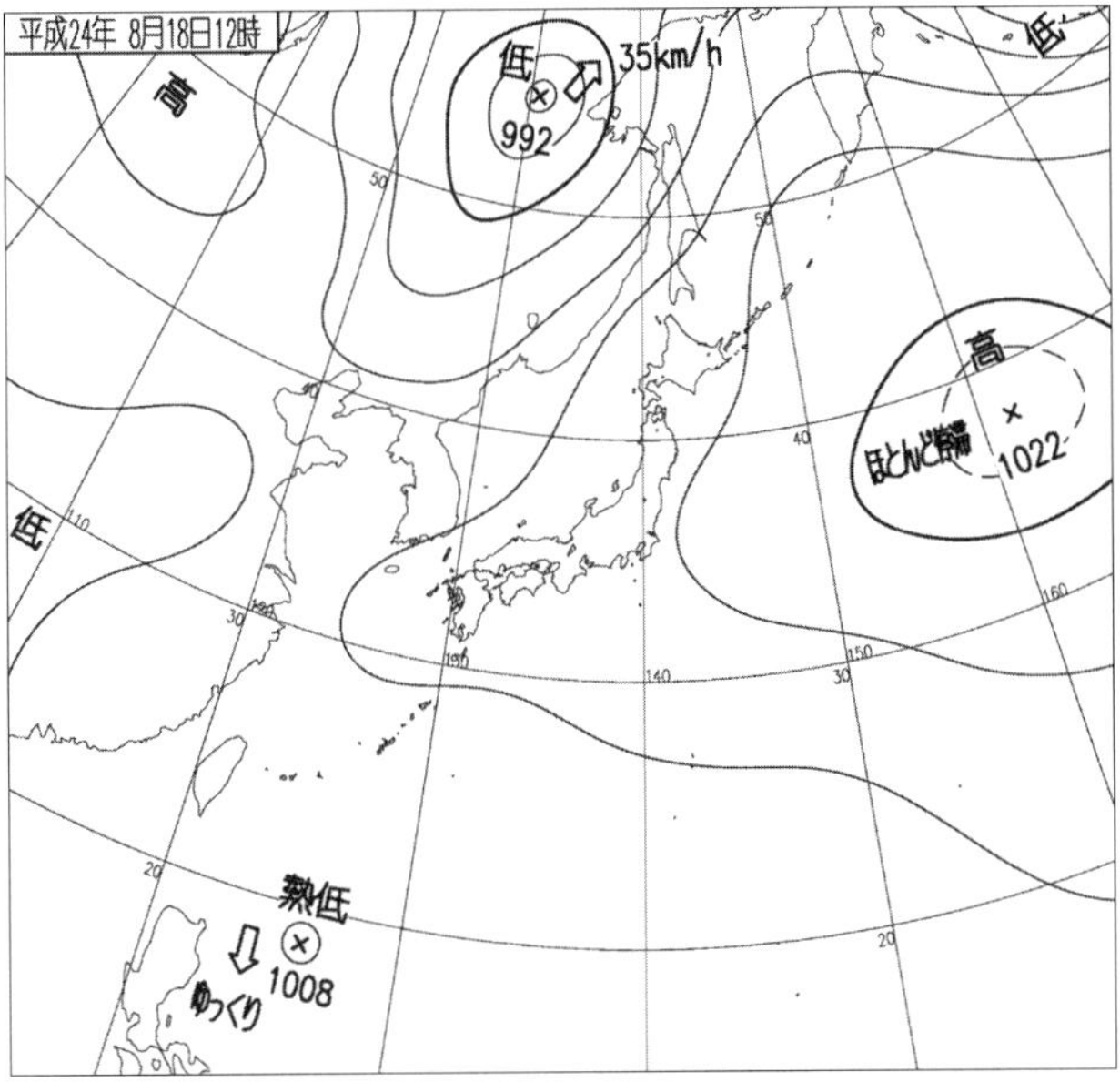

図17　2012年8月18日時12時の地上天気図

8/18　10:30

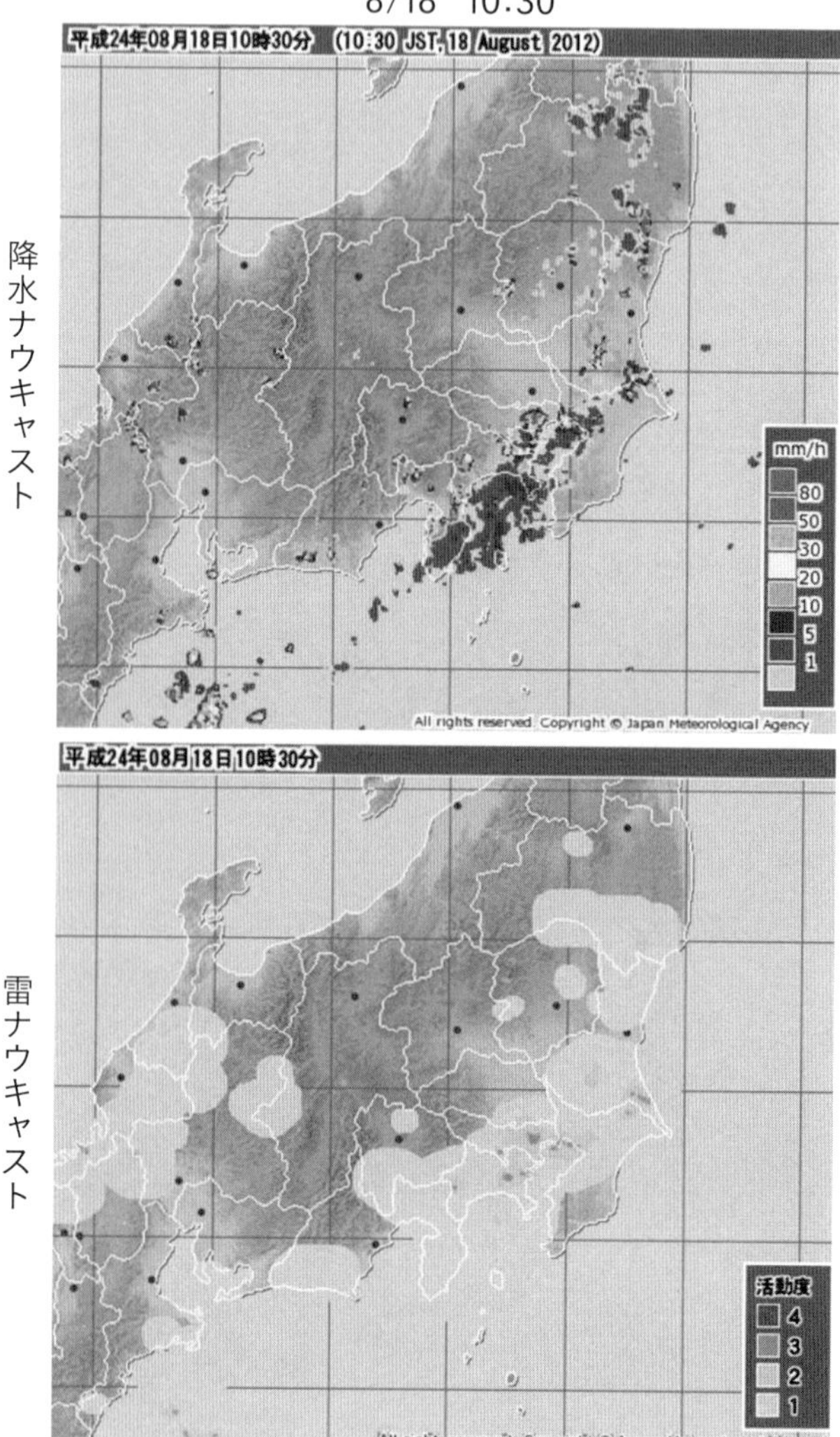

降水ナウキャスト

雷ナウキャスト

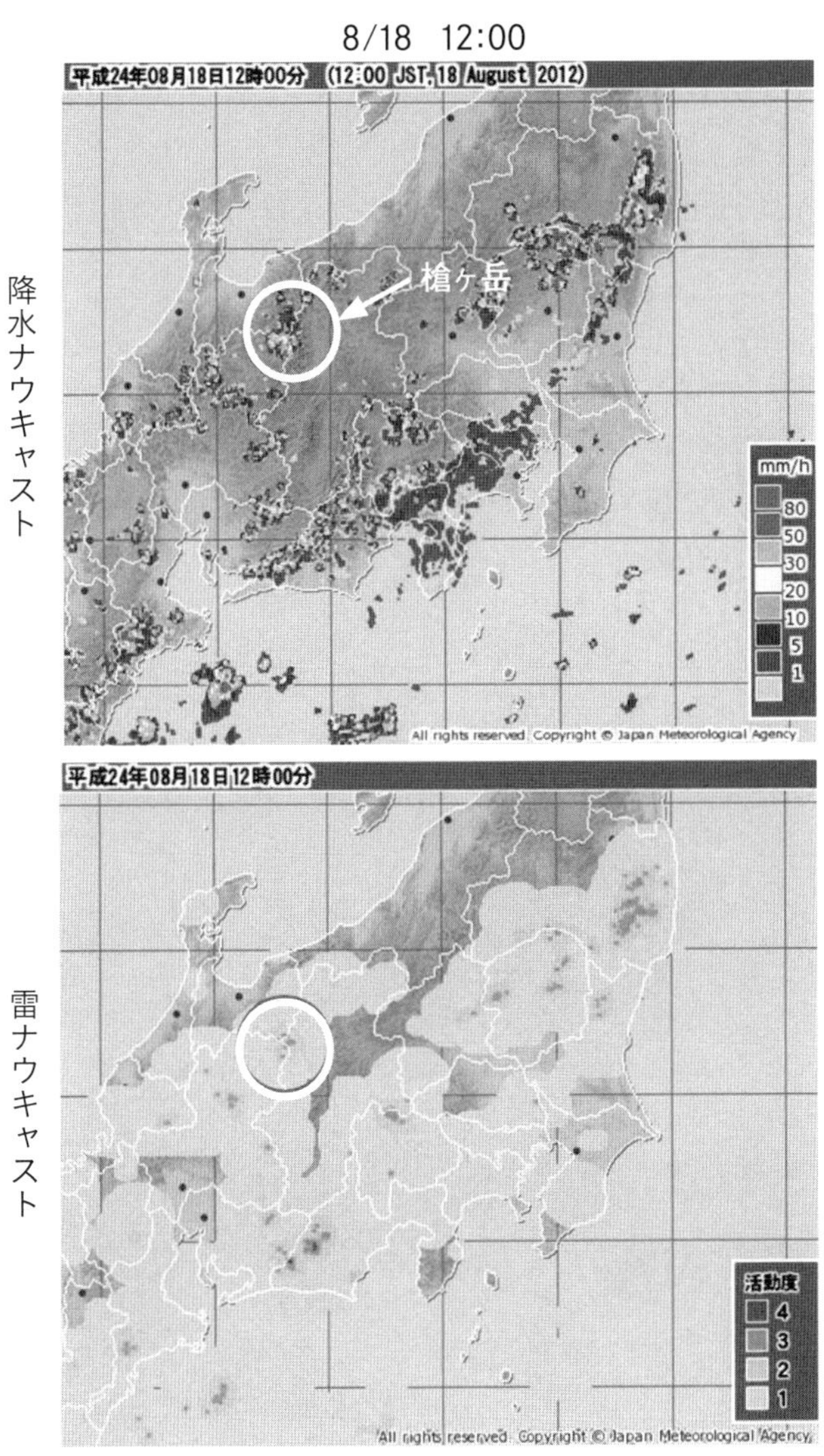

図18　2012年8月18日の降水・雷ナウキャスト

ンソー山岳部の入山メンバーに情報提供を行っている）

10時半では東京都を中心に、神奈川県、千葉県、茨城県、福島県南部などで雷雨になっているが、よく見ると北アルプス南部や伊吹山地も所々で雷雨になっていることが分かる。12時になると雷雨になっている場所が大幅に増えて、落雷事故があった北アルプス南部では激しい雷雨になっていた。

犯人の上空寒気は2人いた――東から来た上空寒気と西から来た上空寒気のランデブー

地上天気図で「クジラの尾」がなくても、地上に痕跡を残さずに上空寒気をもたらす「寒冷渦」（寒気を伴う上空の低気圧）がこの落雷遭難事故にも関与していた。

気象庁ＭＳＭ（局地解析モデル）データを使って解析した、落雷事故当日の５００ヘクトパスカル（上空５９００メートル付近）の天気図を図19に示す。夏の時期において、５００ヘクトパスカルでマイナス6度C以下の寒気が入ると大気の状態が不安定となって落雷の危険があることを前に解説したが、東北地方から九州の広い範囲でマイナス6度C以下になっていることが分かる。特に北アルプス付近から関西にかけてのエリアは、マイナス7度C以下になっていて落雷の危険性が高い。

この５００ヘクトパスカルでの上空寒気をもたらしたのは、日本の南にある寒冷渦である。１９６７年8月の西穂高岳落雷遭難事故（事例①）と同じく、２０１２年8月の槍ヶ岳での落雷事故も地上天気図には現れない曲者「寒冷渦」が犯人であった。この犯人は、日本の遥か東を南下した北

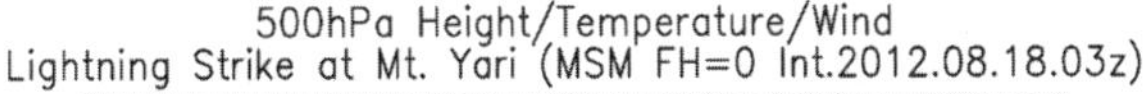

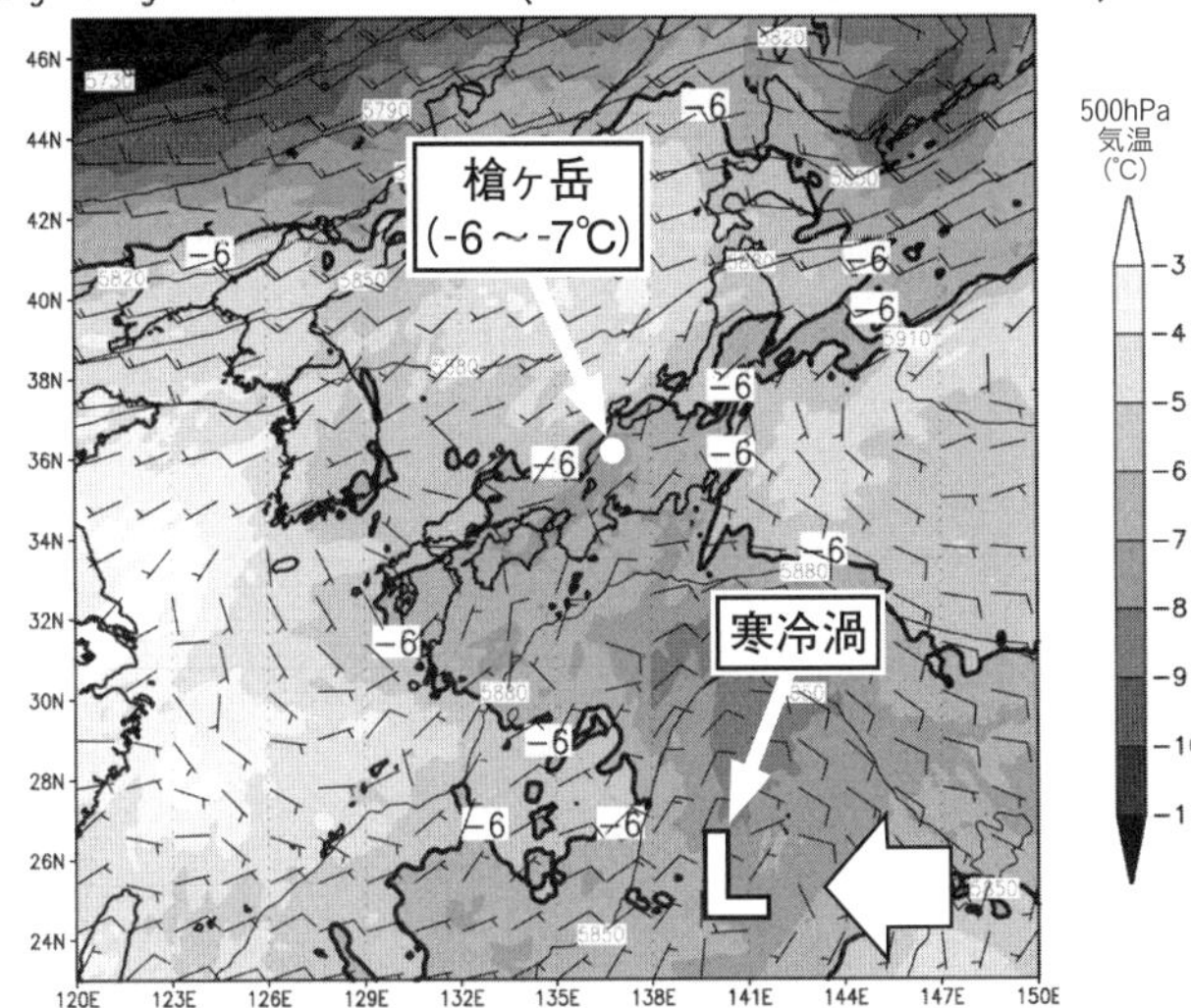

図19　2012年8月18日12時の500ヘクトパスカル天気図

極の寒気が、太平洋高気圧の南側の東風に流されて、東の方から日本の南にやって来た。

そして、実はもう１人犯人がいる。その犯人は、もっと上空にいた。気象庁ＭＳＭデータを使って解析した３００ヘクトパスカル（上空９７００メートル付近）の天気図を図20に示す。寒気を伴う気圧の谷が通過したため、北アルプス付近から関西付近の上空に３００ヘクトパスカルでマイナス31度C以下の強い寒気が入った。そのため、より一層、上空まで積乱雲が発達しやすい状況になっていた。この寒気を伴う気圧の谷は、偏西風（日本の上空を流れる西風）によって日本の西の方からやって来た。

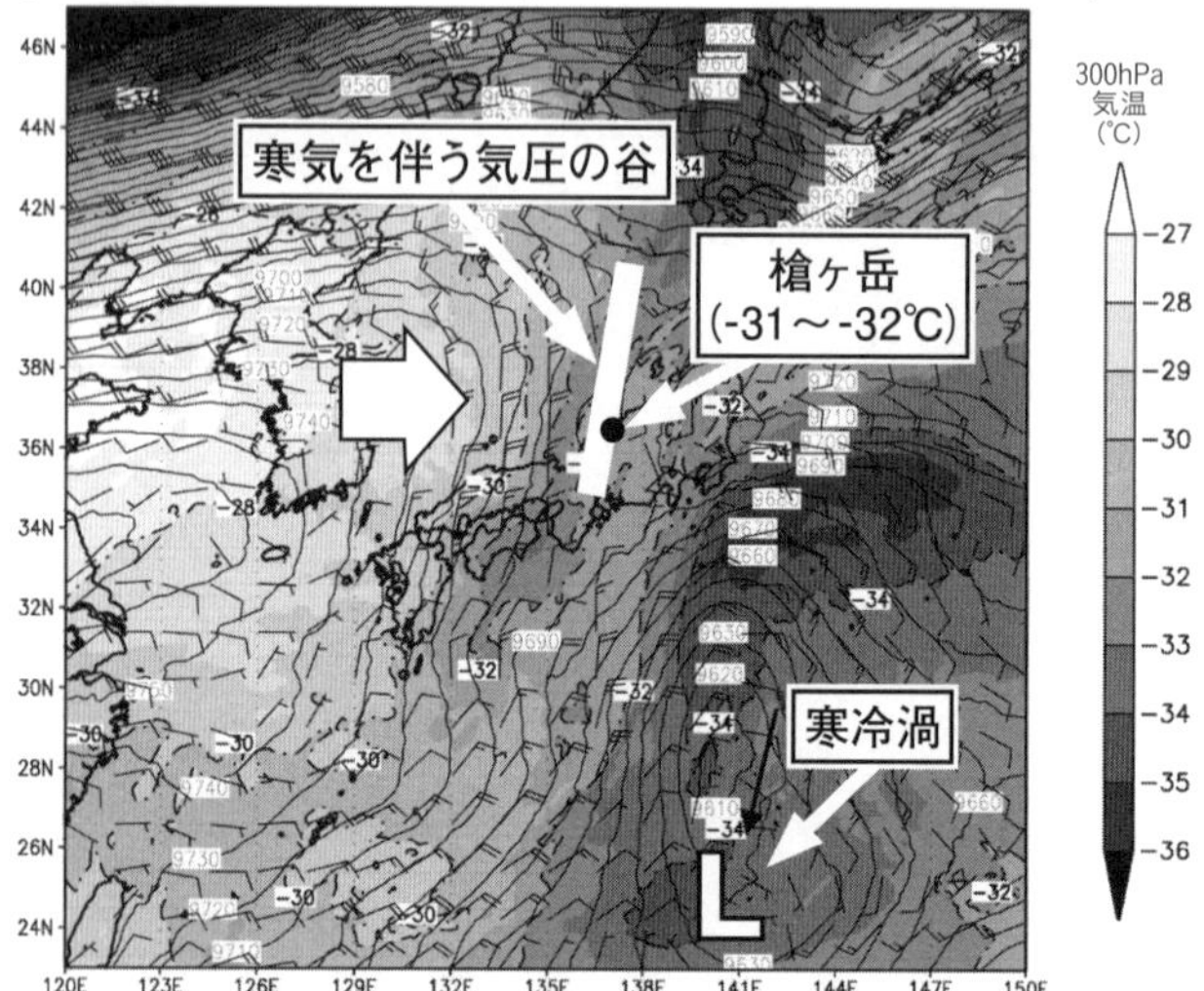

図20　2012年8月18日12時の300ヘクトパスカル天気図

このように、東からやって来た寒冷渦と、西からやって来た寒気を伴う気圧の谷が日本付近で出会うことによって、8月18日の大気の状態は非常に不安定になった。大気の安定度を解析した結果を図21に示す。北アルプス付近から関西付近にかけて、大気の安定度を示すSSIがマイナス3度C以下という、1967年8月の西穂高岳落雷遭難事故と同じように、大気が非常に不安定な状態であったことが分かる。

同じ日に大阪でも落雷事故が起きた

本題から外れるため詳細は割愛するが、槍ヶ岳の落雷事故と同日の14時10分頃に、大阪の長居公園でも落雷事故が起きてい

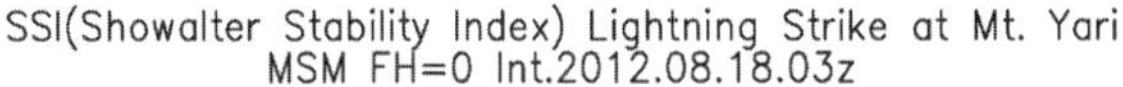

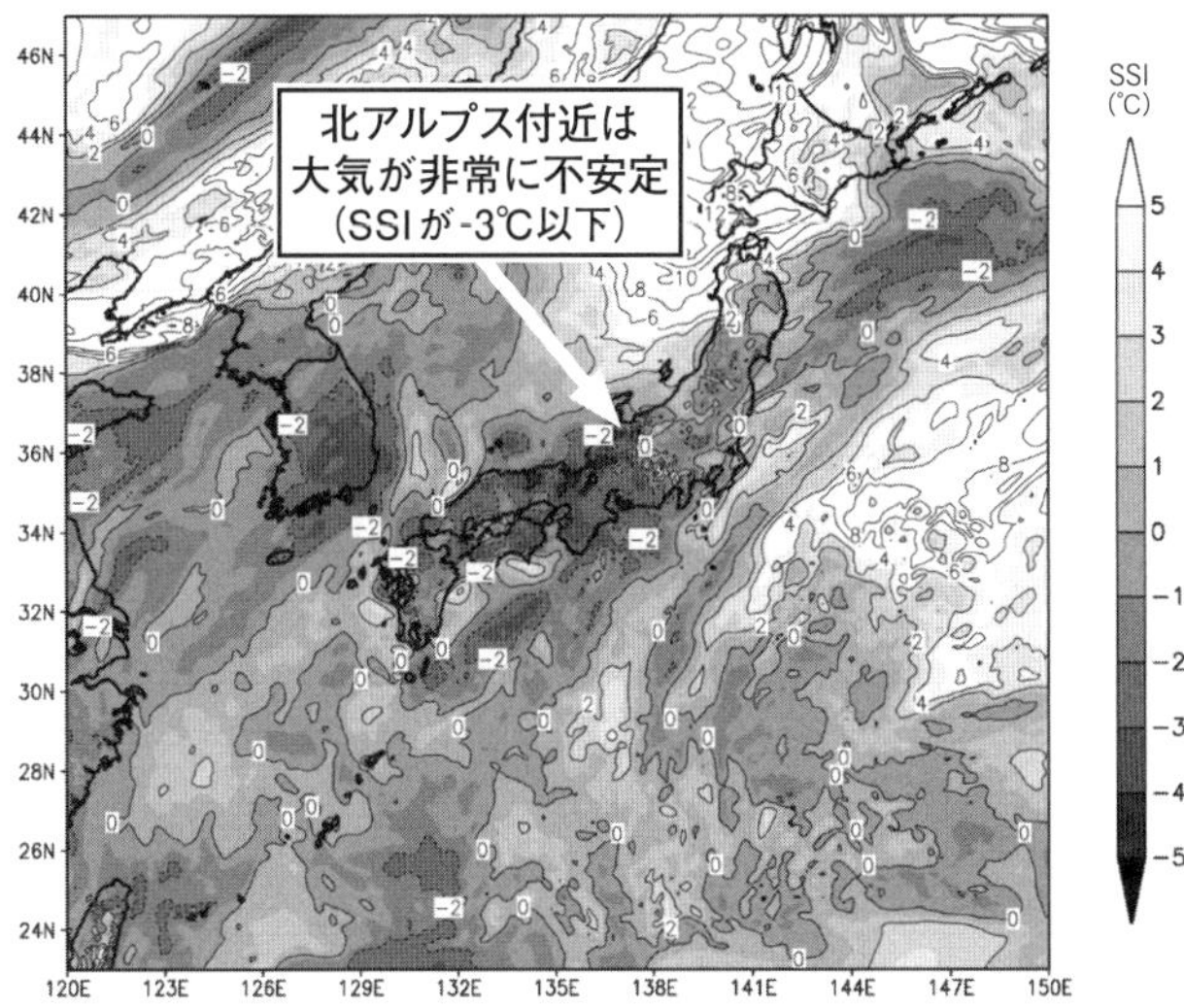

図21　2012年8月18日12時の大気の安定度

た。この日は、著名人の野外ライブが行われる予定だったが、激しい雷雨に見舞われたため、主催者はライブ開始を見合わせていた。長居公園にはライブを聞くために集まった人々が長い行列を作っていたが、激しい雷雨に襲われて、皆が長居公園の中を、雷を避けようとして逃げ惑った。雷の一つが長居公園の木に落雷し、2人の女性が落雷した木からの側撃を受けて亡くなった。

　これまで筆者は、この落雷事故は木の下で雨宿りしたための事故と思っていたが、よく調べてみると事実は違っていた。雷雨の中で2人に、木の下には行くなと注意した人がいたらしい。そして、長居公園は多くの樹木がある公園なので、避難しようとしてもどうしても木の近くを通らざるをえない。木の一つに落雷した時に、不運にも避難する途中でそのすぐ近くを通ってしまったということが真相のようだ。

登山においても、この大阪の長居公園の落雷事故の教訓に学ぶことが多い。登山では、森林限界より下では、樹林帯の中を歩くことになる。稜線から降りて樹林帯に入ったからといって、そこは決して安全地帯ではないということである。実際に、2002年8月2日の南アルプス塩見岳での落雷事故（1名死亡、4名負傷）は、樹林帯の中で起きている。落雷の危険がある時には、可能な限り木から4メートル以上は離れることを心掛けたい。それが難しくても、木から4メートル以内にいる時間を極力短くすることで落雷リスクを小さくすることができる。

どうすれば槍ヶ岳での遭難事故を防ぐことができたのか

話を本題に戻す。実は、槍ヶ岳落雷事故の早朝に、すでに積乱雲の発達の兆しがあった。西穂山荘で登山者のための診療所を開設している東邦大学医学部の西穂高診療所ホームページに、早朝から積雲が湧いて上の方に発達しつつある写真（図22）が掲載されている。気温が低い早朝から積雲が発達するということは、大気の状態がかなり不安定であり、さらに積乱雲が発達する可能性があることを意味する。観天望気では落雷のサインといえる。もし亡くなった登山者が観天望気をやっていれば、朝方は晴れていても、気温が上がる昼に近づくほど雷に遭う確率が高くなることを考え

図22　2012年8月18日の早朝から湧く積雲

て、早めに行動を終えて稜線などの危険地帯から離れたであろう。

そして、槍ヶ岳の穂先など、尖った山はそれ自体が巨大な避雷針であることを知っておいてほしい。落雷の危険がある時に、そのような形をした山に登ってはならない。また、それほど尖ってなくても西穂高岳の独標付近に落雷したように、やはり雷は周囲より高い所に好んで落ちるということを覚えておこう。

そして、もっとも現地での気象状況をよく知っている山小屋の人の忠告には、素直に耳を傾けて従おう。槍ヶ岳山荘の人の呼びかけに応じて引き返していれば、命を落とすことはなかった。亡くなられた人は、自分だけは大丈夫と無意識に思っていたのかもしれない。これは雷に限らず、自然災害に対して誰でも陥りがちな危険な心理である。大自然の猛威は、備えなき者を容赦なく襲う。教訓として我が身を戒めたい。

4　将来の気候変動によって雷はどうなるのか

気候変動によって夏山での落雷リスクは増える

　2014年にアメリカのカリフォルニア大学バークレー校などの研究チームが発表した論文によると、気候変動によって気温が1度C増加するごとに、落雷確率は12パーセント増加するという。2100年までに気温が4度C増加すると、落雷確率は現在よりも50パーセント近く増加することになる。温暖化して気温が上がると、海から空気中に蒸発する水蒸気の量が増える。それによって、雲を作る原料（水蒸気）が多くなり、積乱雲が発達しやすくなるという理由のようである。

　下層だけでなく上空も温暖化するため、上空の気温も上がることによって大気の状態が逆に安定した状態になるという研究もあり、必ずしも将来に夏の雷が増えるとはいえない。しかし、将来の気候が極端化する可能性はあって、実際に過去に比べて豪雨となる頻度が増えている。雷と同じく豪雨をもたらすのは積乱雲なので、雷はつきものである。

　2020年7月6日にはインドのビハール州で、落雷による死者が10日間で147名に達したという報道があった。報道では気候変動による気温の上昇が原因としている。筆者自身は、何でもか

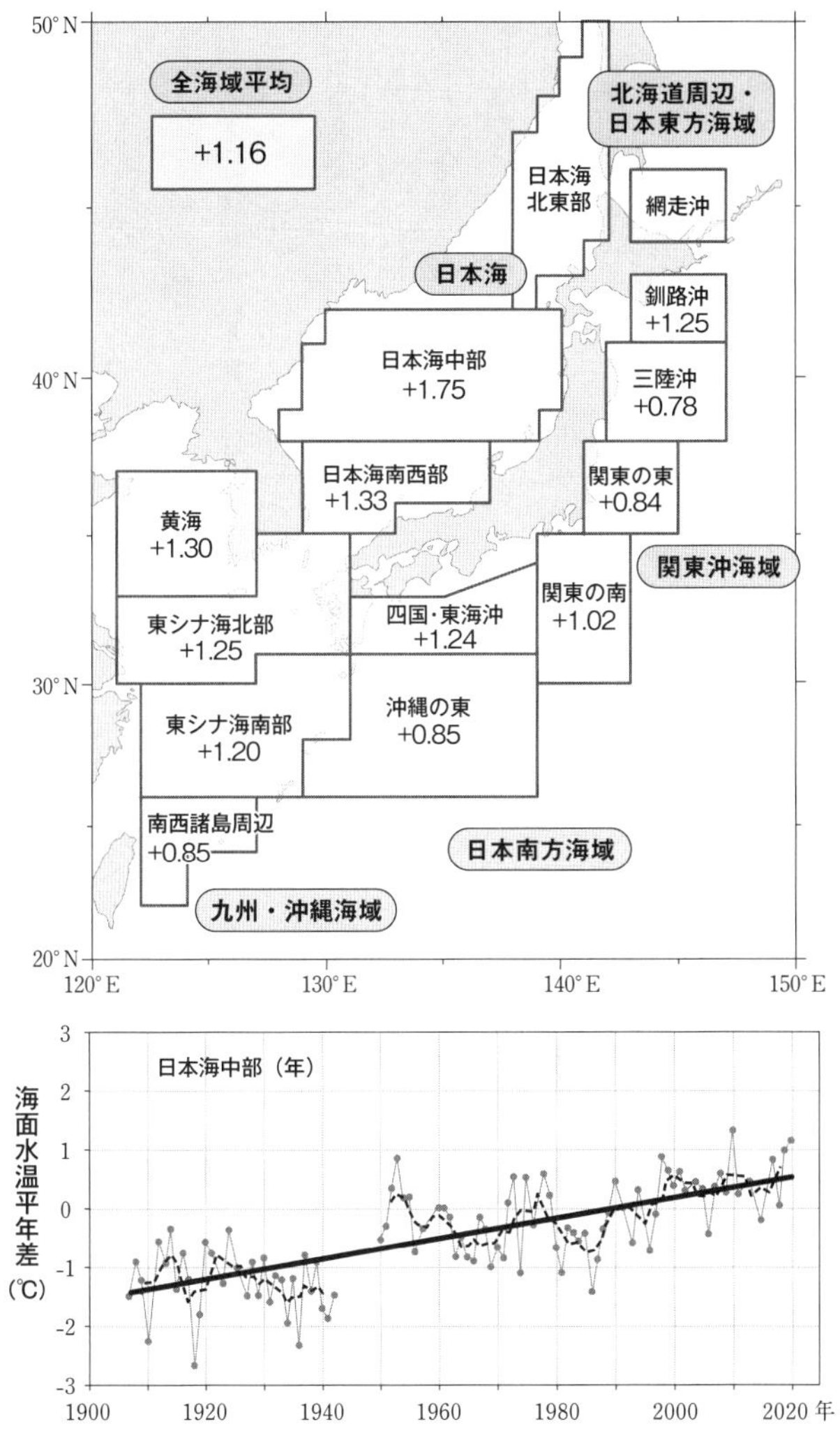

図23　日本海の海水温の長期的傾向。上図の数値は100年間の海面水温の上昇温度で、日本海の海水温が特に上昇することを示している

んでも気候変動のせいにするのは科学的でないため慎重な姿勢を取っているが、現実に起きた現象は直視すべきであると思う。

このように考えていくと、将来も雷リスクが増える可能性を考えて、今のうちからしっかりと敵（雷）を知って、備えるようにしておいた方がよい。過去も将来も雷のメカニズムは変わらないので、基本的な対策は本章で述べた通りである。

日本海側の冬の雷はすでに増えるトレンドにある

これまでの長期的な傾向がはっきりしない夏の雷と違って、冬の日本海側の雷は実際に増えているという研究がいくつか発表されている。年々、日本海の海水温が上昇していており（図23）、冬の日本海で積乱雲が発達しやすくなるのが原因と考えられている。気象庁によると日本近海では日本海中部の海水温の上昇が最も大きく、１００年あたりで1・75度Ｃ上昇しているという。

積乱雲が発達しやすくなるということは、背の低い冬の積乱雲の高さ（夏の積乱雲が1万メートル以上発達するのに対して、冬の積乱雲は４０００～５０００メートル）が、より高くまで発達しやすくなることを意味する。その結果として、図4のように現在は冬の雷は日本海側の沿岸部が多いが、積乱雲の背が高くなることによって、日本海側の山岳エリアも落雷の危険が増える可能性があると筆者は予想している。

冬の日本海側の山岳では、第7章で解説する豪雪に加えて将来の落雷リスクの増加にも備える必要があろう。

■コーヒーブレイク②

ＭＳＭについて――気象庁のメソ（局地）予報モデル

現在の気象庁の天気予報に使われている数値予報モデルには、ＧＳＭ（全球予報モデル）とＭＳＭ（メソ予報モデル）の二つがメインである。ＧＳＭは20キロメートルの解像度で、全世界をカバーする。そして、ＭＳＭの方は5キロメートルの解像度で、日本付近をカバーする予報モデルである。ともに、日常の天気予報や気象解析に使われている。

山岳遭難の解析に主に役立つのはＭＳＭの方である。5キロメートルの解像度でも複雑な山岳地形を正確に反映できているわけではないが、山岳特有の気象状況をある程度把握することは可能である。また、ＭＳＭのエリアだけでは分からない気象現象を解析するために、ＧＳＭも使うことがある。気象庁データで筆者が作成した図は、特に断っていない場合ＧＳＭに基づいている。

第4章　異常高温に警戒

1　夏の暑さと熱中症対策

日本の夏の主役――太平洋高気圧

何といっても日本の夏の主役は太平洋高気圧である。オホーツク海高気圧よりも太平洋高気圧の勢力が強くなって、梅雨前線が北上すると梅雨明けとなる。２０１８年６月29日に関東甲信地方が観測史上（１９５１年以降）で最も早く梅雨明けした後、九州北部、中国、近畿、東海、北陸地方が梅雨明けした７月９日の地上天気図を図１に示す。

日本の東海上にある太平洋高気圧は中心気圧１０３０ヘクトパスカルまで強くなって、梅雨前線を日本海まで押し上げている。日本の南には台風８号があるが、太平洋高気圧の勢力が強いため本

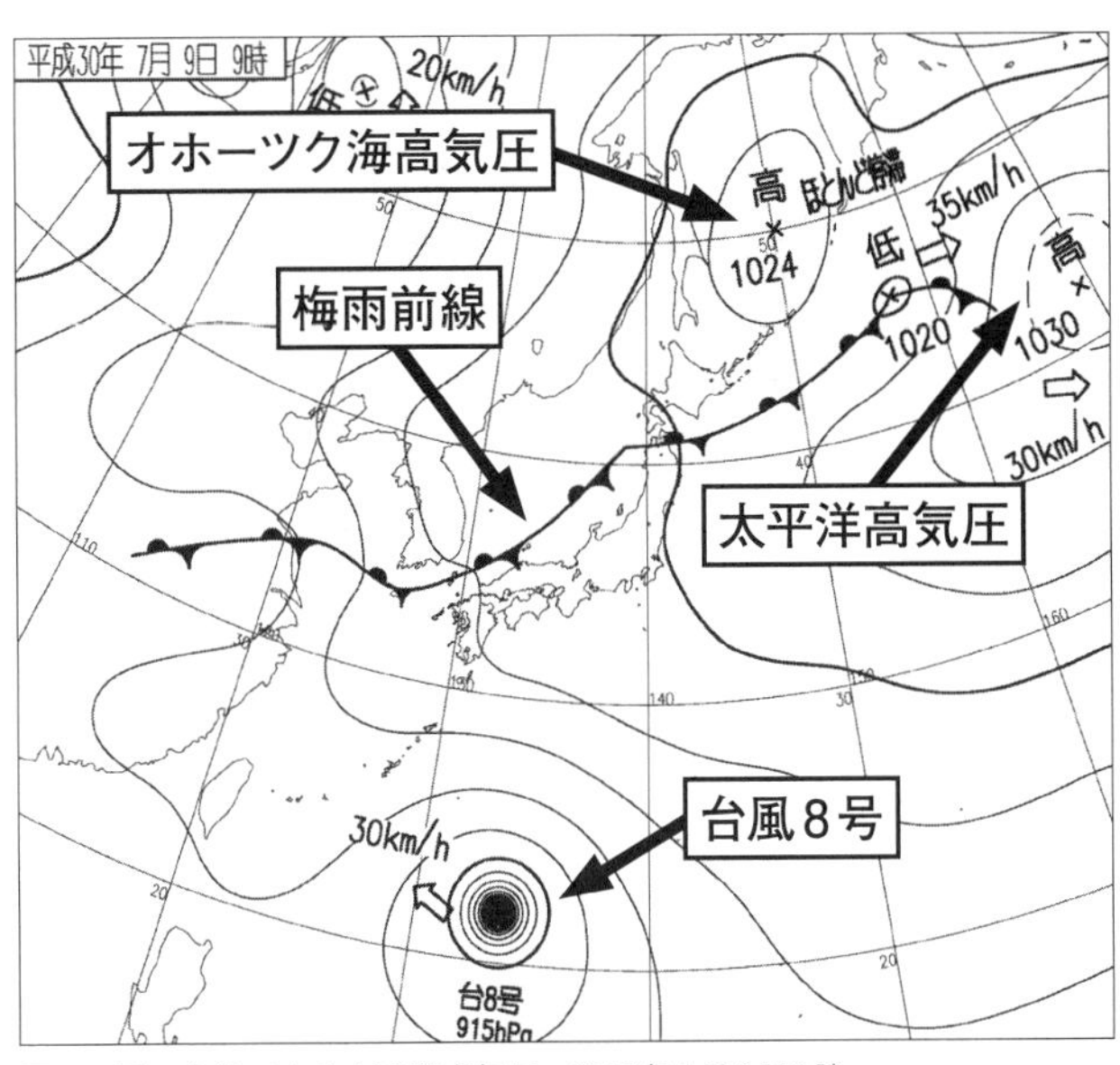

図１　夏の主役である太平洋高気圧。2018年7月9日9時

州付近に接近できず、宮古島付近を通って中国大陸に上陸している。

２０１８年は7月上旬に「平成30年7月豪雨」が発生した後は厳しい暑さとなって、7月23日には熊谷（くまがや）（埼玉県）で国内観測史上１位となる最高気温41・１度Cを記録した。

猛暑をもたらすチベット高気圧

２０２０年は梅雨明けが遅れたため7月は冷夏となったが、8月は一転して記録的な猛暑となった。浜松（静岡県）では、8月17日に国内観測史上1位タイとなる最高気温41・1度Cを記録している。

この時は、地上付近の太平洋高気圧だけでなく、上空1万メートル以上にある

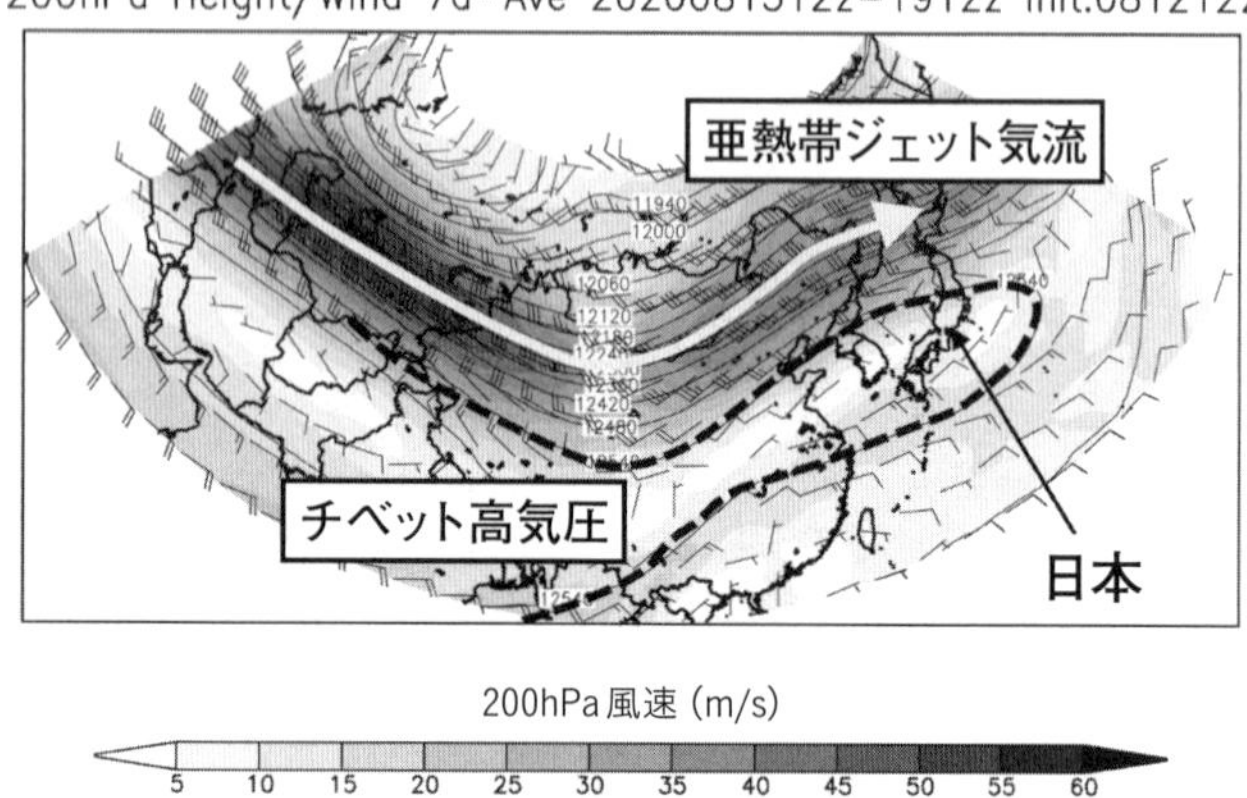

図2　2020年8月12日〜19日のチベット高気圧

チベット高気圧の勢力が強かったことが猛暑の原因であった。気象庁のGSMデータをもとにして筆者が解析したチベット高気圧の様子を図2に示す。太平洋高気圧も地上から上空5000メートル以上に達する背の高い高気圧であるが、チベット高気圧はさらに上空にあって、夏になると100ヘクトパスカル（上空約1万7000メートル）〜200ヘクトパスカル（同1万2000メートル）ぐらいの高さに出現する。

このチベット高気圧の勢力と太平洋高気圧の勢力が日本付近で重なると、日本付近は地上からかなりの上空まで非常に背の高い高気圧に覆われることになって、まさに猛暑となる。なお、チベット高気圧の北側には亜熱帯ジェット気流が流れていて、日本付近ではそのすぐ南側に梅雨前線ができる。チベット高気圧の勢力が強くなると、ジェット気流は北上

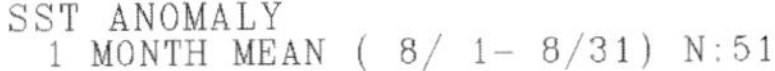

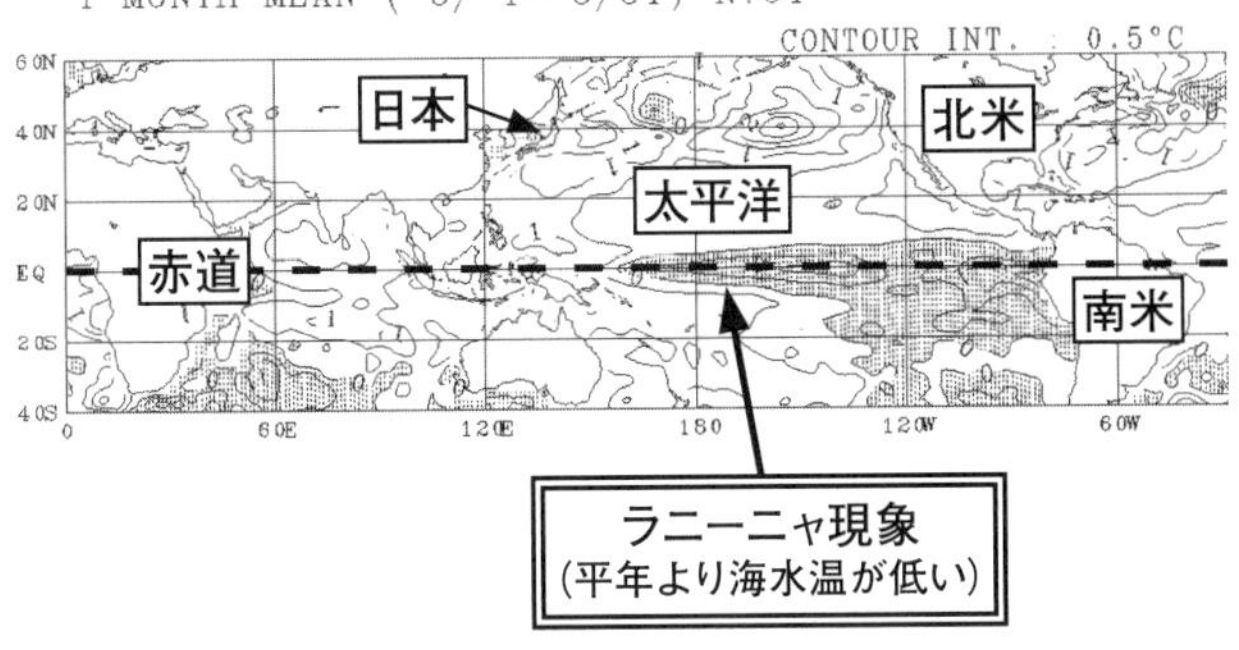

図3　2020年8月の海水温に現れたラニーニャ現象

して、日本付近では梅雨前線が北上することになる。このように、チベット高気圧は、ジェット気流を介在して梅雨前線の北上（梅雨明け）とも大いに関係している。

ラニーニャ現象も日本の猛暑の原因

そして、２０２０年８月の猛暑の原因の一つとして、ラニーニャ現象も影響しているといわれている。後述するインド洋ダイポールとともに、海水温の異常が大気の気圧配置に影響を与えて異常気象をもたらす。

図３に２０２０年８月の海水温の分布を示す。このように、太平洋赤道域の東部から中央部の海水温が平年より低い時には「ラニーニャ現象」と呼ばれ、逆に高い時には「エルニーニョ現象」と呼ばれている。皆さんも一度は耳にしたことがあろう。

夏にエルニーニョ現象が発生している時は冷夏になる傾向、ラニーニャ現象が発生している時には猛暑になる傾向

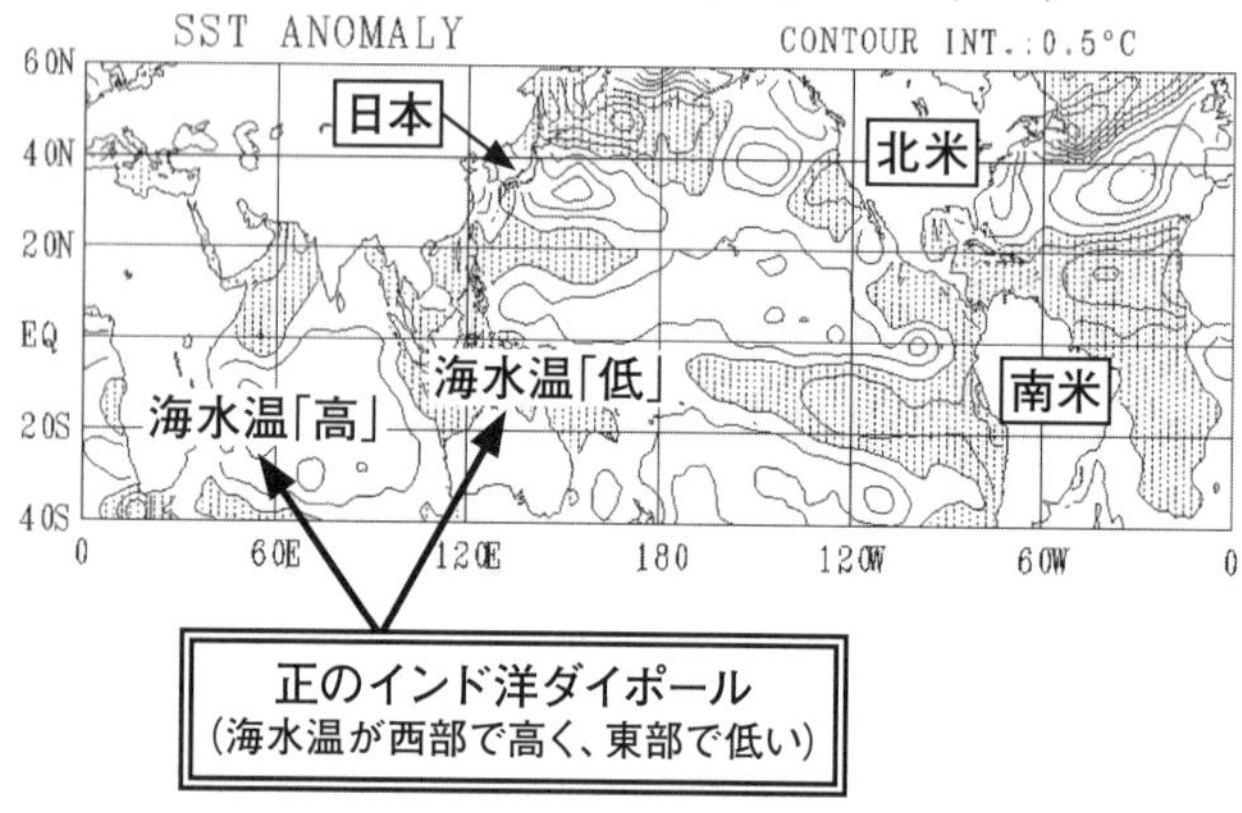

図4　2018年7月の海水温に現れたインド洋ダイポール現象

がある。ちなみに、冬にエルニーニョ現象が発生している時は暖冬になる傾向、ラニーニャ現象が発生している時には寒冬になる傾向がある。

ただし、日本の天候を左右する要因はエルニーニョ現象やラニーニャ現象だけではないため、ラニーニャ現象が起きている夏が必ずしも猛暑になるというわけではない。

ほかにも伏兵がいた——インド洋ダイポール

さらに、日本に猛暑をもたらす要因として、インド洋ダイポールと呼ばれる現象がある。一般の人には耳慣れない言葉であるが、日本の猛暑の要因として近年になって非常に注目されるようになった。

インド洋ダイポールは、エルニーニョ現象やラニーニャ現象と同じく、インド洋の海水温が高くなったり低くなったりする現象である。インド洋ダイポールが違う点は、インド洋の東西に海水温が高いエリアと低いエリアが同時に出現することである。インド洋西部の海水温が高く、東部の海水温が低くなると「正」のインド洋ダイポール、東西が逆になると「負」のインド洋ダイポールとなる。

前述の関東甲信地方での梅雨明けが異常に早かった2018年の7月初めの海水温の分布では、はっきりとした正のインド洋ダイポールが確認できる（図4）。したがって、正のインド洋ダイポールは、2018年の猛暑の原因の一つといわれている。

2　熱中症についてもっとよく知っておこう

熱中症とはどんなものなのか

夏山登山のリスクの一つとして、熱中症がある。風通しの良い稜線では、ある程度の標高まで登ってしまえば、気温は1000メートルあたり約6度C低下するので熱中症のリスクは低くなる。しかし、そこに至るまでの標高が低く直射日光を浴びる登山道や、風通しの悪い樹林帯などで熱中症によって亡くなったり、救助されたりする人が後を絶たない。夏山での熱中症リスクを低減するために、まずは熱中症についてもっとよく知っておこう。

第5章で解説する低体温症と同じく、熱中症も人体の体温調節機能に支障をきたすことによって起きる。そして、どちらも重症化すると命に関わることは同じである。違いは、低体温症は体温が低下することによって体温調節機能が維持できなくなるのとは逆に、熱中症は体温が上昇することによって体温調節が困難になることである。

登山、ランニングのような身体の動きを伴うスポーツでは、筋肉運動によって体内で熱が発生する。したがって、スポーツそれ自体が熱中症のリスクを上げる。猛暑の時にはスポーツを控えるようにという注意喚起がされるのはそのためである。

図5に示すように、毎年、熱中症によって多くの人が亡くなっている。そして、近年は熱中症による死亡者が増加傾向にあって、2010年以降は死亡者が1000人前後になっていることが分かる。このような状況から、熱中症は隠れた自然災害といわれている。年齢的には65歳以上の人が8割を占めるが、それ以下の年代の人も亡くなっている。45歳から65歳の中年世代が意外と多い。

熱中症の症状はどのようなものか

熱中症の各段階での症状と処置について、具体的に知っているかどうかで、まさに生死を左右する。その判断を誤ったために起きた死亡事故を事例①で解説したい。

熱中症は症状に応じて、Ⅰ度（軽症）、Ⅱ度（中等症）、Ⅲ度（重症）という段階に分けられる（図

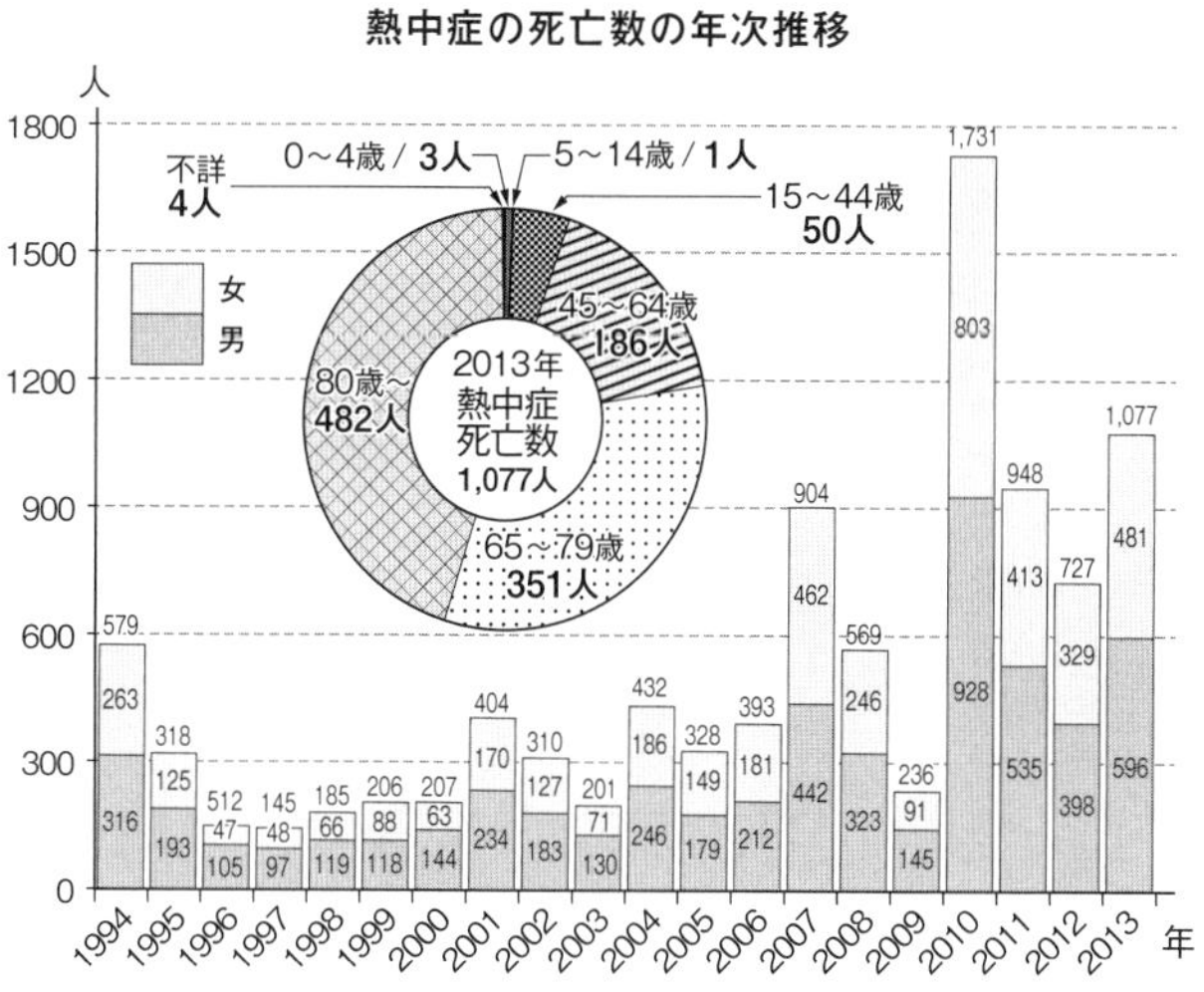

熱中症の死亡数の年次推移

図5　1994〜2013年の熱中症の死亡者数。近年は増加傾向にある

6）。Ⅰ度は、従来は「熱失神・熱痙攣（けいれん）」と呼ばれていた。めまい、大量の発汗、こむら返りなどの症状が出るが、意識ははっきりしている。現場の応急処置だけで対応可能なのはこのⅠ度までである。これは低体温症も同様である。

Ⅱ度になると、頭痛、吐き気、倦怠感などの症状が出て、集中力や判断力が低下する。従来は「熱疲労」と呼ばれていた。正常な判断に支障をきたすようになり、単独行の場合は遭難寸前の状況に陥ってしまう。この段階になると医者による診断と治療が必要なため、一刻も早く救助を要請する必要がある。

Ⅲ度になると、意識を失う、痙攣発作などの症状が出る。そして、肝臓や腎臓の機能にも障害が出て、命に関わる危険な状態となる。

	I度 (応急処置と見守り)	II度 (医療機関へ)	III度 (入院加療)
症状	めまい、立ちくらみ、生あくび、大量の発汗 筋肉痛、筋肉の硬直(こむら返り) 意識障害を認めない(JCS=0)	頭痛、嘔吐、倦怠感、虚脱感、集中力や判断力の低下 (JCS≦1)	下記の3つのうちいずれかを含む。 (C)中枢神経症状(意識障害JCS≧2、小脳症状、痙攣発作) (H/K)肝・腎機能障害(入院経過観察、入院加療が必要な程度の肝または腎障害) (D)血液凝固以上(日本救急医療会の急性期DIC診断基準にてDICと診断) ⇒III度の中でも重症型
重症度	軽症 →	→	→ 重症
治療	通常は現場で対応可能→冷所での安静、体表冷却、経口的に水分とナトリウムの補給	医療機関での診察が必要→体温管理、安静、十分な水分とナトリウムの補給(経口摂取が困難なときは点滴にて)	入院加療(場合により集中治療)が必要 →体温管理(体表冷却に加え体内冷却、血管内冷却などを追加) 呼吸、循環管理DIC治療
臨床症状からの分類	熱痙攣 熱失神	熱疲労	熱射病
	I度の症状が徐々に改善している場合のみ、現場の応急処置と見守りOK	II度の症状が出現したり、I度に改善が見られない場合、すぐ病院へ搬送する (周囲の人が判断)	III度か否かは救急隊員や、病院到着後の診察・検査により診断される

図6　熱中症の分類と症状。I度の段階で適切な処置をほどこせば重症化を抑えられ、遭難事故防止に繋げることができる

医療の進んだ現代でも、Ⅲ度の熱中症の死亡率は10パーセントを超えるといわれている。従来は「熱射病」と呼んでいた。

どのような時、どのような人が熱中症になりやすいのか

もともと、人体には体温を一定に保とうとする体温調節機能が備わっている。気温が高かったり、運動によって体温が上昇したりすると、汗を流して、汗が蒸発する時に奪う気化熱（注射の前のアルコール消毒でヒヤッとするのと同じ）によって体温を下げようとする。しかし、梅雨時のように湿度が高い時や、風通しの悪い樹林帯では汗が蒸発しにくいため、熱中症のリスクは増える。

また、汗をかきにくい状況であっても熱中症のリスクは高くなる。たとえば、水分補給を怠ったための脱水状態、寝不足や二日酔いなどの体調不良、急に暑くなったため身体が暑さに順応できていない状態などが挙げられる。

また高齢者は、汗をかきにくい、のどの渇きを感じない傾向にある、持病を持っている人が多いなどの理由もあって、熱中症のリスクが高い。図５で65歳以上の死亡者が多いのはそのためである。年齢とともに寒さへの耐性も落ちていくため、低体温症のリスクも同様に増える。乳幼児も発汗機能が不十分なため熱中症に対する注意が必要で、もしも夏に小さな子供を背負って登る場合には、細心の注意をしてあげてほしい。

さらに直射日光を浴びると、皮膚の表面の温度が上がるため、いっそう体温が上がりやすい。炎天下に駐車している車のボンネットや屋根が、手で触れられないぐらい暑くなっているのと同じ現象が人体にも起きる。登山の場合は森林限界を超えると、標高が高いため気温が下がり、熱中症のリスクも下がる。しかし、それでも熱中症リスクはゼロにはならない。また、森林限界以下の標高が低い場所でも、日差しを遮る樹林が周囲にない登山道を晴れた日に歩く場合は、熱中症のリスクが高い。晴れた日の夏山では、常に熱中症のリスクを頭に置いて行動してほしい。

熱中症を防ぐために

ご存知の人でも、熱中症に対する注意点をもう一度確認しておこう。

・日ごろから運動によって積極的に汗を流し、暑さに順応しておく。
・登山の前から体調を整えるように心掛ける——睡眠不足や二日酔いはご法度(はっと)。
・事前に登山中の気温、湿度、天気を知っておく。
・コース状況をあらかじめ知っておく——直射日光を受ける場所、風通しの悪い樹林帯など。
・直射日光を避ける——帽子などをかぶる、日陰を選んで休憩を取る。
・小まめな水分補給——のどが渇く前に意識的に水分補給する。

・衣服を工夫する――夏山の天気、風、気温は変わりやすすため、衣服で調整できるようにしておく。

もしも山で熱中症になってしまったら

下界と違って、山では熱中症になってもすぐには救助が来ない。夏山といっても決して油断せず、それを腹の底から叩き込んでおく。これは、熱中症に限らず、夏山での落雷、低体温症、台風による遭難など、すべてに共通する心掛けである。それでも熱中症になってしまったら、どうするのかをあらかじめ考えておこう。

熱中症の場合は、Ｉ度の段階で絶対に無理をせず、登山を停止して、身体を冷やすことに専念するのが一番である。特に単独行の場合は、自力で対処不能な場合もありうるので、感覚を研ぎ澄ましてその前の段階で熱中症の兆候をつかんで、早めに対処する必要がある。直射日光が当たらない、風通しの良い場所に移動して安静にする（動くと体温が上がるため）、水分を補給する、身体を冷やす（あらかじめ沢や湧き水の場所を調べておくこと）などである。

もし、冷たい沢の水などがあれば、それをタオルに浸み込ませて、首の両脇、わきの下、太ももの付け根に当てて冷やすのがよい。これらの部位には太い血管が通っているため、効率良く身体を冷やすことができる。手当てによって回復しても一時的なものの可能性があるので、決して無理をしないことが大切である。
では、次に夏山での熱中症による過去の遭難事故の事例を見てみよう。

3　事例①　1994年7月の東北地方の朝日連峰での遭難事故

ー1994年7月の朝日連峰での遭難事故の概要

これは埼玉県の高校の生徒1名が、山形県の朝日連峰で高校山岳部の夏山合宿中に熱中症で亡くなった事故である。第3章で解説した1967年8月に起きた西穂高岳落雷事故と同じく、学校管理下で起きた事故であり、多くの教訓が含まれている。この貴重な教訓を無駄にしないためにも、明日は我が身として、自分ならどうしたらよかったのかを考えてみよう。

事故を起こした高校山岳部は、1994年7月20日から24日までの日程で、朝日連峰を縦走する夏山合宿を実施した。パーティーは、7月20日夜に埼玉県の最寄りの駅に集合してバスで出発、翌21日早朝に山形駅に到着した。山形駅からはバスとタクシーを乗り継いで、朝日鉱泉手前から徒歩で朝日鉱泉ナチュラリストの家に向かい、昼前頃に到着した。そして、その日はナチュラリストの家の付近にテントを張り宿泊した（図7）。

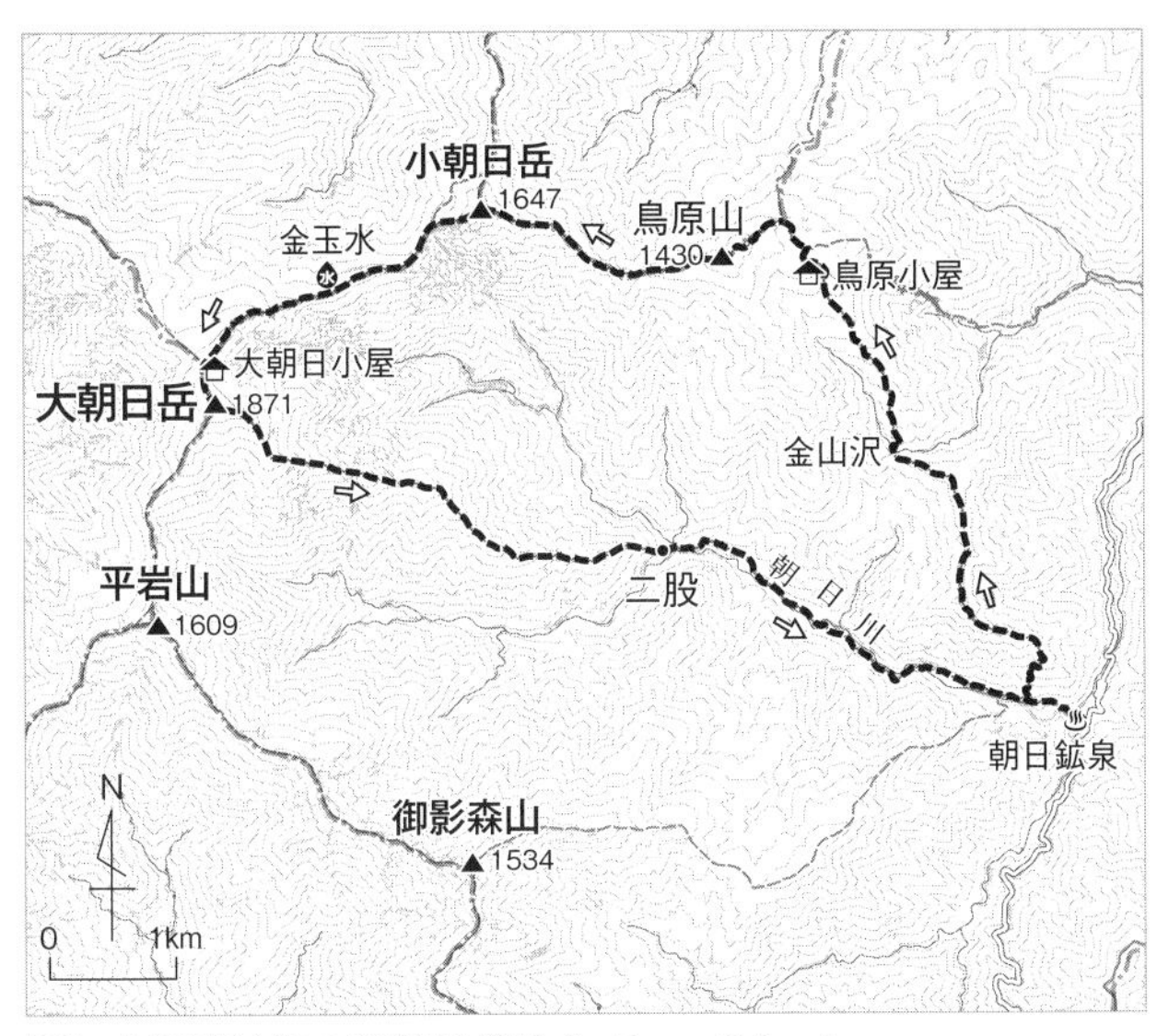

図7　大朝日岳付近の地形図と遭難パーティーのルート

朝日連峰は、越後山地の一番北側にあって、すぐ南には飯豊(いいで)連峰が連なる。朝日連峰の主峰である大朝日岳（1871メートル）は日本百名山の一つである。朝日鉱泉ナチュラリストの家は、この朝日連峰の登山口にある山小屋としてよく知られている。

翌日の22日は、パーティーは予定より1時間遅れて午前6時頃にナチュラリストの家付近のテント場を出発した。鳥原山（1430メートル）に向かう途中の金山沢を過ぎたあたりで、亡くなった高校生1名（A）を含む部員2名が遅れ始めた。教員1名が付き添って、3名以外のメンバーは先に鳥原山に向かった。

遅れた3名は12時頃に鳥原山頂上に到着して、先行していたメンバーと合流した。

当初の予定より4時間遅れだったという。そして12時半に小朝日岳に向かって出発した。しかし、しばらくしてAを含む部員2名が再び遅れだした。教員1名が付き添ったが、何度も休憩しながら、Aがテント場のある金玉水に着いたのは18時半であったという。Aは極度の疲労のため、テント場に向かう途中で転倒して、眼鏡を破損したり、額を怪我したりしてしまった。

その日の全員ミーティングで、大朝日岳から寒江山、以東岳まで縦走するという当初の計画（推定）を変更して、大朝日岳から出発点の朝日鉱泉に下山することになった。Aだけではなく、部員全員が疲労していたためであった。

23日は、5時半から6時頃の間に出発、6時半頃に大朝日岳頂上に到着した。しばらく休憩後に下山を開始したが、Aの歩みが遅くなったため、Aには2人の教員が付き添い、残りの部員は1名の教員とともに先に下山することになった。しかし、沢が合流している二股に降りる尾根の途中でAの歩みが極端に遅くなった。先に下山した教員が部員たちに応援を要請し、再びAと合流すると、応援に来た部員と一緒にAを助けながら下山を続けた。傾斜が急な場所が多かったため、Aを助けながらの下山は困難を極め、Aは体力を消耗して症状が悪化していった。Aは意識がもうろうとしていて、意味不明なことを話していたという。

通常の2倍の時間をかけてAを二股の手前まで下山させたが、ここでAは全く動けなくなってしまった。Aの体温を測ると38度C台の高熱であったという。教員や部員たちは、二股の沢の水を含ませたタオルをAの首周りやわきの下に当てて、Aの体温を下げるように手当てをしたところ、2時間ぐらいでAの症状が良くなってきた。そこで、二股付近に張ったテントまで、Aを支えながら移動させて、その日は、濡れタオルによるAへの冷却処置を続けながら、テントで宿泊した。

24日は、4時頃にAの体温を測ったところ38度Cを切っていた。Aは会話もできて、ゆっくりと歩くことができる程度に症状が改善したため、6時少し前にテントを出発して、ナチュラリストの家に向かって下山を開始した。しかし、Aは10分もたたないうちに再び歩くことができなくなってしまった。教員と部員たちはナチュラリストの家に救助を求めるとともに、Aを日陰に寝かせて、濡れタオルによる冷却の手当てを行った。Aはヘリコプターに収容され、病院に搬送されたが、治療の甲斐なく15時半頃に熱中症によって亡くなった。

1994年の夏は当時としては記録的な猛暑――原因はインド洋ダイポール

2000年以降は、近年の気候変動や都市化によるヒートアイランド現象などの影響によって猛暑は珍しくなくなっているが、1994年の夏は当時としては記録的な猛暑であった。気象庁の観測地点で最高気温40度Cを超える地点が4か所あり、京都では4日連続で最高気温39度C以上を記録、東京でも当時としては観測史上最高の39・1度Cを記録している。（なお、現在の東京での観測史上最高は2004年の39・5度Cである）

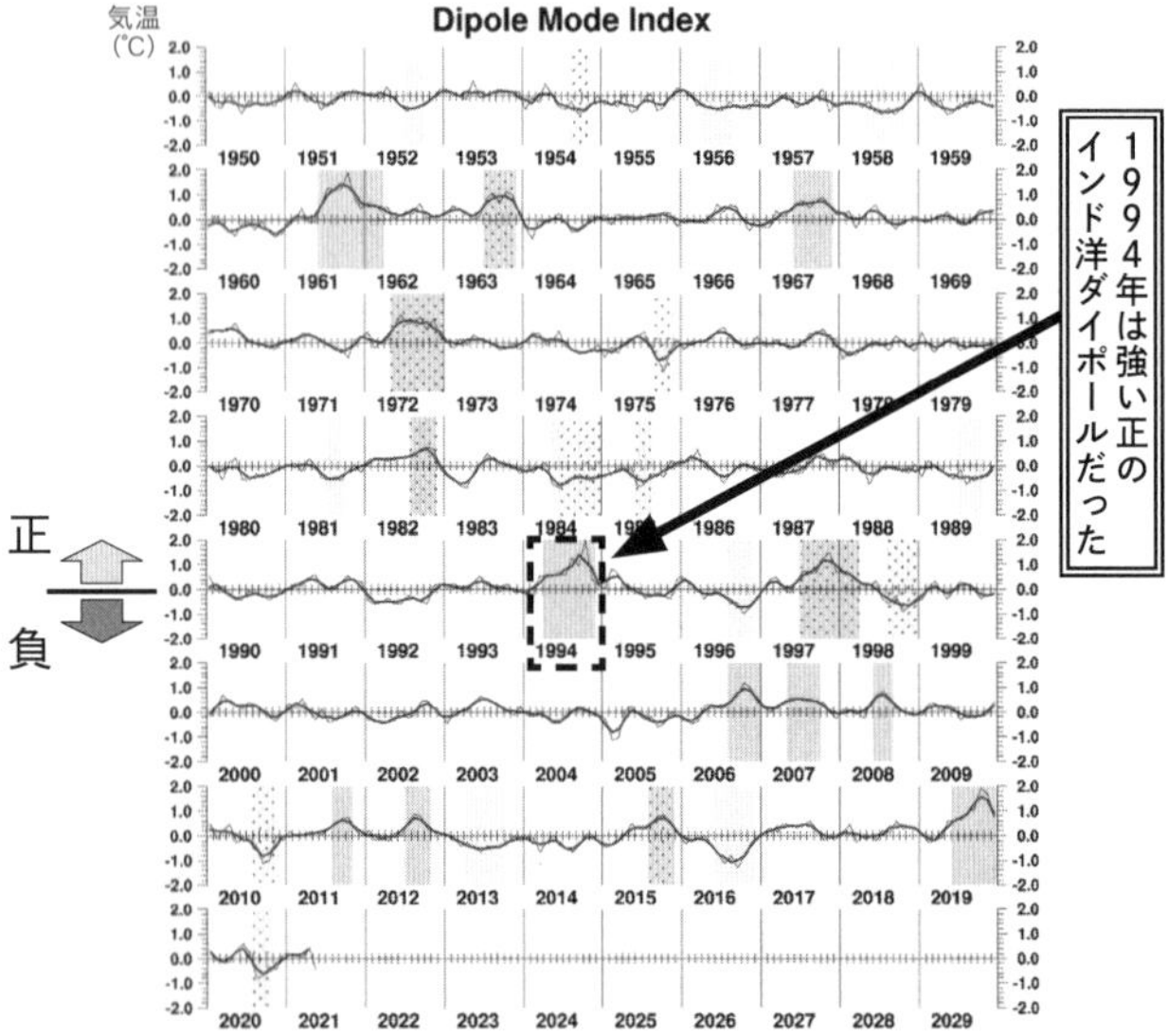

気温 (℃)

Dipole Mode Index

1994年は強い正のインド洋ダイポールだった

正

負

図8　インド洋ダイポール指数の推移

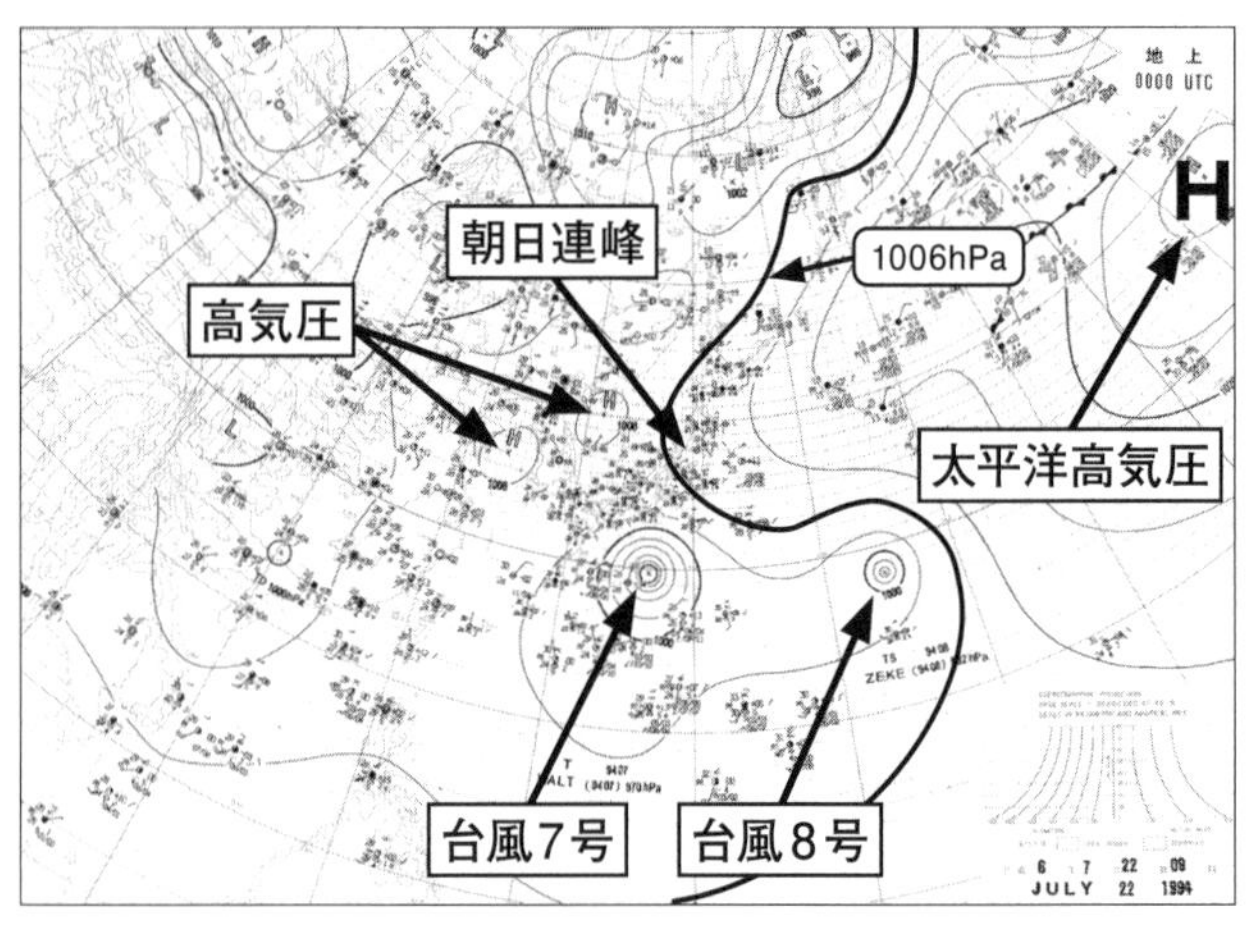

図9　1994年7月22日9時の地上天気図

この１９９４年の記録的な猛暑の原因は、インド洋ダイポールといわれている。図８に気象庁のインド洋ダイポール指数の推移を示す。この指数が正になると、日本付近は猛暑になりやすい。気象庁のデータを見ると、実際に１９９４年は、強い正のインド洋ダイポールであったことが分かる。そして１９９４年は、ラニーニャ現象は起きていなかった。

天気図と気象庁の観測データで振り返る遭難事故時の気象状況

では、まず当時の天気図を見てみよう。図９は亡くなった高校生が最初に体調を崩した１９９４年７月22日の９時の地上天気図である。日本の南に台風７号と８号があるものの、太平洋高気圧の勢力は強く、関東甲信地方付近まで覆っていた。

気象庁の観測地点の中で、朝日連峰に最も近い山形の最高気温のデータを見ると、22日は33・１度C、23日は32・６度C。Aが亡くなった24日は34・２度Cまで上がっている（図10上）。山形の最高気温の平年値はそれぞれ29・４度C、29・６度C、29・８度Cなので、遭難事故当時は平年よりも３〜５度C近くも最高気温が高かった。

ちなみに、晴れていれば、13時から15時の間に１日の中で気温が最も高くなることが多い。実際に22日の気温の推移を見ると、11時過ぎには30度Cを超え、最高気温は14時から15時の間に記録している（図10下）。

どうすれば朝日連峰の遭難事故を防ぐことができたのか

まず、22日の時点で、出発の時刻が当初の予定よりも遅れたことがよくなかった。朝の涼しい貴重な時間帯にもかかわらず、予定よりも1時間遅れて6時になってしまったのである。山形の7月22日の日の出は4時33分なので、4時半ならもう十分に明るい。前日の山形の最高気温が32・9度Cという猛暑であったことを考慮して、できれば4時半には出発したかった。夏山では昼前後からの落雷リスクを下げるために、「早出早着」が鉄則であるが、標高が低い場所での熱中症を避けるためにも「早出早着」は必要である。

そして、22日は図10下の通り、8時を過ぎたあたりからグングンと気温が上がっていて、12時頃に着いた鳥原山頂上の気温は21度Cぐらいであったと推定される。推定の根拠は、気温は標高100メートルあたり6度C下がるので、鳥原山頂上は山形の気温より約9度C低いことになるのである。21度Cなら大したことがないと思われるかもしれないが、体調が良くない時に直射日光を浴びると、これでも十分に熱中症のリスクがある。

さらに13時から15時の一番暑い時間帯に行動したツケが、最後のテント場に向かう時のAのアクシデントに繋がっている。この時点で、Aの熱中症はすでにI度の段階であったと思われる。正しい熱中症の症状と処置を知っていれば、22日のうちに身体を冷やすなどの手当てをしたであろう。

しかし、実際にはAに冷却などの熱中症の処置がほどこされたのは、23日に二股付近でAが完全

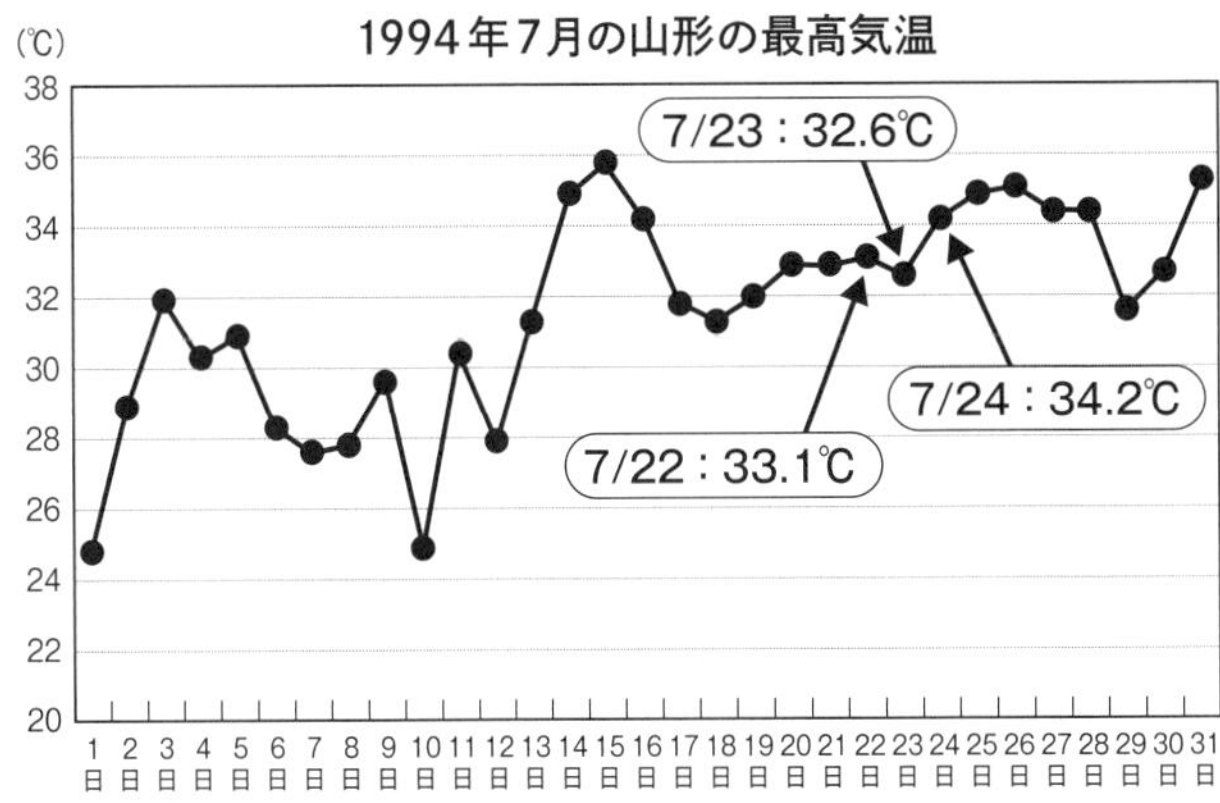

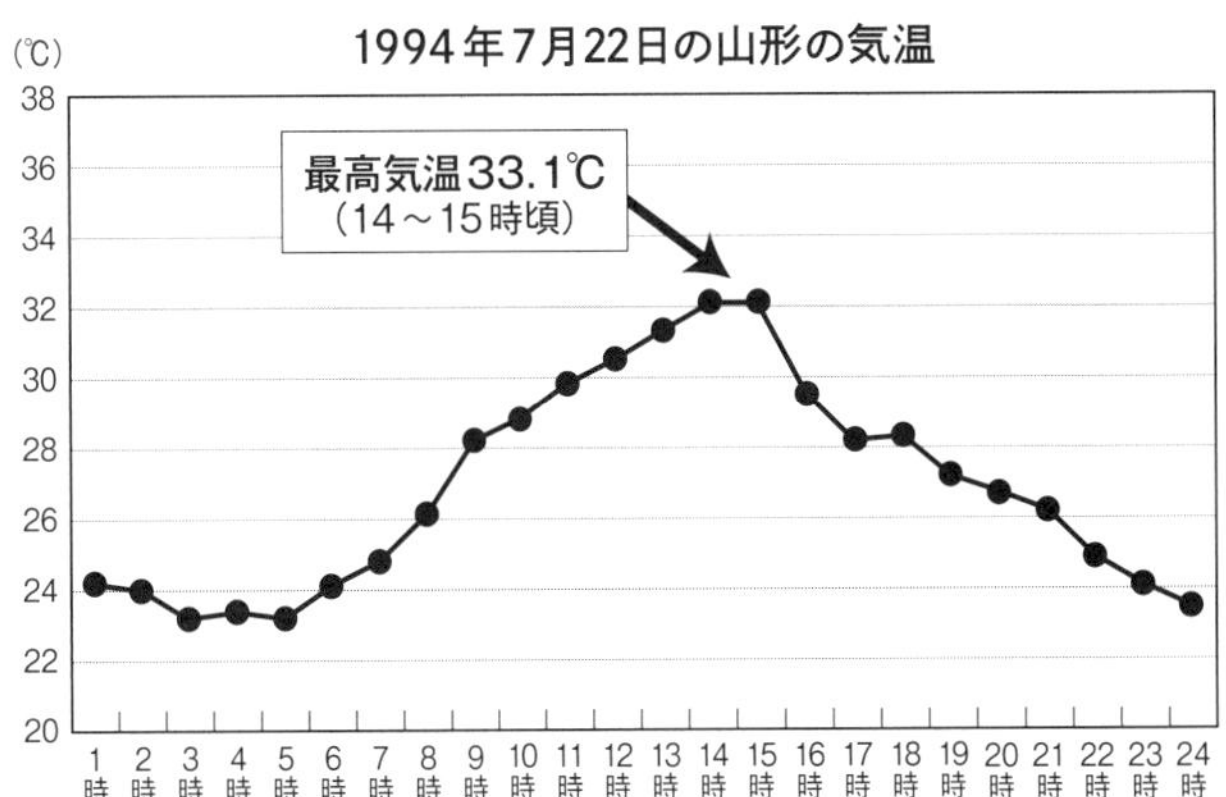

図10　山形での1994年7月の最高気温と7月22日の気温推移

に動けなくなってしまってからであった。そこに至るまでに、大朝日岳から下山開始直後にすぐに歩みが遅くなったことから、熱中症の症状がI度より進行した可能性を疑って、Aを安静にした上で、大朝日岳の北側にある大朝日小屋に救助を求めるという選択肢があった。大朝日岳への尾根を登り返すことになるが、朝日鉱泉へ下って救助を求めるより早い。時間的には有利なはずが、尾根を登り返すことが心理的な抵抗となって、無意識に選択肢から外してしまうことはよくある。

二股で動けなくなってしまったAは、意識障害などから、もはやII度の症状まで進んでいることは明らかなので、ただちに救助を要請すべきであった。たとえ冷却処置で症状が改善しても一時的なものであり、低体温症と同じく、無理やり動かすのはご法度である。24日にAに歩かせたことによって、再び体温が上昇して制御不能な状態に陥ってしまった。

この遭難事故は、裁判になっている。裁判所は、熱中症で亡くなったAに対する引率の教員たちの過失を認めた。しかし、教員に対して賠償責任はなく、監督する埼玉県に対して賠償責任があるという判決を下している。

これは学校管理下で起きた事故であるため、このような判決になっているが、一般の山岳会、ツアー登山、知り合い同士の登山だったらどうなったであろうか。そして、もしも自分だったらどうするのかを日頃から考えることが、山で遭難事故に遭わないために大切なことである。

4　事例②　2020年8月の北海道の羊蹄山での遭難事故

2020年8月の羊蹄山（ようてい）での遭難事故の概要

北海道にある羊蹄山は、日本百名山の一つで標高1898メートル、富士山に似た美しい山容から蝦夷富士とも呼ばれている。羊蹄山は、以前には後方羊蹄山（しりべしやま）と呼ばれていて、漢字だけ見てもなかなか読めない難読の山名であった。そのため、1969年に前半を省いて羊蹄山と、誰でも読める山名に改称されている。登山道は四つあるが、南側から登る真狩コース（図11）、北西側から登る倶知安（くっちゃん）コースがポピュラーである。事例②は、この羊蹄山で起きた事故である。

報道によると、2020年8月27日午後に、羊蹄山を登山していた北海道在住の67歳の男性が、意識もうろうの状態で搬送され、その後に病院で死亡が確認された。男性は熱中症になった可能性があったとして、警察は注意を呼びかけたという。

27日17時過ぎに羊蹄山の1合目付近で体調を崩して倒れていた男性を、下山していた登山者が発見して消防に通報した。18時頃に消防と警察が捜索したところ、ひざをすりむき、意識がもうろうとした状態の男性を発見した。ただちに病院に搬送したが、治療の甲斐なく約3時間後に亡くなっ

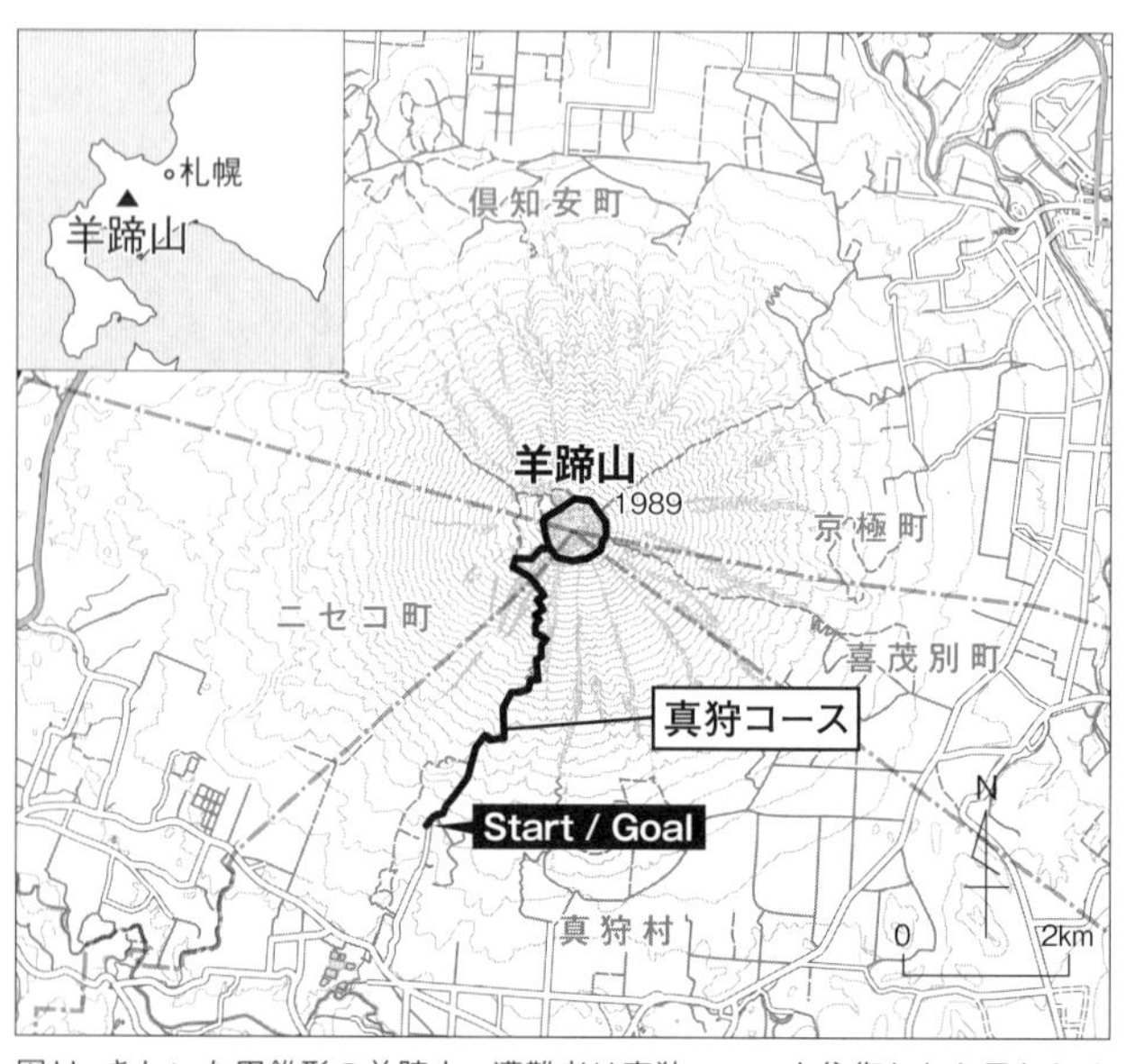

図11　きれいな円錐形の羊蹄山。遭難者は真狩コースを往復したと思われる

てしまった。警察によると、男性は単独で羊蹄山の登山をしていたということである。

遭難事故当時の気象状況

遭難事故が起きた2020年8月27日15時の地上天気図（図12）を見てみよう。太平洋高気圧が東北地方の東海上にあって、カムチャツカ半島と朝鮮半島の北には低気圧がある。太平洋高気圧の位置が通常よりも北にあるために、北海道付近は、南側で気圧が高く、北側で気圧が低い「南高北低」の気圧配置になっていた。「南高北低」の気圧配置になると、南側の高気圧の暖かい空気が北側を覆うため、高気圧の北側で気温が上がりやすい。通

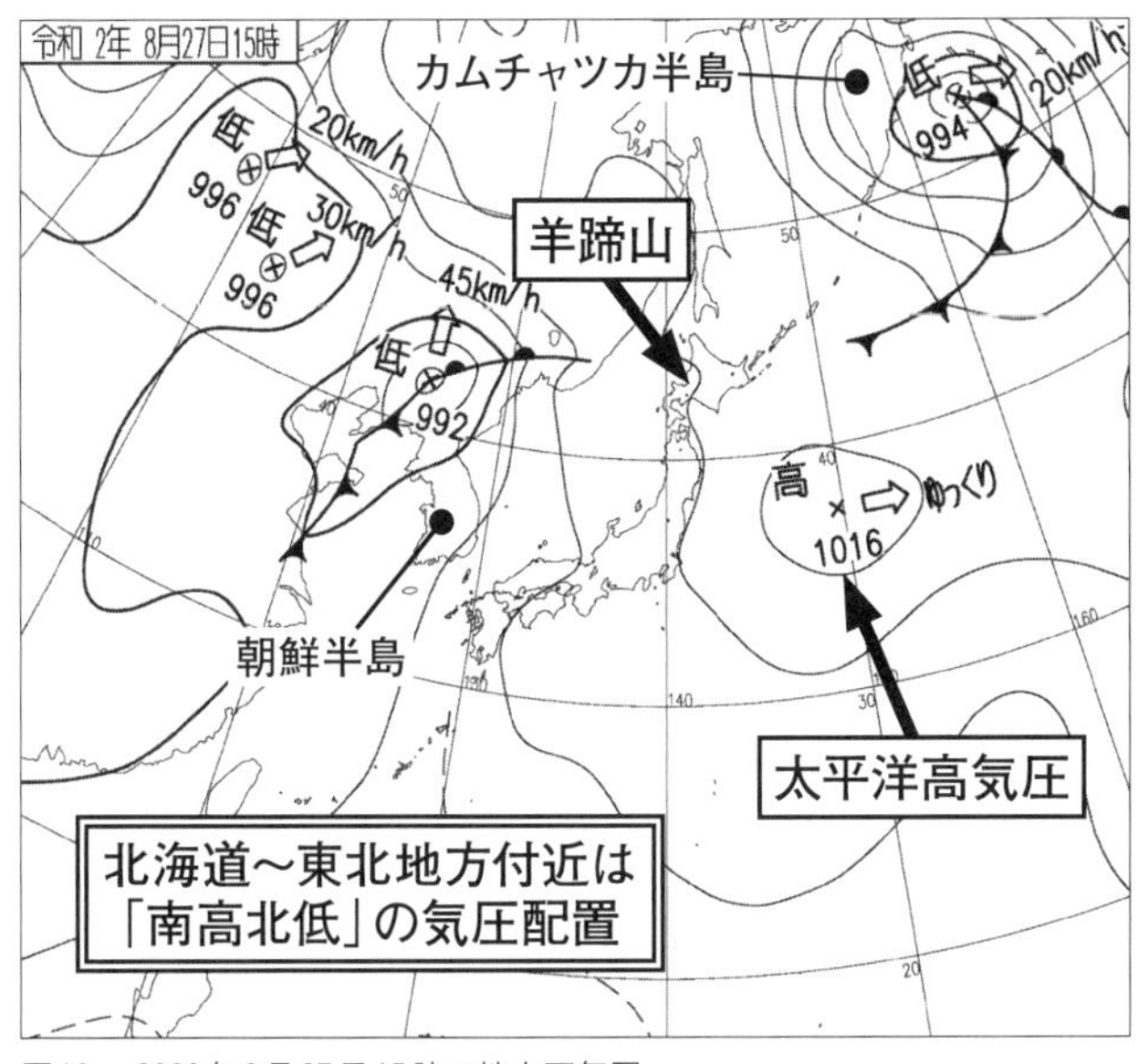

図12　2020年8月27日15時の地上天気図

常は、本州の南に太平洋高気圧がある「南高北低」の気圧配置によって、西日本や東日本の気温が上がるパターンになる。しかし、この時は太平洋高気圧が通常よりも北側にあったため、北海道付近が「南高北低」の気圧配置になっていた。

羊蹄山の北東にある気象庁の倶知安の観測地点での気温の観測データを図13に示す。上は倶知安での8月27日の気温推移、下は8月の最高気温の推移である。遭難事故があった8月27日は、この年の8月で最も高い32・4度Cを記録した。倶知安の8月27日の最高気温の平年値は24・8度Cなので、平年値よりも8度C近く最高気温が高かったことになる。実際に、8月に入ってから25日のまでの倶

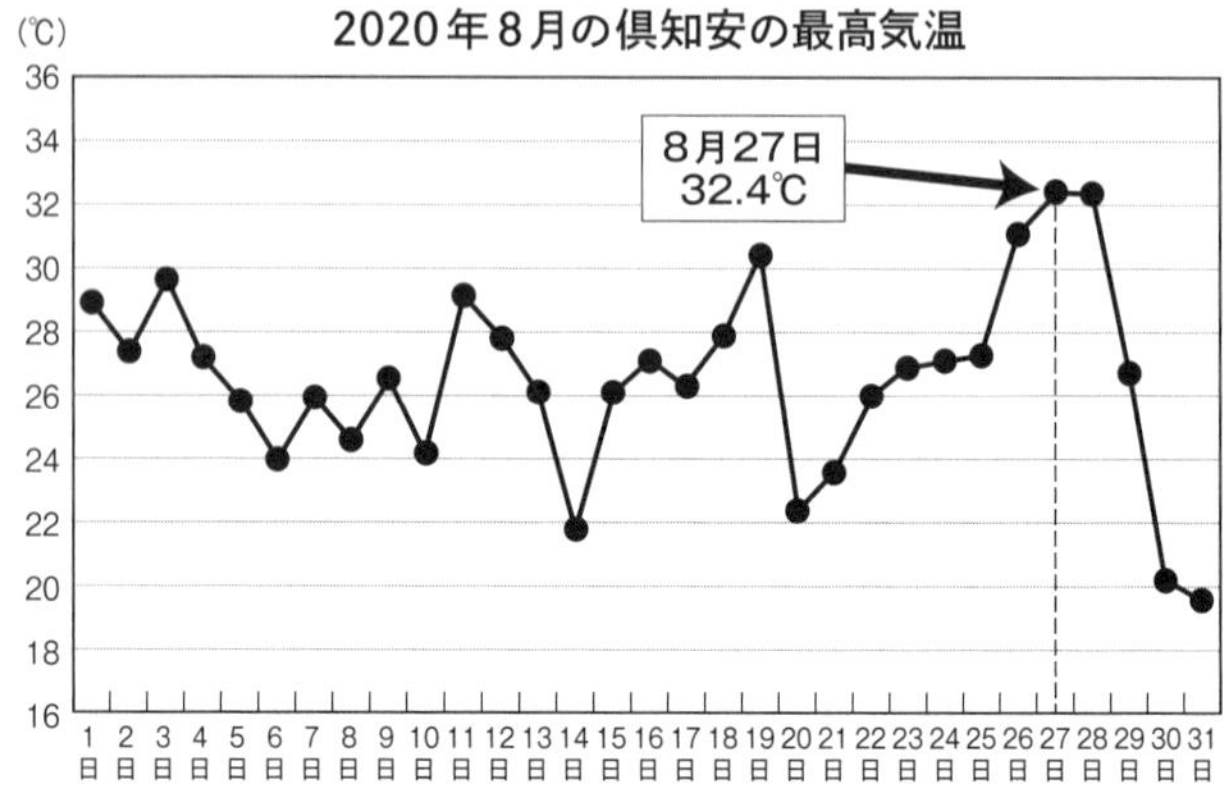

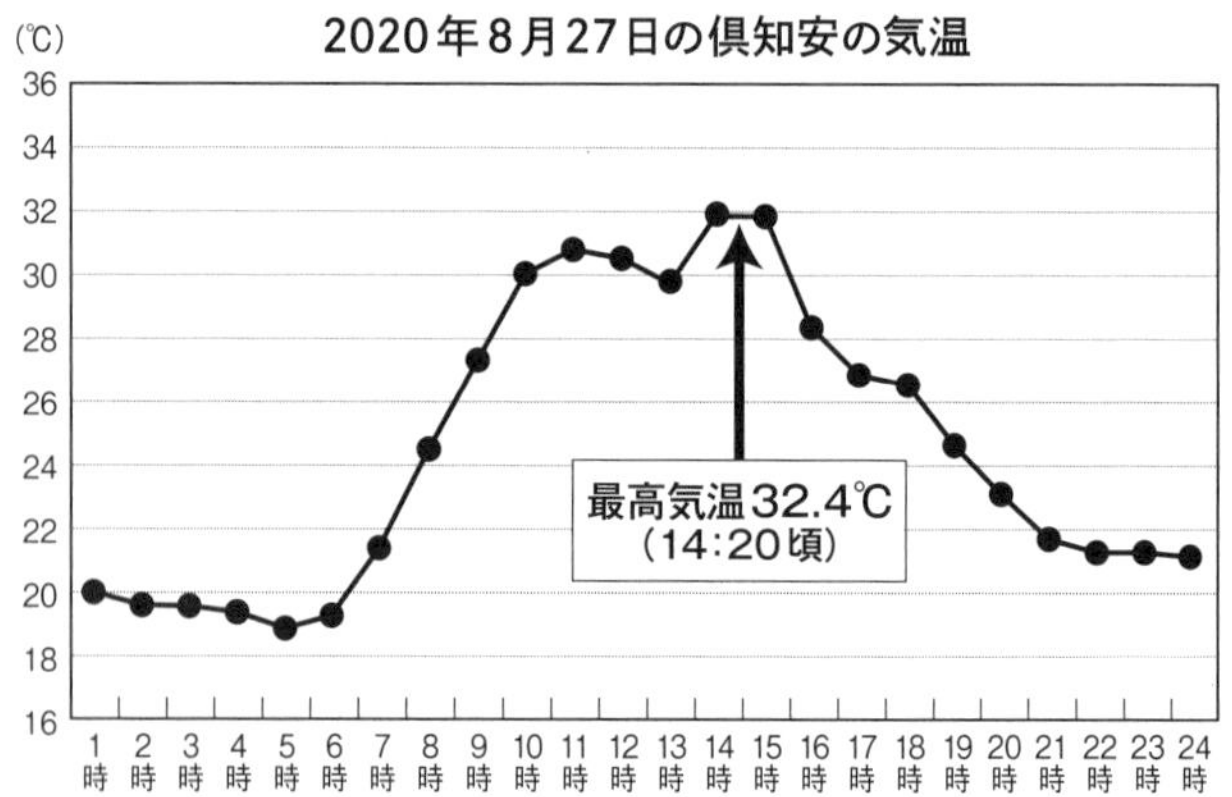

図13　倶知安の2020年8月の最高気温と8月27日の気温推移。遭難事故が起きた8月27日まで、2日連続で最高気温が30度Cを超えた日はなかった

知安の最高気温は平均で26度Cぐらいであり、30度Cを超えたのは19日の30・4度Cだけであった。いかに27日が異常に暑かったということが理解できる。

このような気象状況によって、普段は本州の山に比べて涼しいはずの羊蹄山の下山途中で熱中症による遭難事故が起きたのである。

どうすれば羊蹄山での遭難事故を防ぐことができたのか

羊蹄山のどのコースを登ったのか報道では不明であるが、いずれも登り5時間、下り4時間ほどかかる。朝の5時に出発して、休憩なしで下山したとしても14時になってしまう。下山する途中で最も気温が上がる時間帯になるのは避けられない。とすれば、熱中症予防の基本である、こまめな水分補給、帽子を被る、後頭部をバンダナやタオルで覆うなどして直射日光を浴びないようにする、などの対策を取りたい。この遭難事故のような高齢者だけでなく、事例①のような若者や中年の人も要注意である。

そして、地元の北海道の人だけに油断に繋がったと思われるのは、麓の倶知安で２０２０年８月に、２日連続して最高気温が30度Cを超えた日は27日までなかったことである。それまでは最高気温が30度C前後まで上がっても、次の日には20度C台に下がっていた。この気温のリズムに惑わされてしまって、27日の気温の予報を確認せずに羊蹄山に登ってしまった可能性がある。今となっては確かめようがないが、この遭難事故は、近年の気候では北海道の山といえども、熱中症のリスクを甘く見てはならないという警鐘であろう。

5　将来の気候変動によって夏の猛暑はどうなるのか

気候変動によって猛暑日が増える

一昔前までは気温が30度Cを超える（真夏日）とかなり暑いという感覚であったが、近年は最高気温が35度Cを超える猛暑日が珍しくなくなってきている。文部科学省と気象庁の「日本の気候変動２０２０」に載っている１９１０年から２０１９年の13の観測地点平均気温によると、猛暑日の年間日数は、年によって多少の変動はあるものの、年々増加していく傾向にある（図14）。

高い場所に登る登山においては、標高１０００メートルあたり気温が約６度C低下することを考えると、温暖化の最悪シナリオである4度C上昇は、標高にして約７００メートルに該当する。３０００メートルの稜線まで登れば麓よりも気温は約18度C低くなるので、高い所まで登ってしまえば気候変動の影響はそれほど感じないであろう。

しかし問題は、入山・下山の時に歩く標高の低い場所にある登山道や、標高１０００メートル程

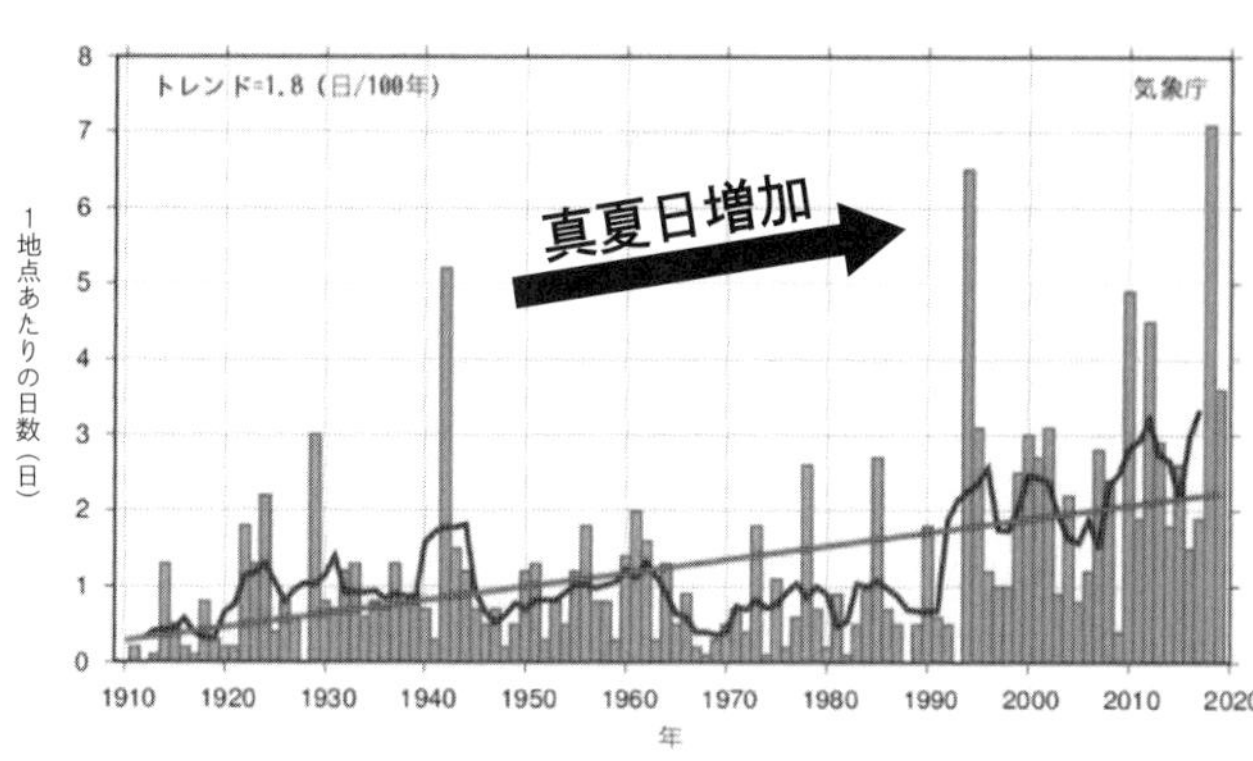

図14　日本の猛暑日（日最高気温35度C以上）の年間日数の推移

度の低い山である。人間の体温に近い35度Cの最高気温が、気候変動によって39度Cまで上がってしまった場合、熱中症のリスクを考えると、もはや野外で活動すべきではない。

気候変動によって植生が変わって森林限界が上昇

また、気候変動によって植生が変わっていく可能性も高い。要するに、気温が４度C上昇すれば、その標高差に相当する７００メートル分だけ森林限界が上昇すると考えられる。現在、北アルプスの森林限界は標高２５００メートルぐらいであるが、気候変動によって南アルプスのように稜線近くまで森林限界が迫ってくるかもしれない。

実際に、新潟大学の２０２０年12月２日の報道発表によると、富士山で１９７８年から２０１８年まで40年間にわたる調査を行った結果、森林限界の標高が上昇し続けていることが明らかになったという。しかも、テーブル状になっていた樹木の形が直立して背が高くなる傾向にあるとい

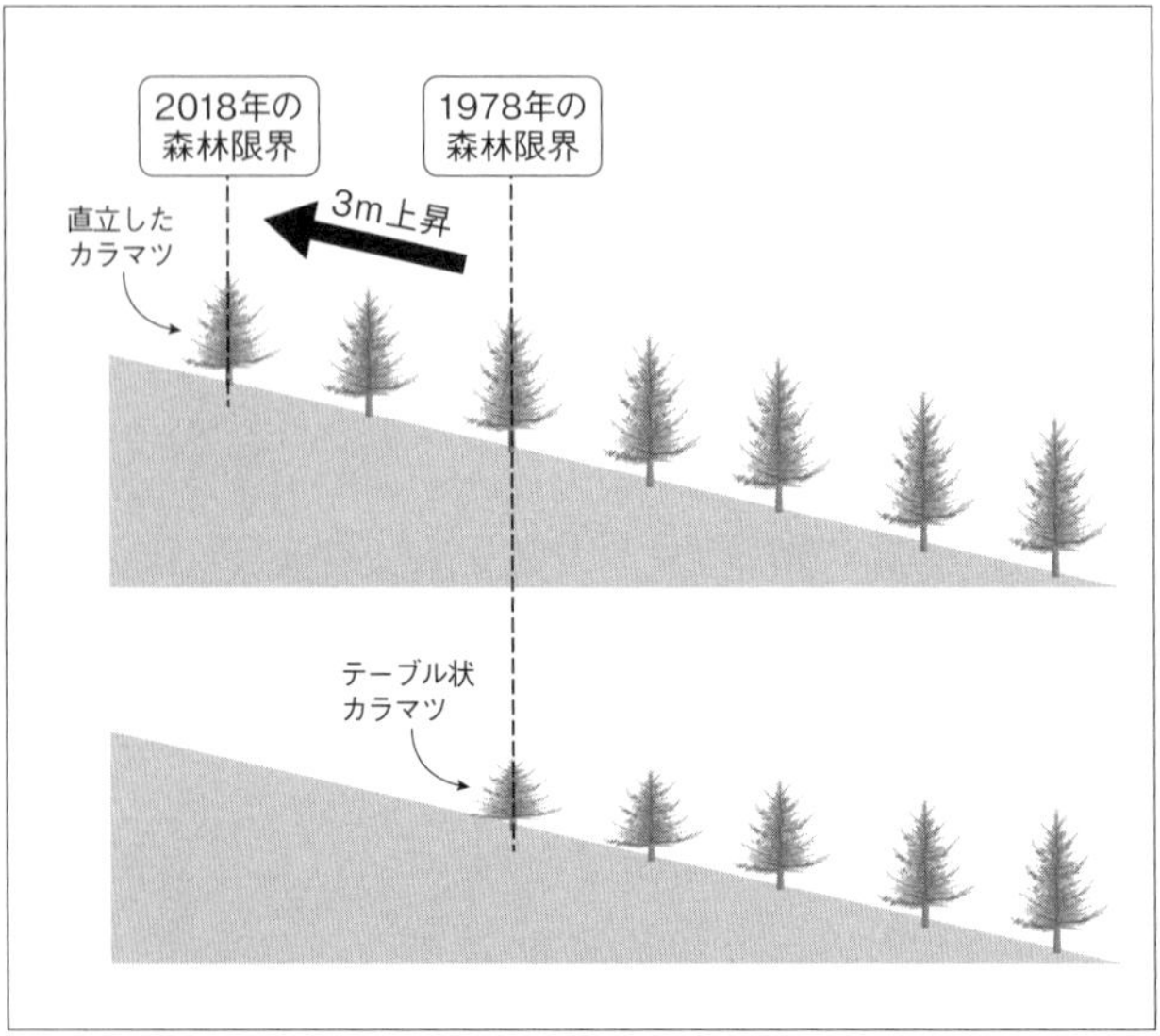

2018年の
森林限界
1978年の
森林限界
3m上昇
直立した
カラマツ
テーブル状
カラマツ

図15　気候変動による森林限界上昇

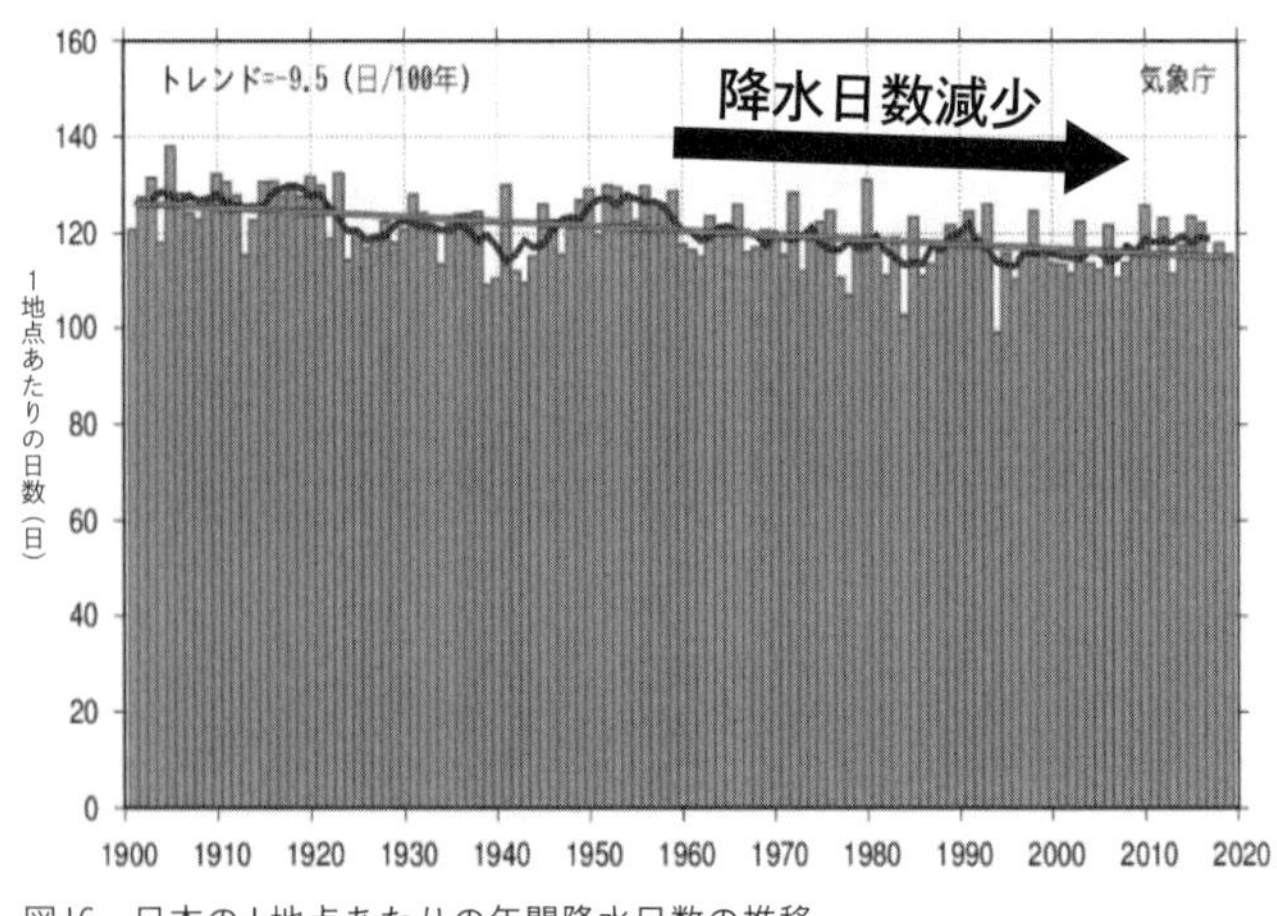

図16　日本の1地点あたりの年間降水日数の推移

う、驚くべき結果となっている（図15）。これはシミュレーションでもなんでもなく、現実に起きていることなのである。

降水の極端化によって渇水のリスク——飲料水の確保が困難になる

第2章で〝降れば大雨、降らない時は降らない〟というように雨の降り方が極端化することについて、豪雨についての視点から解説したが、逆に渇水のリスクも増える可能性がある。前出の「日本の気候変動2020」によると、1ミリ以上の降水が観測される日を降水日とした時の、1901年から2019年までの全国51地点平均の年間降水日は年々減少傾向にある（図16）。

将来気候では、雨が降らない日が増えることによって、飲料水の確保に苦労するかもしれない。これは登山者だけではなく、山小屋の人たちにとっても非常に重要な問題である。このまま進んでいけば、飲料水が現在以上に貴重品となるであろう。

第5章 夏でも起きる低体温症

1 山では致命傷に繋がる低体温症

記憶を風化させてはならない!!

2009年7月に8名が亡くなった北海道のトムラウシ山での遭難事故は、新聞記事などのトップニュースになった衝撃的な事故だったため、まだ覚えている人も多いであろう。この事故は、改めて低体温症の恐さを世に知らしめた。特に、夏山でも低体温症でこれほどの犠牲者が出たという事実は、登山者だけでなく一般の人にも大きな社会反響を呼んだ。しかしながら現在では、時の流れとともに記憶は風化して、その恐ろしさが忘れられつつある。

山岳遭難事故だけでなく、今はまだ記憶に残る2011年の東日本大震災、2018年の西日本豪雨、2019年の東日本台風などの多くの犠牲者を出した甚大な自然災害も、ともすれば同じ道を歩みかねない。そうなってしまうと、同じことの繰り返しとなって、せっかくの過去の貴重な教訓が生かされないことになってしまう。「伝承」されなければ、記憶は風化して数多（あまた）のチリの中に埋もれていく。後世に伝えていく営みは本当に大切なことである。

第5章では、夏でも起きる低体温症をテーマとして、『聖職の碑（いしぶみ）』として有名な過去の古い遭難事故、そして比較的新しい事例であるトムラウシ山の遭難事故での貴重な教訓を読み取り、将来の気候変動も踏まえて、どう備えるべきかについて解説したい。

低体温症とは

低体温症による遭難事故を起こさないために、まず低体温症について知ることから始めよう。人間に限らず恒温動物は、体温を一定に保つことで生命活動を維持している。人間の場合はだいたい37度C（身体の表面ではなく体内の温度）である。なぜその温度なのかは、現在の医学でもはっきり分かっていない。温度が高いほど化学反応が活発になるため、食物を消化して活動するためのエネルギーに変えたり、身体の組織を作ったりするには体温は高い方がよい。しかし、高すぎてもたんぱく質や酵素が分解する弊害が起きる。その折り合いで、ちょうど良い体温が人間の場合は37度Cなのであろうと推定されている。

では、何かの理由で体温が下がってしまうと、人体ではどのようなことが起こるのであろうか。医学的には、体内の体温が35度C以下に低下した状態を「低体温症」と定義しているが、熱中症と同様に症状に応じた段階がある。

体温が32～35度Cまでは「軽度の低体温症」とされている。この段階では、呼吸が激しくなる、身体がブルブルと震える、手足が冷たく蒼白になる、などの症状が出るものの、自らの防衛反応によって身体を震わすことで熱を作るという、体温を一定に保つ体温調節機能がまだ生きている。それゆえ、身体を温める処置をすれば大事には至らない。意識もまだハッキリとしている。後で述べるように、中度や重度の低体温症になってしまうと取り返しがつかなくなることを考えると、軽度の段階で無理をせずに、小屋やテントに避難したり、気温が高い麓まで下山したりすることが最良の選択肢であろう。

なお、昔からいわれているアルコールが寒い時に身体を温めるというのは全くの誤解であって、ブランデーや日本酒などのアルコール飲料を低体温症になった人に与えては絶対に駄目である。アルコールは体温調節機能をマヒさせ、毛細血管を広げるため、身体からどんどん熱が奪われてしまう。実際に北海道などの寒い地方では、多くの酔っ払いが路上で寝込んでしまい、低体温症になって亡くなっている。

低体温症の症状が進行するとどうなるのか

体温が28～32度Cまで低下すると、「中度の低体温症」となる。この段階になると、身体の震えが止まり、人体から体温調節機能が失われてしまう。よろめく、錯乱状態となって意味不明のことを言う、呼吸が浅くなって眠そうになる、判断力が鈍る、などの症状が出る。もうこうなったら山でできることは限られてくるので、寝袋に入れるなどの保温処置をしてただちに救助を要請する必要がある。

中度の段階では、医者でない限りむやみに身体を温めてはならない。医師の管理下で、ゆっくりと加温しないとショック死を起こすことがある。また歩かせたり、運動させたりすることもご法度で、手足に停滞していた冷たく低酸素の血液が心臓に戻ることによって、心室細動などの致命的な不整脈を起こしやすくなるので注意が必要である。これらの中度の低体温症の症状や注意点を知れば、軽度のうちに処置しなければいけないことがよく理解できると思う。

さらに体温が28度C以下に低下すると、「重度の低体温症」に至る。この段階になると臓器の機能が低下して、意識が混濁したり、昏睡状態になったりする。病院に運んでも死亡率は高い（20パーセント以上）。

また、「暑い」と言って衣服を脱ぐこともある。この異常行動は「矛盾脱衣」と呼ばれていて、映画『八甲田山』に出てくるワンシーンを覚えている人も多いと思う。これは1902年1月に発生した八甲田雪中行軍遭難で実際に起きた出来事である。登山の場合でも低体温症で亡くなった登山者が衣服を脱いだ状態で発見されることがある。

山岳エリアでは低体温症の症状が一気に進むことがある!!

実は、軽度の低体温症を通り越して、短時間で一気に中度・重度の低体温症まで進んでしまうことがある。事例②で紹介する2009年7月のトムラウシ山遭難事故では、それが現実に起きた。これが平地と山の気象条件の違いであり、恐ろしいところである。トムラウシ山遭難事故では、「行動中に意識が飛んだ」「ストーンと落ちていくように意識がなくなった」という証言が残っている。厳しい条件の時は、夏山でも低体温症が急激に進むという、平地では起きないような非常に危険な現象が発生する。これもトムラウシ山遭難事故の貴重な教訓の一つである。

本書で紹介する夏山での遭難事故以外に、低体温症の症状が一気に進んでしまったために遭難事故になったと思われる事例がたくさんある。このような事例では、急速に進行する低体温症によって、遭難事故を避けるための正常な判断力が一気に失われてしまったと推定される。山岳エリアでは、このように低体温症の症状が一気に進むことが起こりうることを知っておいてほしい。

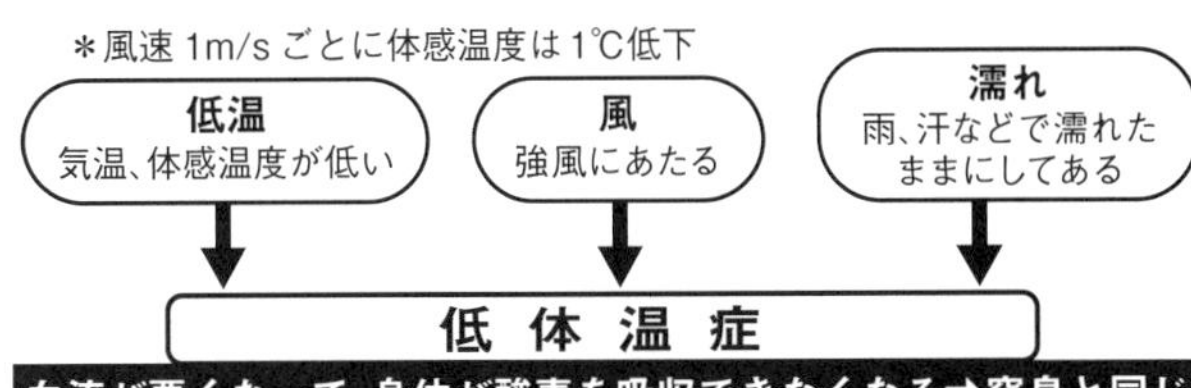

程度・体温	症状	応急処置
軽度 32～35℃	全身が震え、手足が冷たく蒼白になる	＊濡れた服を着替えさせる ＊温まる服装、寝袋などで包む。ツェルトに入れる ＊チョコレートなど糖質を与える
中度 28～32℃	よろめく、意味不明のことを言う、眠そうになる、判断力が鈍る	＊飲食物を無理に与えない **★救助を要請する**
重度 28℃以下	意識が混濁し、暑いと思い、服を脱ぐこともある（矛盾脱衣）	＊心肺停止になったら心臓マッサージ **★救助を要請する**

【早め早めの処置が命を救う】

図1　低体温症の原因と症状と応急処置の方法

低体温症はどのような時に起きるのか

低体温症になる要因は、環境条件などの外部要因によるものと、人体の状況による内部要因に分けることができる。

まず外部要因は、人体から熱を奪うようなものが挙げられる。たとえば、気温が低い、水中や雨に濡れる、強風にさらされる、などである。第1章の図7に示したように、水中では20度Cであっても長時間にわたって浸かり続けると低体温症で死亡に至る。また、風速1メートルにつき体感温度が1度C下がることも第1章で述べた通りである。人体が生み出せる熱エネルギーには限界があるので、それよりも外部要因によって奪われる熱エネルギーの方が大きければ、人体は一定の体温を保つことができず、低体温症となる。

意外と盲点となるのが内部要因である。歳を取ると次第に熱を作り出すための基礎代謝が落ちて、体温調節機能も衰えていく。若い頃のように無理な行動をすると、一気に低体温症に陥ることもありうることを念頭に置いてほしい。また、空腹かつ疲労困憊（こんぱい）の状態のように、体内で熱を作り出す機能が失われるような状況も非常に危険である。熱を作り出すエネルギーの基になるカロリーの補給がなければ駄目だし、カロリーを補給しても身体的な疲労によって熱エネルギーに変える機能が失われても駄目である。平地と違ってすぐに救助が来ない山岳エリアでは、カロリー補給によって空腹にならないように注意すること、疲労困憊の状態になる前に下山する、小屋に避難するなどの心構えが非常に大切である。

もう一つの盲点は、雨で濡れた衣服である。冬の山岳エリアでは降れば雪なので、ヤッケなどの防寒具を身に付けていれば雨によって身体を濡らすことはなく、人体と衣服の間には熱を伝えにくい空気の層が保持されるため、ある程度の風までなら意外と暖かい。しかし、夏山で雨に濡れてしまった衣服（特に下着）を身に付けた身体で強い風を受けると、空気よりも遥かに熱を伝えやすい水分を通じて身体の熱を奪われるため、冬山よりも厳しい条件になることがある。これが、夏山でも低体温症によって遭難する理由である。まさに〝夏山だから大丈夫〟――という油断が命取りとなってしまう。図1に低体温症の原因・症状・応急処置についてまとめたので参考にしてほしい。

それでは、実際に起きた過去の低体温症による遭難事例について見てみよう。

2　事例①　1913年8月の『聖職の碑』遭難事故

『聖職の碑』遭難事故の概要

1913年（大正2年）8月に起きた中箕輪（みのわ）尋常高等小学校（現在の箕輪中部小学校・箕輪中学校）の木曽駒ヶ岳（2956メートル）集団登山で、引率の赤羽長重（ちょうじゅう）校長を含む11名が亡くなった遭難事故は、1976年に新田次郎が『聖職の碑』として小説化（図2）、そして1978年に鶴田浩二主演で映画化されたことで、一躍有名な山岳気象遭難事故となった。まず、どのような遭難事故だったのかを振り返ってみたい。

図2　新田次郎の小説『聖職の碑』（講談社文庫）

遭難事故で亡くなった赤羽校長や生徒たちが通っていた中箕輪尋常高等小学校は、中央アルプスと南アルプスの間で天竜川が流れる伊那谷にある。今のJR飯田線の辰野駅と伊那市駅のちょうど中間ぐらいの位置である。

中箕輪尋常高等小学校では夏の学校行事として、木曽駒ヶ岳登山が毎年恒例となりつつあった。1913年もそれまでと同様に、8月26日に生徒25名、引率教師3名（赤羽校長を含む）、地元の青年会員9名の計37名で学校を出発した。計画は綿密に練られており、地元の飯田測候所にも最新の天気を問い合わせるなどしたが、予算の関係で前年まで同行していた地元のガイドを雇うことができなかった。

天気はあまり良くなく曇っていて、登る途中から雨が降り始めたが、伊那小屋（現在の宝剣山荘や天狗荘の付近）に1泊する予定だったので登山を続行した。稜線に出る頃には暴風雨になったが、何とか18時に伊那小屋にたどり着いた。学校を出発して12時間以上の強行軍であったが、そこにあるはずの伊那小屋は焼失して高さ1メートルの石垣が残されているのみであった。

赤羽校長は残された石垣をベースにして、周辺のハイマツをかき集め、全員の雨合羽も利用して、仮小屋を設置してビバークを試みた。しかし、風雨が強まり、焚火をして暖まることもできない状況の中で、体力を消耗していた生徒が低体温症のため亡くなると、多くの人がパニックに陥ってしまった。

まず、有志として参加していた地元の青年会員たちが、赤羽校長の言うことを聞かず、雨合羽をはがして散り散りになって下山を始めた。屋根代わりの雨合羽をはがされた仮小屋はその役目を果たせず、残された者も暴風雨の中を下山せざるをえない状況になった。

結果的に樹林帯までたどり着けた者は生き残り、稜線上では力尽きた11名が命を失った。亡くなった者の中には生徒に防寒シャツを与えて救おうとした赤羽校長もいた。将棊頭山（しょうぎかしら）（2730メー

図3　将棊頭山の頂上直下にある遭難記念碑

トル）の頂上直下には、『聖職の碑』の悲劇を風化させないようにするために遭難記念碑が設置されている（図3）。

『聖職の碑』遭難の原因は夏の台風だった

当時の気象状況を振り返ってみよう。まだ、現在のようなスーパーコンピュータの計算による天気予報もなく、台風の予報技術もない時代であった。しかし、出発直前まで地元の飯田測候所に何度も最新の気象情報を問い合わせるなど、学校側としてはできる限りの対策は実施していた。

中央気象台（現在の気象庁の前身）による、事故当日の8月26日の天気予報は以下の通りになっていて、悪天の予報ではなかった。

「（前略）東海・東山（甲信地方のこと）・北陸・東北は北東の風、曇り少雨（後略）」（読みやすい

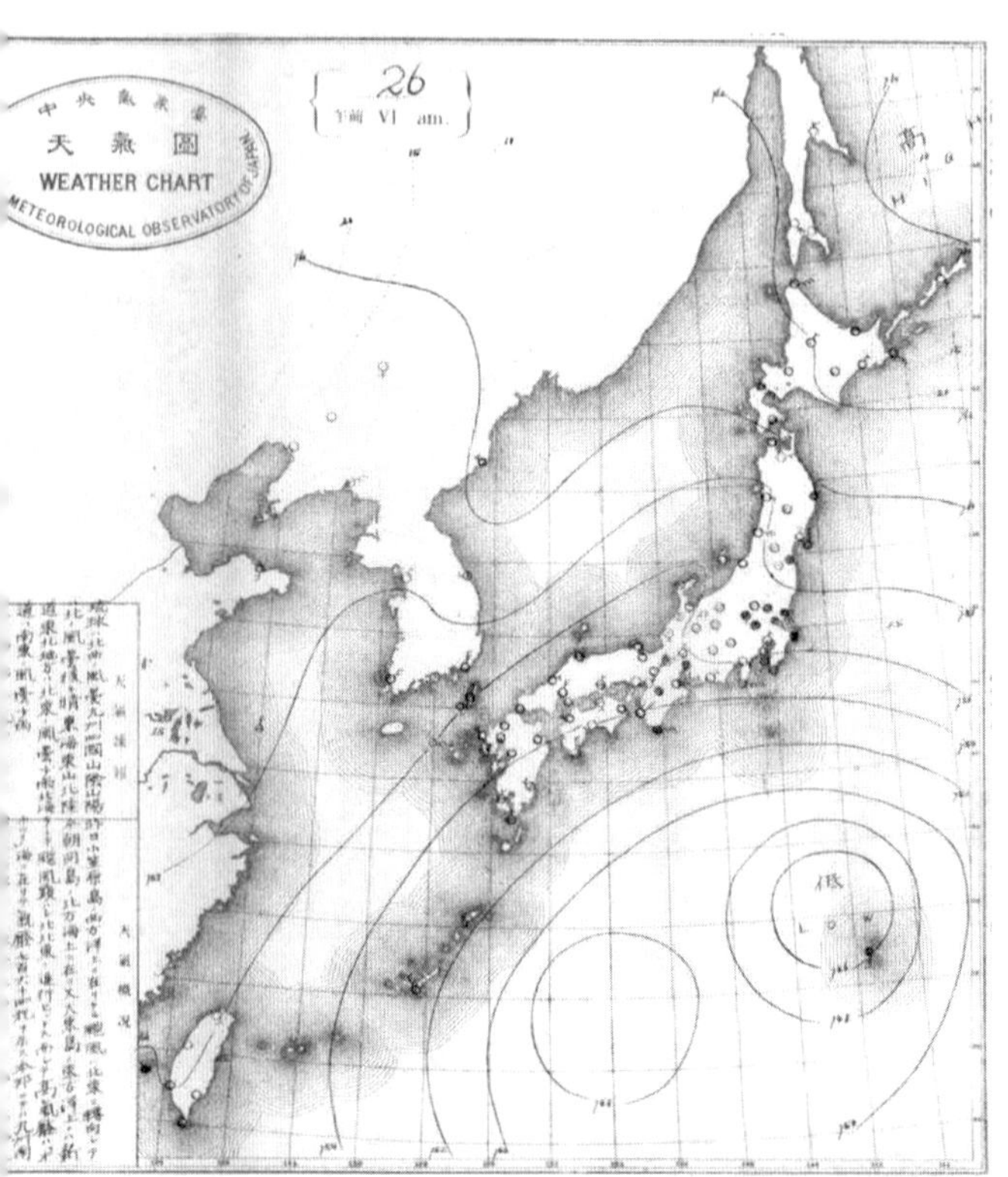

図4　中央気象台の1913年8月26日6時の天気図（右側）

ように現代文に翻訳）

しかし、これは山の天気の予報ではなく、あくまで平地の天気の予報である。そして中央気象台の天気図による26日の気象実況は次の通りである。

「昨日、小笠原諸島の西方海上にあった台風は北東に転向して、今朝、小笠原諸島の北方海上に進み、南大東島の東方海上には新たに台風が出現して北北東に進もうとしている」

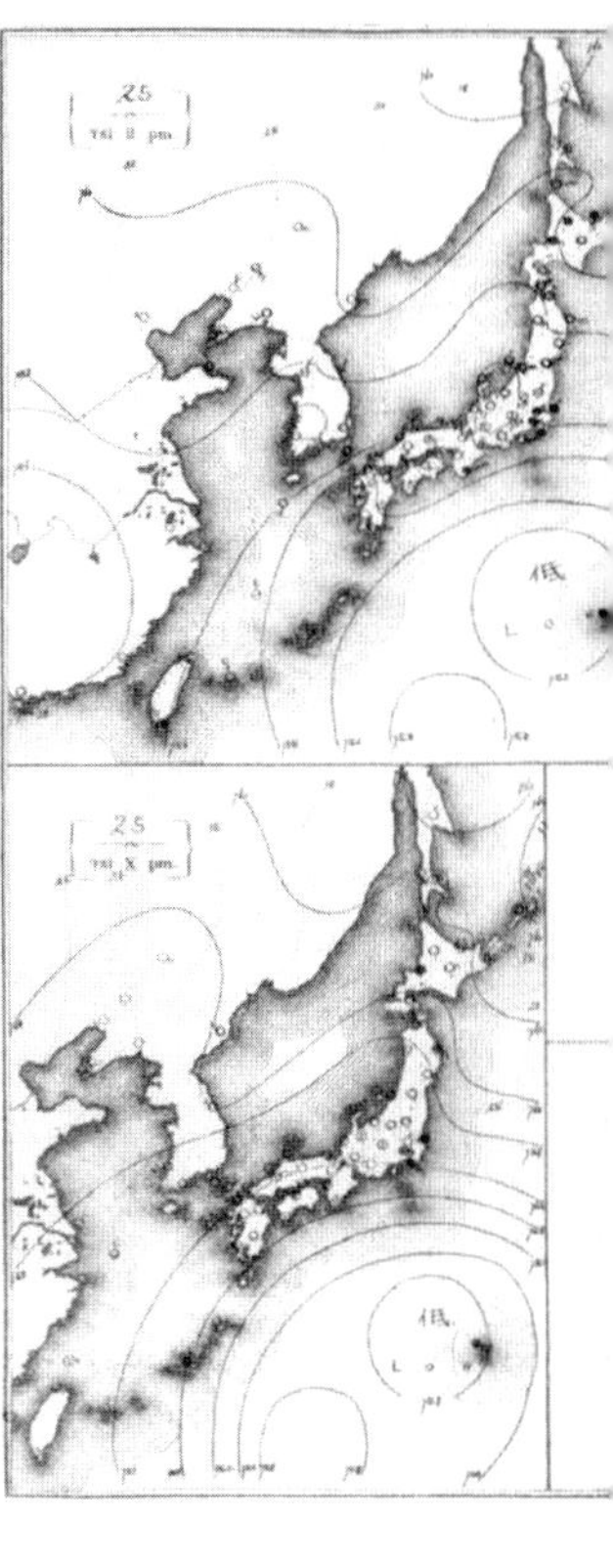

（同様に翻訳）

要するに日本の南に二つの台風があって、このうちの一つが関東地方に接近して『聖職の碑』遭難事故をもたらしたのである。中央気象台は台風の存在自体は把握していたが、現在とは比べようもなく劣っていた当時の観測体制や予報技術では台風の進路予報は無理な状況であった。

では、当時の中央気象台の天気図から気象状況を見てみよう。図4の右側にある大きな天気図は、26日6時の実況を示している。すでに関東甲信地方は雨が降り始めている所があることが分かる。また、紀伊半島先端の潮岬（しおのみさき）や伊豆半島先端の石廊崎（いろうざき）では非常に強い風が吹いていることも確認できる。本州の太平洋側沿岸部では、等圧線の間隔が狭くなっていて、すでに太平洋側沿岸部の一帯で風が強くなっていることが天気図から読み取れる。

図5の左上の天気図は26日14時、左下は22時、右側は27日6時の実況を示している。二つの台風

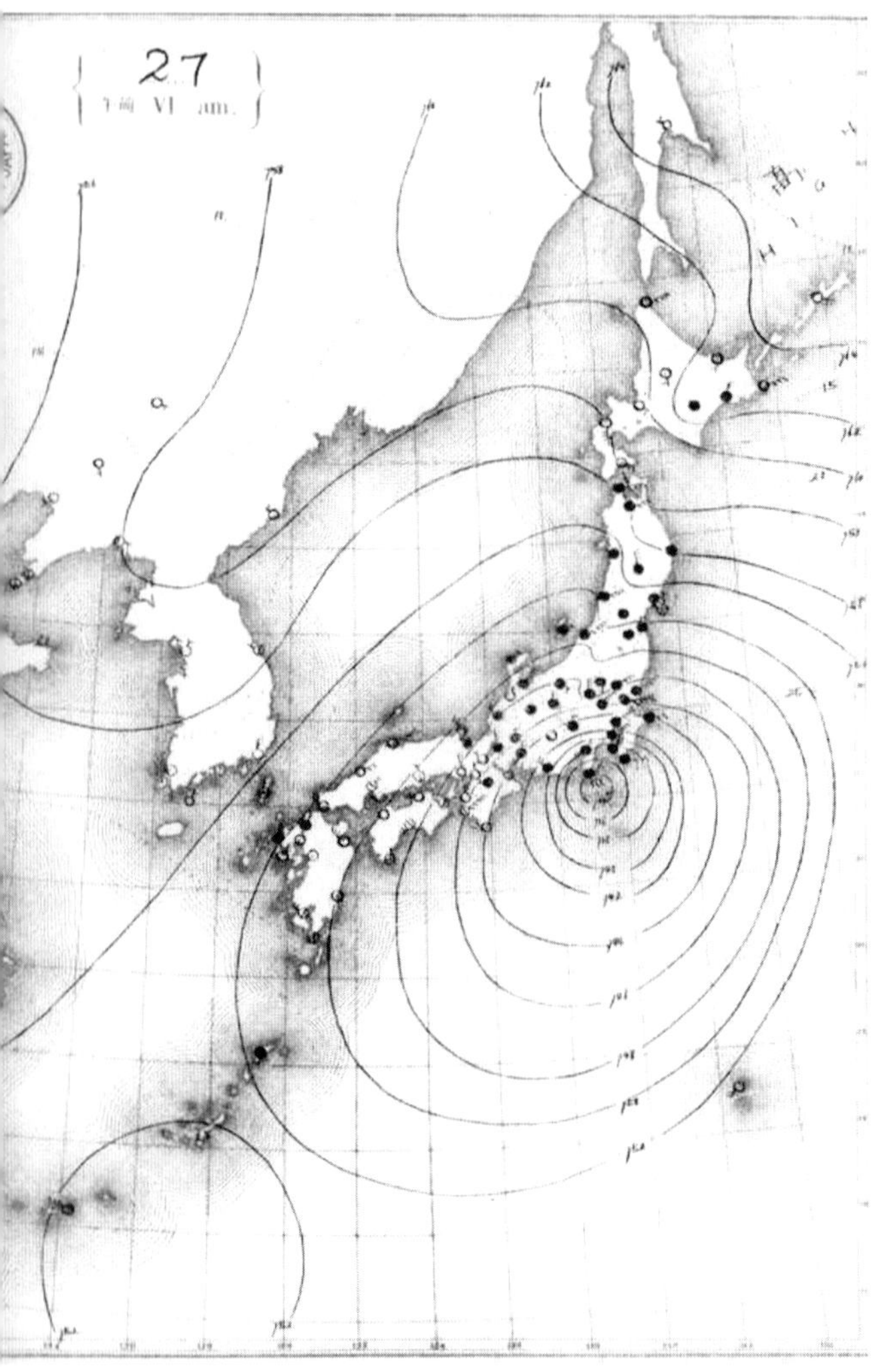
27
午前 VI am.

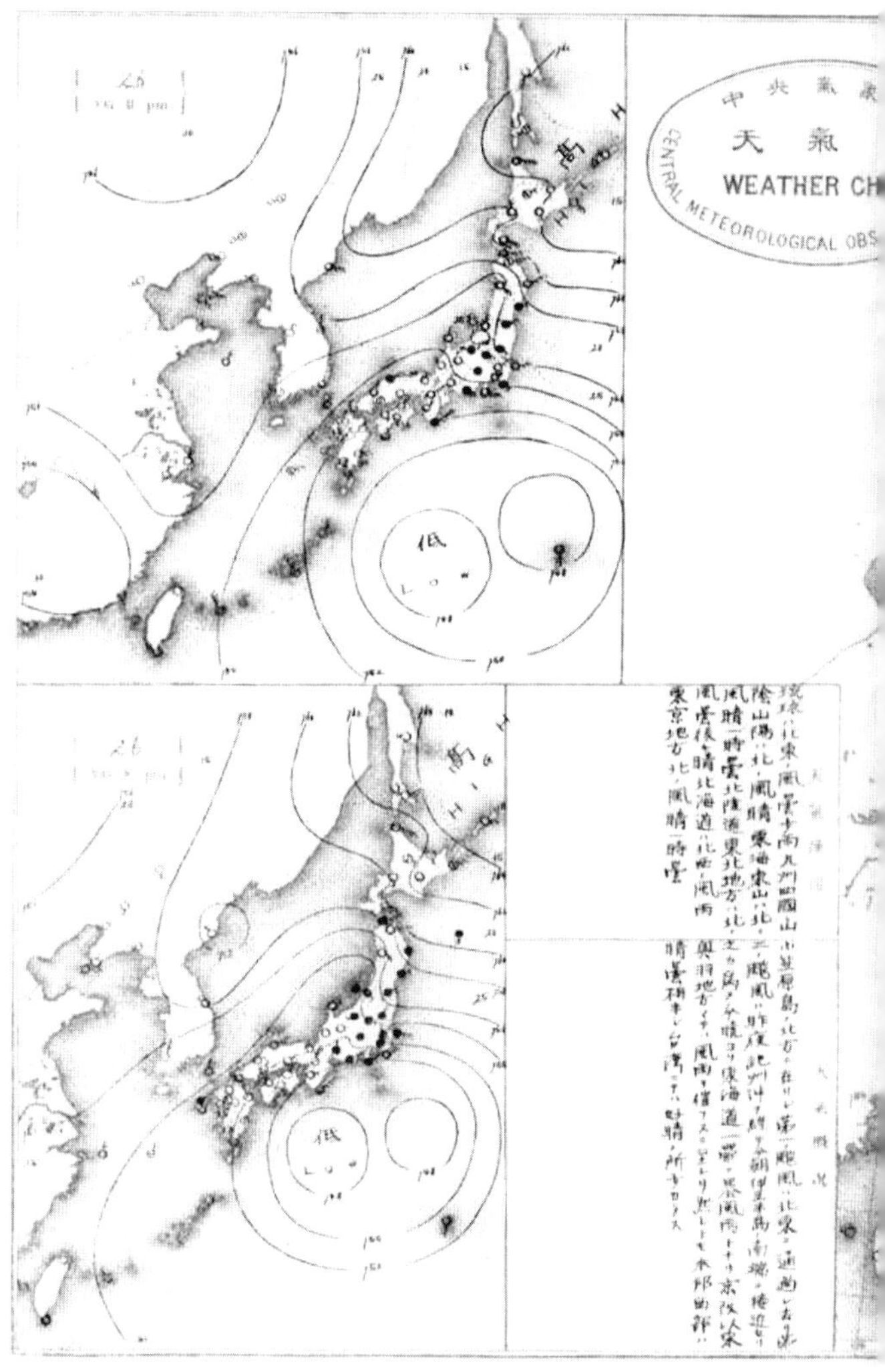

図5　中央気象台の1913年8月26日14時（左上）、同22時（左下）、27日6時（右）の天気図。西側の台風が急激に発達していく様子が見て取れる

のうち、南大東島にあった西側の台風の方が猛発達し、27日6時には伊豆半島にかなり接近していて、広い範囲で雨が降っていたことが分かる。26日14時には木曽駒ヶ岳のある中部山岳でも等圧線の間隔が狭くなっていて、木曽駒ヶ岳付近でも風が強くなっていたであろうことも読み取ることができる。

これらの天気図から、胸突八丁を登って樹林帯から稜線に出た途端に、生徒たちは雨だけでなく、かなりの強風に見舞われたと思われる。

どうすれば『聖職の碑』遭難事故を防ぐことができたのか

実は、映画では描かれなかったことがある。登山の途中で小雨が降り始めて、赤羽校長が「帰ろうではないか」と言ったが、生徒たちは耳を貸さずにどんどん登って行ってしまったのである。自分の防寒シャツを生徒に与えて共に亡くなるぐらいの尊い志があるのなら、この時点で心を鬼にして、何としてでも生徒たちを止めてほしかった。同じ日に別の学校が登山を始めたが、途中で引き返して難を逃れたとの話も残っているだけに悔やまれる。

そして遭難事故には、必ずどこかに生死を分ける分岐点がある。『聖職の碑』遭難事故の場合は、

1 胸突八丁を登りきって稜線に出た所（胸突八丁ノ頭）

2 濃ヶ池付近

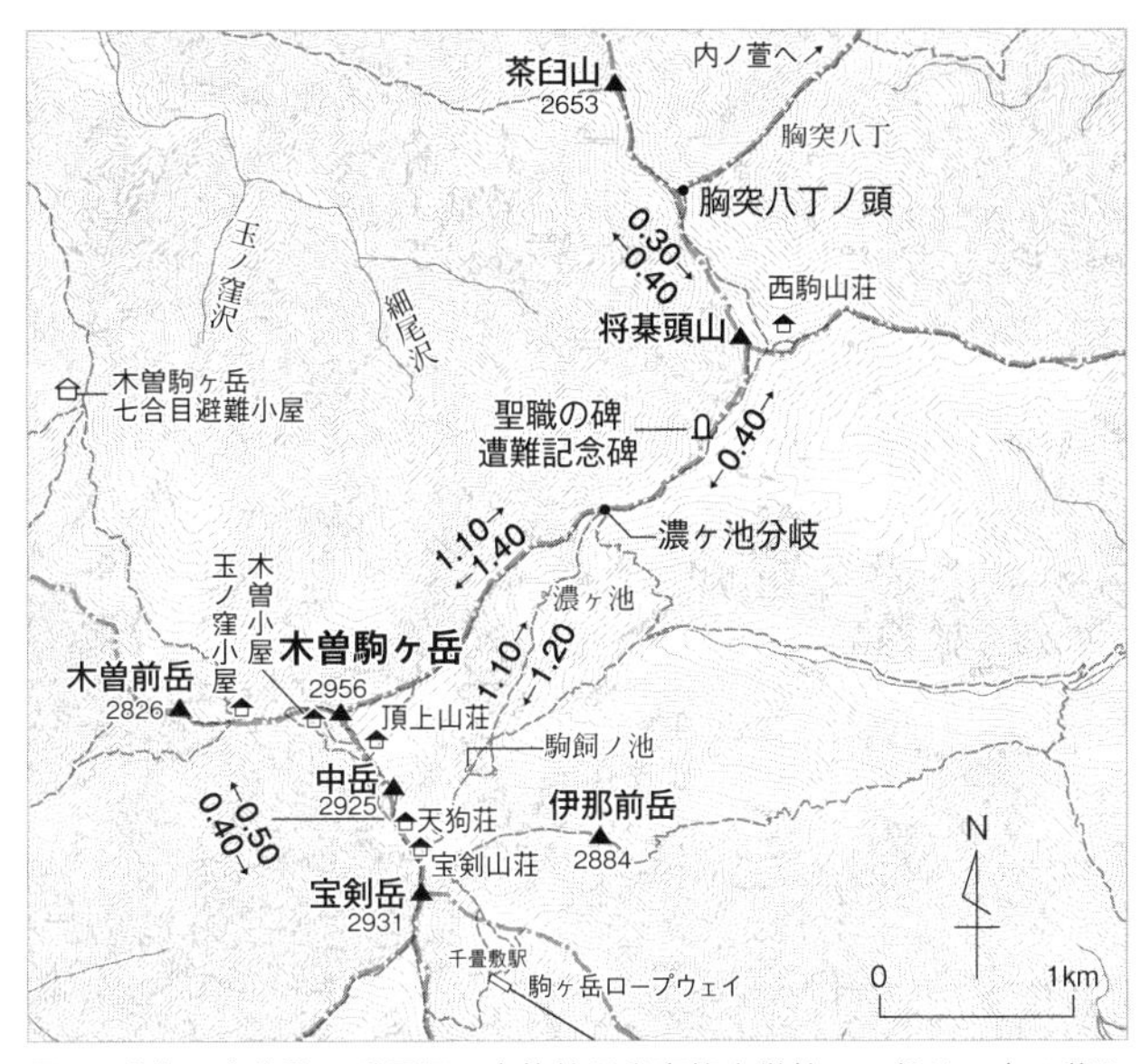

図6　現在の木曽駒ヶ岳周辺。中箕輪尋常高等小学校の一行は、内ノ萱から登り始め（現・桂小場コース）、北側から頂上を目指した

の二つであった（図6参照）。まず稜線に出た所で先に進むべきかの判断をしなければならなかった。稜線に出る胸突八丁ノ頭までは樹林帯であるため、風の影響をあまり受けることはない。森林限界が重要な判断ポイントであることは、冬山によく登る人にとっては常識であろう。

そして稜線に出て進んでしまうと、次は濃ヶ池付近が判断ポイントとなる。濃ヶ池付近のトラバース道は比較的風が弱く、濃ヶ池の東側には高台もあるので、東からの風もある程度は遮られる（図7）。これより先に進むと風を遮るものはなく、容赦なく台風接近による風雨にさらされる。したがって、

図7　濃ヶ池付近は東側（写真の左端）の高台と西側の稜線に挟まれて比較的風をしのげる。ここで撤退の判断をしていれば遭難には至らなかった

濃ヶ池付近が進退の判断をする最後の分岐点であった。ここで観天望気をして上空の雲の流れを見れば、稜線の風が非常に強まってきたことは分かったはずである。雨が降り始めてきたことも考慮して、ここで冷静に判断して引き返していれば——と非常に残念な思いである。実際に稜線から胸突八丁を降りて樹林帯にたどり着くことができた生徒たちは助かっている。

予報技術が発達した現在では、台風の進路予報は年々精度が上がっていて、誰でも事前に台風による天気の悪化を知ることができる。しかし、現在の予報技術をもってしても、台風の進路予報は１００パーセント当たるわけではなく、外れることもある。また、気象庁の天気予報は人が住んでいる場所を対象としているため、悪天になりやすい山では平地の天気予報では想像もできないぐらい荒れることがある。そんな時に備えて、あらかじめ判断ポイントとその判断による行動を決めておいてほしい。備えがあれば、「想定外」の事態に陥ることを防ぐことができる。それを常に心掛けることが、『聖職の碑』遭難事故の教訓を生かすことになり、亡くなった赤羽校長や生徒たちの魂への鎮魂となる。

３　事例②　２００９年７月のトムラウシ山での遭難事故

トムラウシ山遭難事故の概要

２００９年７月に起きた北海道のトムラウシ山（２１４１メートル、図８）で起きた遭難事故は、登山ガイド１名を含む８名が低体温症で亡くなるという、日本の夏山遭難史上で最悪の悲惨な遭難事故である。少しでも山に関心がある人なら知らない人はいないと思うが、どのような事故だったのかを改めて振り返ってみよう。

７月14日から16日の日程で旭岳からトムラウシ山に縦走するというA社主催の登山ツアーに、男性５名、女性10名が参加した。ツアーにはA社のガイド３名が同行していた。７月14日は旭岳ロープウェイを使って入山し、旭岳を経て白雲岳避難小屋に宿泊。行動中は晴れていたものの、夜には雨が降り始めた。15日は朝から雨であったが風が弱かったため、予定より早く10時間弱で全員が無

図8　神遊びの庭から望むトムラウシ山の雄姿

事にヒサゴ沼避難小屋に到着。悪天で展望が利かない中を長時間歩いたため、皆、疲労困憊の状態であった。服装や装備が濡れた人が多く、翌日までにほとんど乾かなかった。一晩中、風雨が強い状態が続き、小屋に吹き込んだ雨で寝袋を濡らした人もいた。

翌日は3時半頃に起床。まだ風雨が強いため、出発を見合わせていた。5時の十勝地方の天気予報は「曇り、昼過ぎから晴れ」。ガイドたちはこの天気予報で「午後から晴れる」と判断したようだ。

ガイドのリーダーAさん（61歳）は、悪天のためトムラウシ山には登らずに迂回コースを取ることを他のガイドやツアー客に伝えて、5時半にヒサゴ沼避難小屋を出発（図9）。日本山岳ガイド協会の『トムラウシ山遭難事故調査報告書』によると、主稜線近くで西風が非常に強くなり、天沼(あま)からロックガーデンにかけては、「ハイマツの上に吹き飛ば

図9　ヒサゴ沼から頂上を目指している途中で猛烈な暴風雨に見舞われた

される」「風に吹き飛ばされ、帰って見たら痣（あざ）だらけ」「木道の端を持って強風に耐えながら必死に歩く」「ものすごい風でまっすぐに立って歩けない」などの証言が続く。

強風のためロックガーデンにたどり着くまでに通常の2倍近い時間がかかった。普段は美しい沼である北沼は、前日からの雨のため増水して登山道まで水があふれ出ていた。膝下ぐらいの渡渉に手間取って時間を費やしている間に身体を冷やしてしまい、ついに低体温症で動けなくなる女性が現れた。ガイドのリーダーAさんが動けなくなった女性に付き添って北沼でビバークする事態になると、もはやパーティーとして機能しなくなって、ガイドや登山客はそれぞれが生き延びるために下山。結果として、ガイドのリーダーAさんを含む8名が亡くなるという、夏山登山史上で最悪の遭難事故となってしまった。

とにかく、遭難事故となった16日の行動記録はもう悲惨というしかない。『トムラウシ山遭難事故調査報告書』の6ページから22ページにまとめられているので、ぜひ読んでほしい。一気に行動不能になる低体温症の恐ろしさ、助けたくても助けられない無念さ、何としても生き延びるという意思を持ち続けることの大切さ、帰りを待っている家族への思い——などが手に取るように伝わってくると思う。そして、明日は我が身と思って、自分が同じツアーに参加していたらどうしていたかを考えてほしい。インターネットで公開されているので、『トムラウシ山遭難事故調査報告書』でキーワード検索するか、次のアドレスからアクセスすれば誰でも無料で読むことができる。

http://www.jfmga.com/pdf/tomuraushiyamareport.pdf

地上天気図で知るトムラウシ遭難の気象状況——西高東低の「冬型気圧配置」だった!!

図10に示すように、7月15日9時は沿海州（ロシアの日本海沿岸部）に前線を伴った低気圧があり、夜には宗谷（そうや）海峡付近に進んでいる。この低気圧や前線の影響でトムラウシ山付近は一日中、

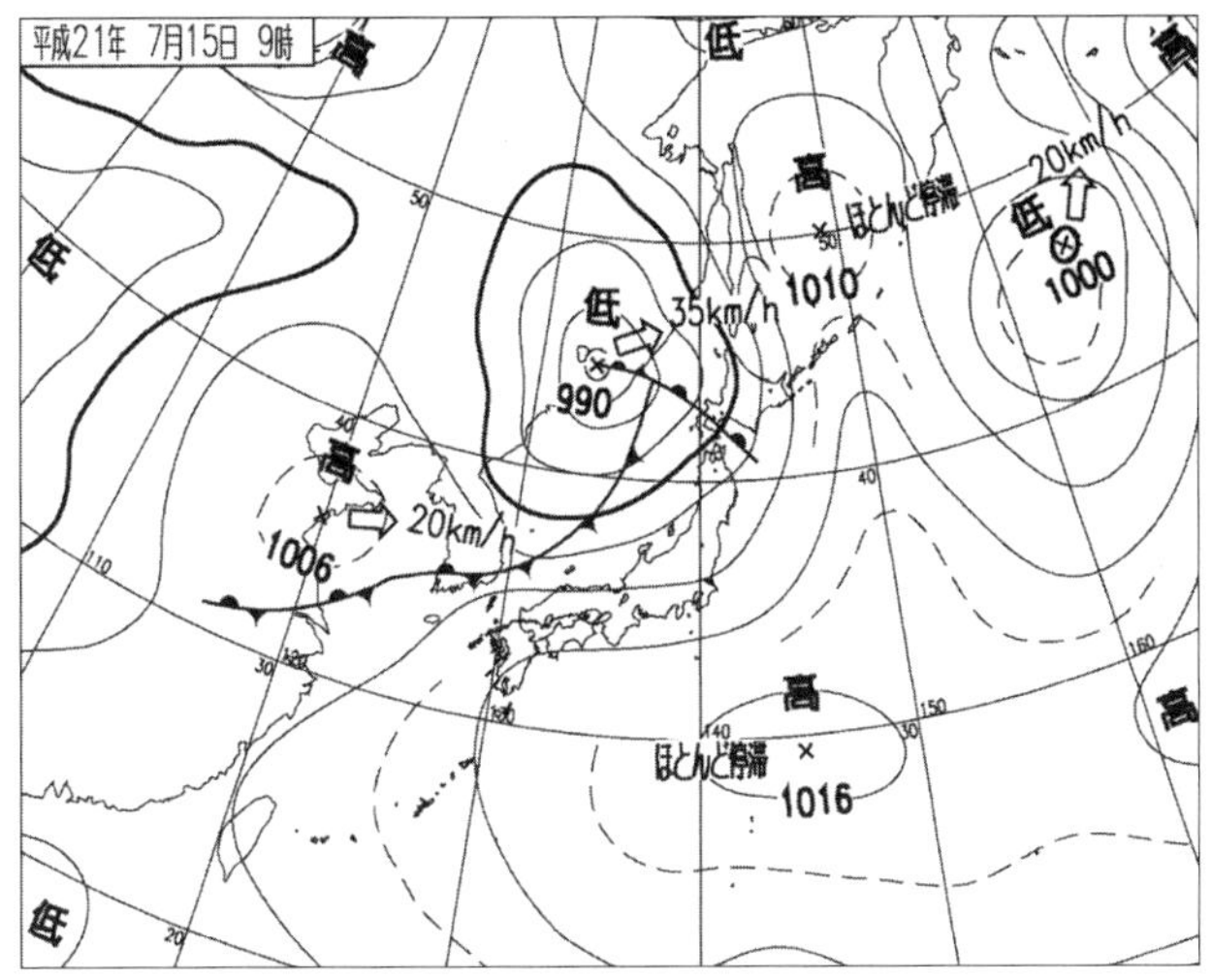

図10　2009年7月15日9時の地上天気図

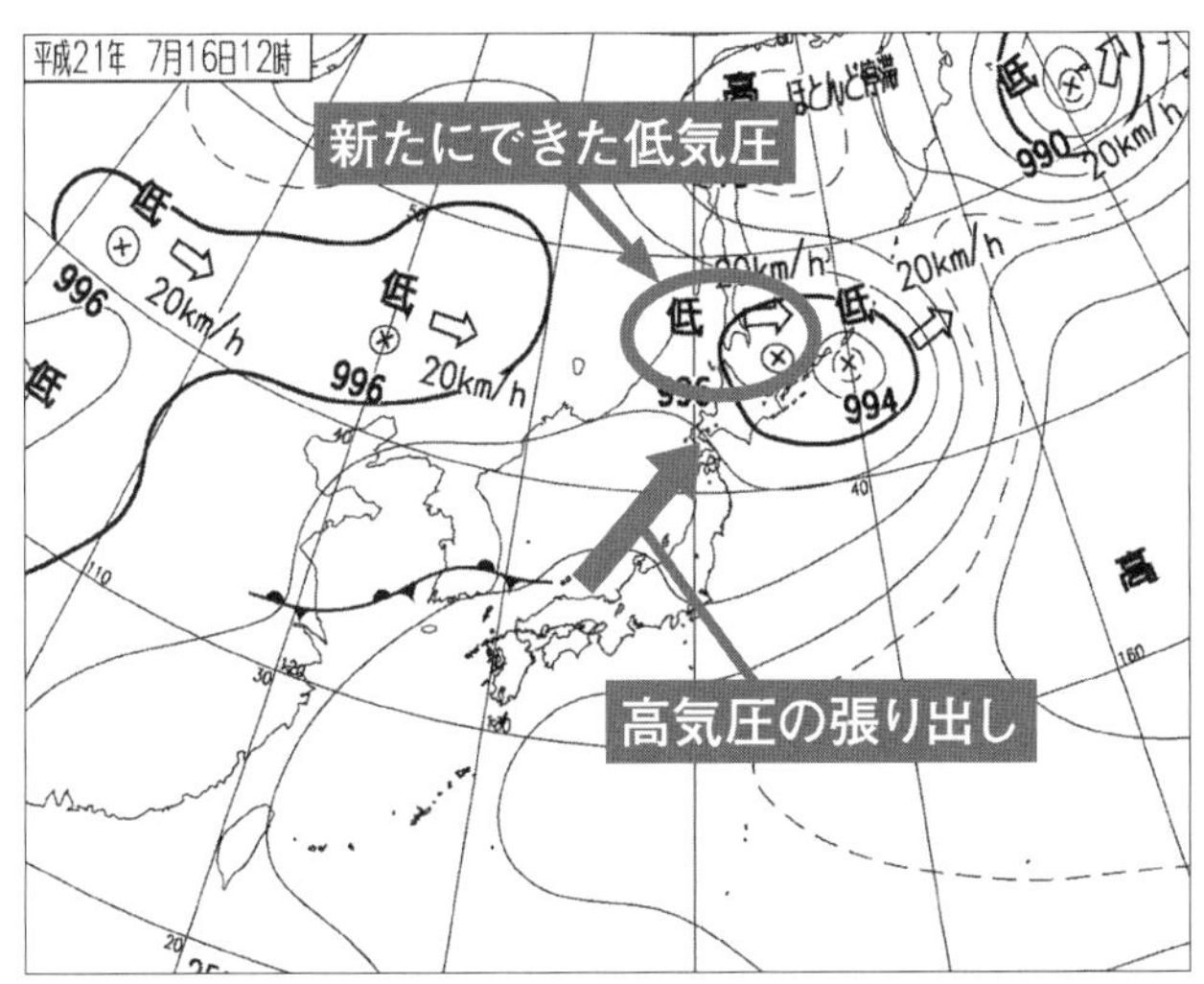

図11　2009年7月16日12時の地上天気図

雨の天気になった。遭難事故が起きた16日9時（図11）は、確かに低気圧は千島列島付近に遠ざかり、天気は回復に向かうように思われたが、北海道のすぐ北東に新たな低気圧ができている。そして、山陰沖から北海道に向かって高気圧の張り出しが強まったために、北海道付近は一時的に「西高東低」の気圧配置となって、天気の回復が遅れ、風が強い状態が続いた。平地では夏に「西高東低」の気圧配置になっても、「冬型気圧配置」と呼ぶ人はいないが、平地とは気象条件が違う山岳エリアに関しては、夏でもこの天気図で警鐘を鳴らすために「冬型気圧配置」と呼んでもよいと思う。しかも緯度が高い北海道の山では、ただでさえ本州の山よりも気象条件が厳しい。北海道の標高2000メートル級の山は、本州の3000メートル級の山に相当するともいわれていることを肝に銘じておいてほしい。

トムラウシ山でいったい何が起きたのか──山岳地形が強風を起こした原因だった!!

トムラウシ山付近の標高は約2000メートルであり、何が起きたのかを正確に知るためには、地上天気図ではなく、標高2000メートル付近に相当する800ヘクトパスカルの天気図を見る必要がある。

図12に気象庁のMSMデータに基づいて、遭難事故が起きた7月16日9時の800ヘクトパスカルの天気図を解析した結果を示す。太い実線は地上天気図の等圧線に相当する等高度線であり、等

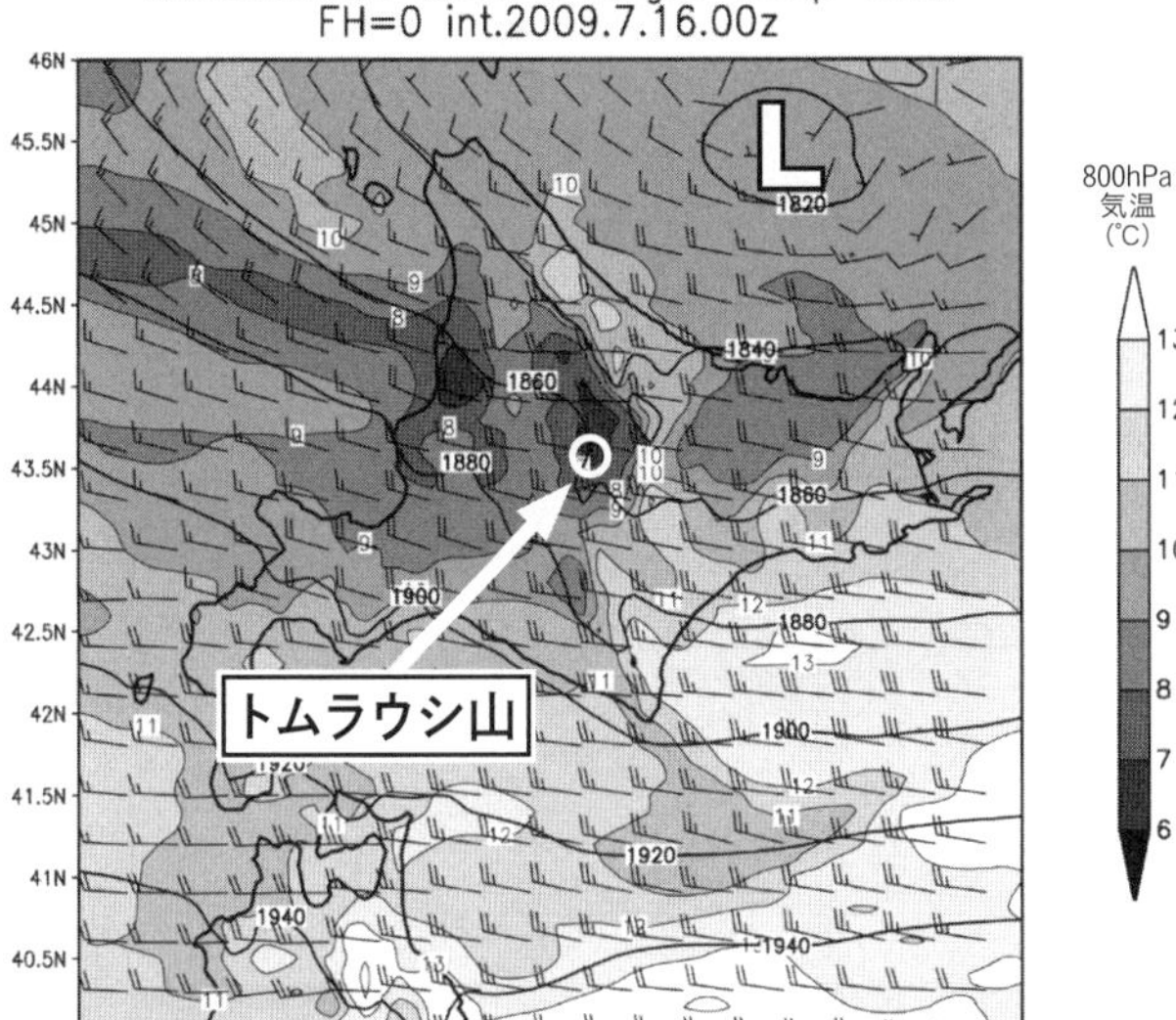

図12　MSMデータをもとに解析した2009年7月16日9時の800ヘクトパスカル（標高2000メートル付近）の天気図

圧線と同じように、等高度線の間隔が狭いほど強い風が吹く（等圧線の間隔と風については第１章を参照）。北海道の北東には地上天気図と同じように低気圧（図のＬ）がある。トムラウシ山付近では等高度線の間隔が非常に狭くなっていて、この付近では強い西風（風速22メートル）が吹いていた。そして、気温を読み取ると約７度Ｃまで下がっていた。第１章で述べたように、風速１メートルあたり体感温度は１度Ｃ下がるので、遭難事故当時の体感温度は、７度Ｃ引く22度Ｃ＝マイナス15度Ｃという冬山並みの厳しいコンディションになっていたことが分かる。

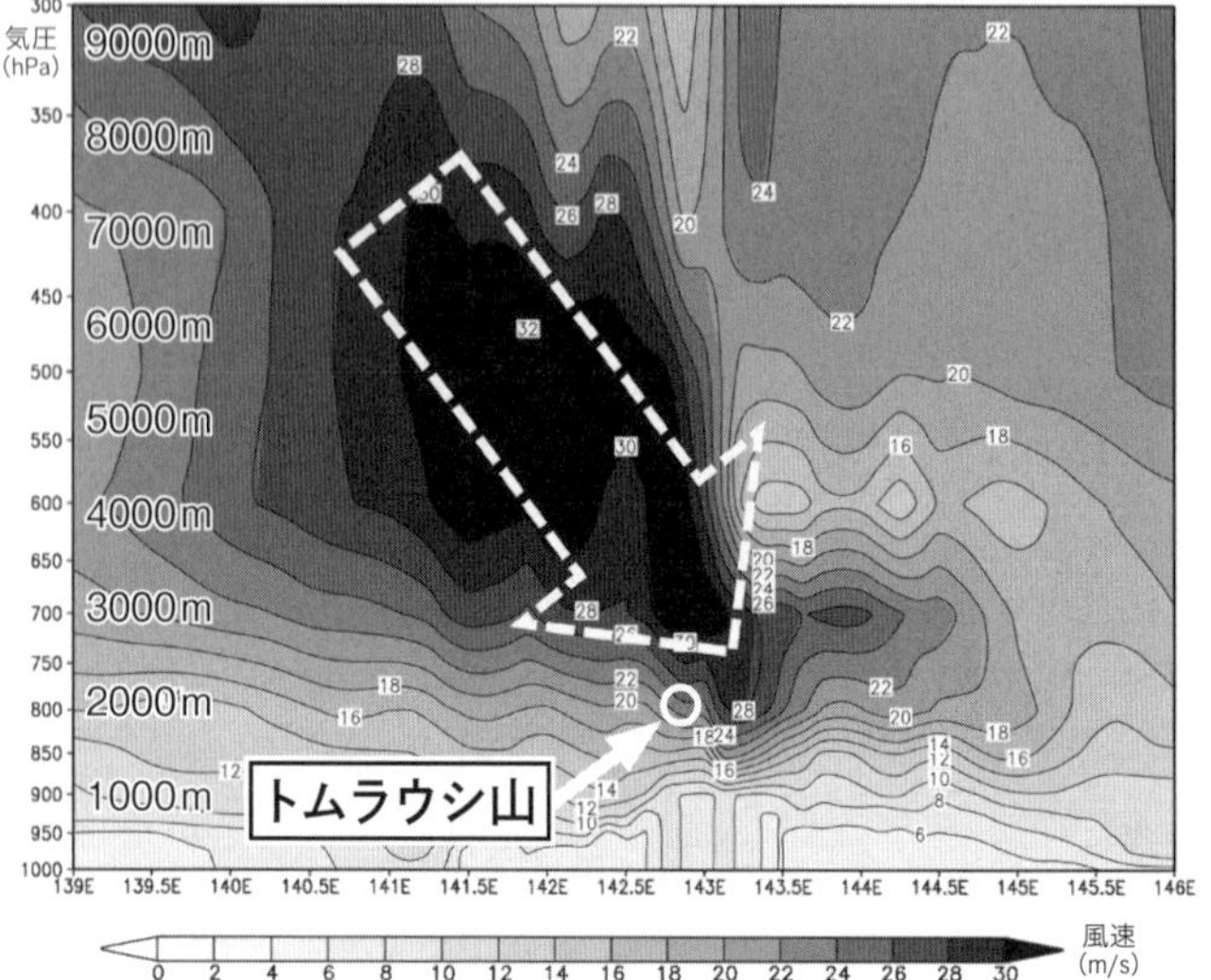

図13　トムラウシ山付近の北緯43.5度の上空の風速（2009年7月16日9時）

そして、トムラウシ山付近で強風が吹いた理由はこれだけではない。トムラウシ山付近を通る北緯43・5度における上空の風の強さ（風速）の様子を図13に示す。一般的に、高度が高くなるほど強い風が吹き、地上付近では地面との摩擦があるため風は弱まる。遭難事故当時は、風速30メートルを超える上空の風の強いエリアが、まるでジェットコースターのように下の方に向かって降りてきていることが分かる。そしてトムラウシ山付近は、風速が強いエリアのちょうど下側の端になっている。トムラウシ山付近は等風速線の間隔が狭いため、ちょっとした条件のゆらぎで風が大きく強まったり弱ったりすることが読み取れる。風が強まった瞬間に、「ハイマツの上に吹き飛ばされる」と生存者の証言にあるほどの強烈な突風となった。

このように上空の強い風が下に降りてくる原因は、トムラウシ山を含む大雪山系の山岳地形にある。つまり、第１章で解説した鳴沢岳遭難事故と同じような山岳地形が原因である乱気流がトムラウシ山付近でも吹いた可能性が極めて高い。

どうすればトムラウシ遭難事故を防ぐことができたのか

どうすれば事故を防ぐことができたかという点については、『トムラウシ山遭難事故調査報告書』に色々と書かれているので、ここではトムラウシ山での実際の体験に基づく筆者の思いを述べたいと思う。

筆者は１９９１年の９月末から10月初めにかけて、単独行で北海道の利尻山とトムラウシ山への山行を計画した。北海道に再上陸した台風19号の影響で、予定していた航空便が半日遅れとなったが、夜行列車による強行軍によって、予定通り利尻山に日帰り登頂。そのままさらに夜行列車で移動し、天人峡から入山してトムラウシ山に向かった。しかし、美しい北沼を右手に見ながら登ったトムラウシ山の頂上目前で、台風19号通過後の「冬型気圧配置」によって降った雪が予想外のアイスバーンになっていた。アイゼンを持っていなかったために、単独行のリスクを考えて撤退を決めた。後ろ髪を引かれながら神遊びの庭から振り返るトムラウシ山は、まさに「天上の山」だった。

その思いは、14年後の2005年の8月にデンソー山岳部の夏山合宿に参加して、無事にトムラウシ山に登ることによって果たすことができた（図8はこの時に撮影）。

以前は、その体験から筆者は「山は逃げない」「思いがあればいつかは登れる」と言っていたが、歳を重ねるにつれて「次はないかもしれない」と思う気持ちも実感として分かるようになってきた。そして、それと同時に強くなった思いがある。言い古された言葉かもしれないが、改めて言いたい――「山で死んではいけない」。平地と違って、山は一歩間違えると、冷酷とも言うべき厳しい姿を見せる。死に繋がる可能性がある山でのリスクを十分に知った上で、それに対する備えをして、安全に楽しく登ってほしい。

トムラウシ山遭難事故の場合は、ヒサゴ沼避難小屋を出発する前に、ガイドのリーダーのAさんが今日はトムラウシの頂上には登らず、迂回コースをとることを伝え、「僕たちの今日の仕事は山に登ることじゃなくて、皆さんを無事山から下ろすことです」と言っていたという証言がある。ならば、下山完了するまでに風雨にさらされる時間が長いトムラウシ温泉ではなく、前日に来た道を戻って化雲(かうん)岳から天人峡に下るべきであった。筆者はこの天人峡ルートを3回、トムラウシ温泉からトムラウシ山のルートも1回通っているが、たとえ悪天であったとしてもヒサゴ沼避難小屋から天人峡に降りた方が、ロックガーデンのような岩場もなく歩きやすく、風が遮られる樹林帯に入るまでの時間も短い。天人峡への下山ルートは、樹林帯に入ると雨が降っている時は土がドロドロになって滑りやすいが、命に関わるわけではない。一番大切なのは、人の命である。

証言に残るAさんの言葉はそれをよく分かっていたことを裏付けているが、恐らくはガイドとしての使命感から、ツアーの目的地であるトムラウシ山の少しでも近くを通って登山者を下山させたいという思いがあったと思われる。もしそうであったとしたら、その思いが仇になってしまった。結果は、生徒に衣服を与えて生徒とともに殉職した『聖職の碑』遭難事故の赤羽校長と同じ結末になってしまった。そして、『聖職の碑』遭難事故が起きた大正の時代から、トムラウシ山遭難事故の平成の時代に至るまでに、残念ながら同じような悲惨な遭難事故の歴史が繰り返されてしまった。この繰り返しの連鎖を何とかして食い止めたいというのが筆者の心からの願いである。

４　将来の気候変動によって低体温症のリスクはどうなるのか

たとえ気候変動によって4度C上昇しても低体温症のリスクは変わらない

ＩＰＣＣ（気候変動に関する政府間パネル）が示した気候変動による１００年後の最悪シナリオでは、気温上昇は４度Cとなっている。この気温上昇によって様々な深刻な影響が懸念されていて、１９９７年に京都で取り決められた京都議定書、そしてそれに続く２０１５年に決まったパリ協定

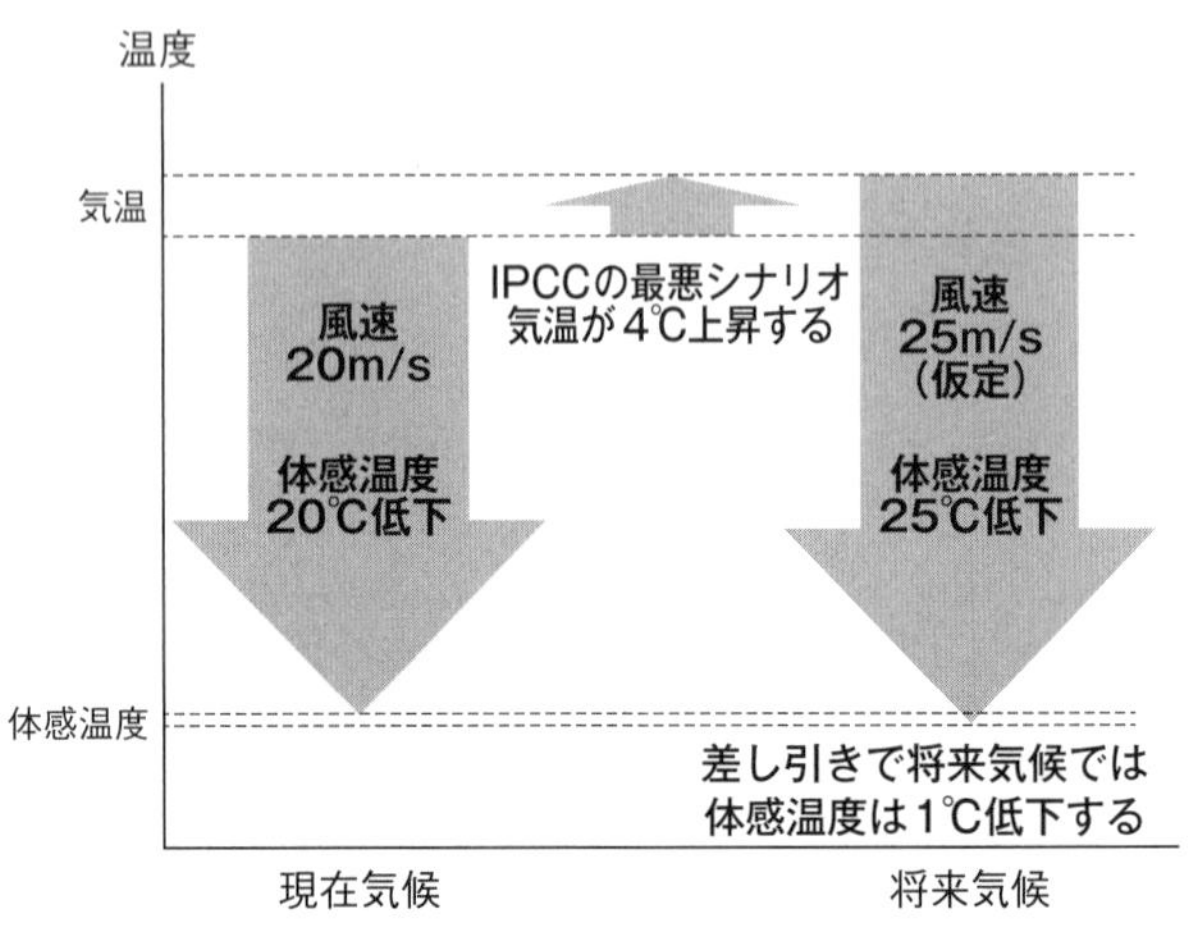

図14　IPCCの最悪シナリオで気温が4度C上昇した時の低体温症リスク比較。体感温度は将来気候の方が低くなることが分かる

によって、世界各国でその対策を取るように動いている。山岳エリアへの影響に関しては、気温上昇によって低体温症のリスクが減るように見えるかもしれない。しかし、それは大いなる誤解である。その理由は、気候変動によって日本付近で爆弾低気圧の強さが増大したり、台風が強い勢力のまま日本付近にやって来たりする可能性が高くなるためである。

図14で、現在の気候と、予想される将来の気候における低体温症のリスクを分かりやすく比較してみた。山岳エリアで低体温症になる原因は気温だけではない。森林限界から上では平地と違って吹きさらしの登山道を歩くため、これまで解説した遭難事例で分かるように風による体感温度の低下が問題になる。そして第1章で解説したように、将来の気候変動によって台風

並みに発達する爆弾低気圧が増え、さらに第6章で解説するように強い勢力のまま北日本や関東地方に接近する台風が増えるといわれている。仮に、『聖職の碑』遭難事故やトムラウシ山遭難事故を引き起こした風速20メートルの風が、将来の気候変動によって風速25メートルまで増加するとしよう。ＩＰＣＣによる最悪シナリオでの気温上昇は4度Cだが、風速増加による体感温度は現在の気候よりも5度C大きく低下（20度C低下→25度C低下）するため、かえって将来の気候の方が低体温症のリスクが増えるという驚くべき結果となる。

平地とは違う厳しい気象条件の山岳エリアを、吹きさらしの状態で行動する「登山」という営みにおいては、将来気候の温暖化によって低体温症のリスクが減るというような単純なものではない。将来も低体温症のリスクに備えることが必要だということを知っておいてほしい。

第6章　関東甲信地方や北日本を襲う台風

1　なくならない台風による遭難事故

台風は大きな災害をもたらし、悲劇的な遭難事故も引き起こす

台風は夏から秋になると毎年のように日本にやって来て、時には暴風や大雨が大きな災害をもたらす。台風はこのように非常に厄介者ではあるが、日本付近に恵みの雨を降らせるという恩恵ももたらす。もし全く台風が来なくなったとしたら、ダムの水は干上がり、水不足に苦しむことになるであろう。恵みの雨のみをもたらしてくれる程良い強さの台風だけやって来ればいいのだが、残念ながらそんな都合良く大自然の気候システムはできていない。近年でも2019年の台風19号（図1、令和元年東日本台風と名付けられた）は、関東甲信地方や東北地方の広い範囲で豪雨となり、河

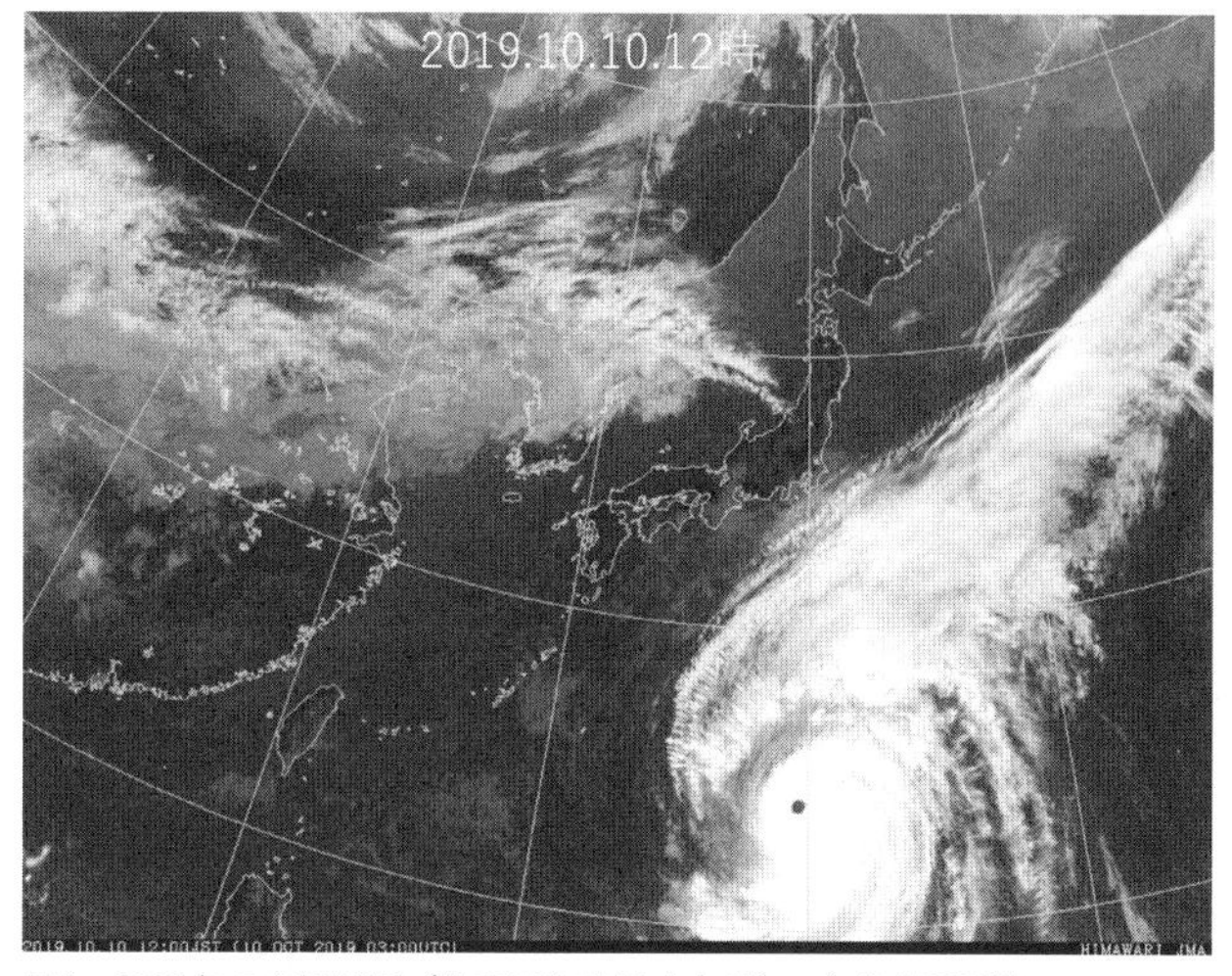

図１　2019年の台風19号（令和元年東日本台風）の気象衛星画像

図２　2019年の台風19号で崩壊した甲斐駒ヶ岳・黒戸尾根の登山道

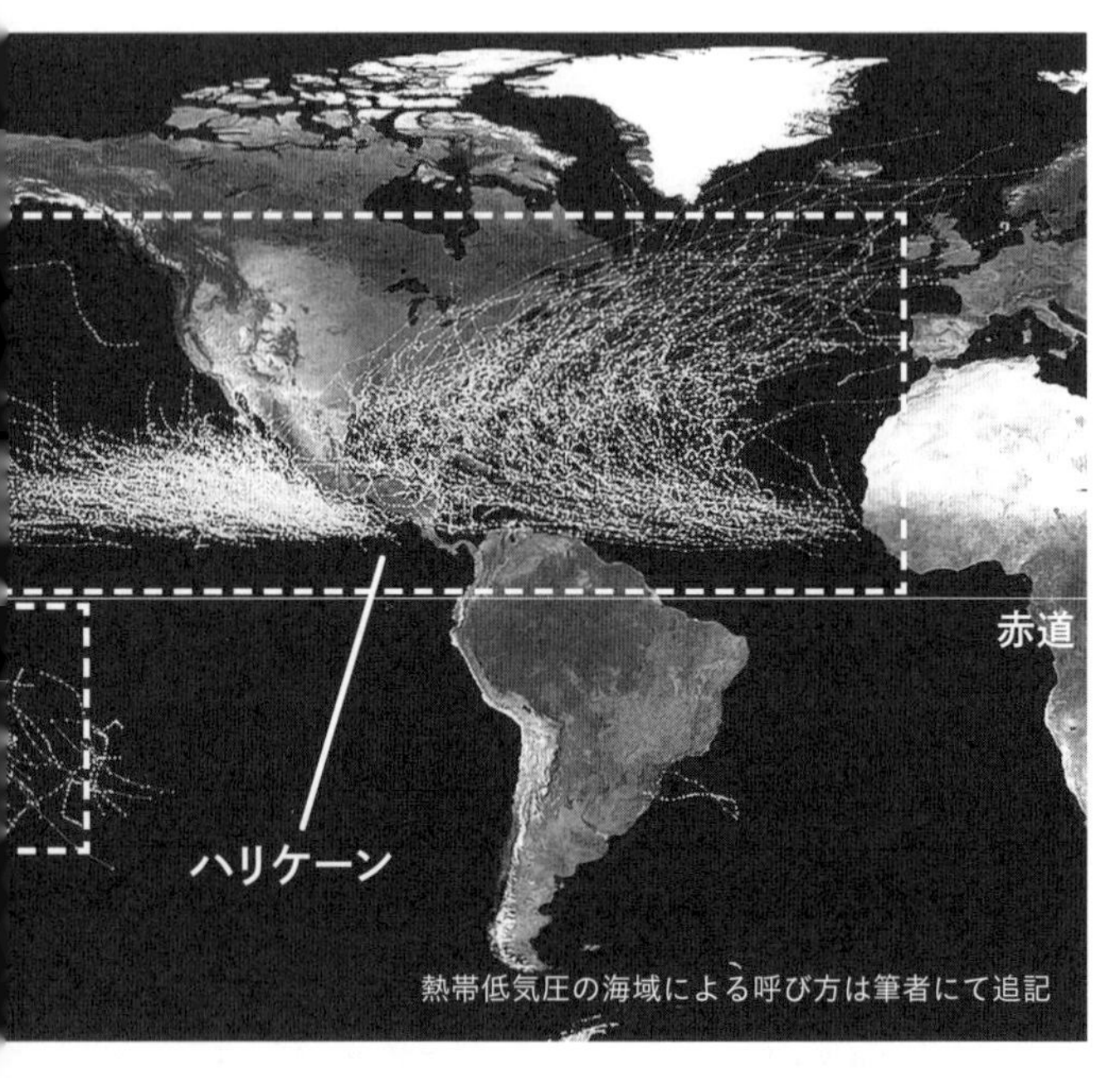

川の氾濫や土砂崩れなどによる甚大な災害をもたらした。南アルプスや奥秩父山系などにも、土砂崩れなどによる登山道の崩壊などの大きな被害を与えている（図2）。

このように台風の持つ破壊力は膨大なため、台風は登山において最も警戒しなければならない気象現象の一つである。前章で解説した『聖職の碑』遭難事故も、まさにその台風によって起きた悲劇である。予報技術がなかった大正時代ならいざしらず、今日では台風の進路予報技術の発展は目覚ましく、誰でも事前にかなり正確な進路予報を入手することができる。しかし、それでも北海道

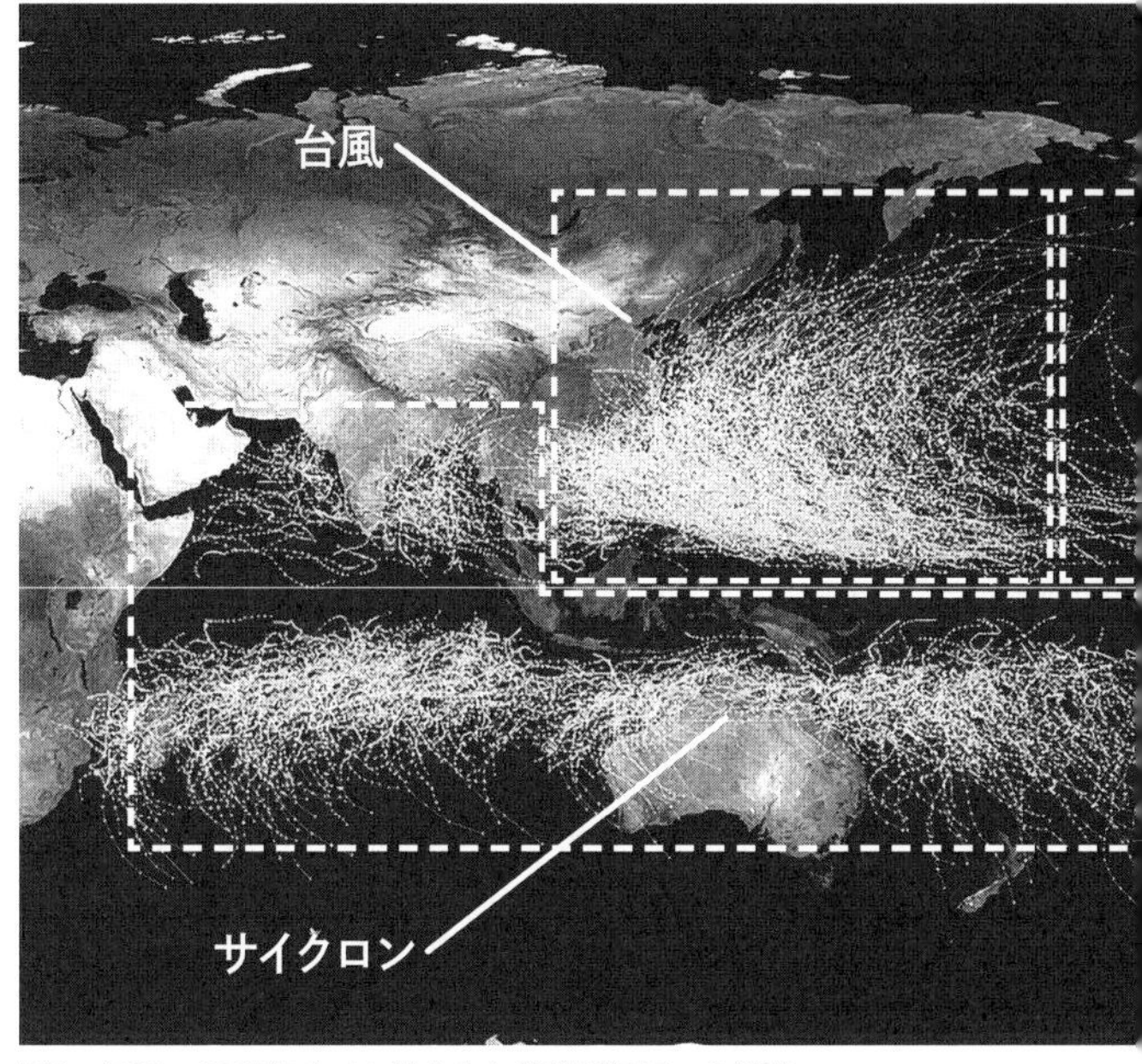

図3　1985〜2005年までに発生した熱帯低気圧の全経路

などの思わぬ遠隔地を台風が襲ったり、異常な進路を取ったりする台風による遭難事故はなくなっていない。

第6章では、現在の台風情報の盲点や異常な進路を取った台風に焦点を当て、将来の気候変動によって台風はどうなるのかについて解説する。台風による遭難事故をなくすためには、まず台風について改めて知ることから始めよう。

台風の定義について

日本に近い海で発生する熱帯低気圧のうち、中心付近の最大風速の基準を超えたものが台風と呼ばれている。ほかにも熱帯低気圧が発生する海域によって、ハリケーンやサイクロンと呼び方が変わる（図3）。正確にいうと、北太平洋の日付変更線より西側、または南シナ海の熱帯エリアで発生して、中心付近の最大風速が17・2メートルを超える熱帯低気圧を台風と呼ぶ。台風の基準となる風速が整数ではないのは、もともとは台風の風速が国際基準の34ノット（ノットを2分の1倍するとだいたい「m／s」で表した風速）と決められているためである。

ちなみに、ノットという速度の単位は、1時間に1海里（かいり）（約1・8キロメートル）進む速さのことである。もともとは船乗りの間で使われていたものであるが、現在でも船舶や航空機の速さを表す単位として使われている。この単位が便利なのは、1海里が緯度1分になるように決められているためである。何が便利なのかを解説すると、たとえば60ノットの速度なら、1時間に緯度にして60分＝1度、10時間で緯度10度の距離を進むことになる。天気図でも低気圧や高気圧がどこまで進むのか計算しやすいために、気象の世界でもノットは国際標準になっている。

台風の発達のメカニズムと台風の一生

赤道付近は、真上からの太陽の強烈な日差しによって海が温められるため、海水温が高い。台風は、そのような海水温が高い熱帯域で発生する。第1章で解説した日本付近で発生する低気圧（南北の温度差で発達）と違って、台風が発達するエネルギーは、海水温が高い熱帯域の海から蒸発する水蒸気である。

水蒸気（気体）は水（液体）になる時に熱（凝結熱と呼ぶ）を出す。夏の打ち水のように、水が水蒸気になる時に熱（気化熱と呼ぶ）を奪って涼しくなるのと逆の原理である。台風の場合は、熱帯域の海から供給される豊富な水蒸気が、暖かい海上で発生する上昇気流によって雲（雲も小さな水滴が集まってできている）となり、雲になる時に熱を出して、その熱がさらに上昇気流を強める。強まった上昇気流によって、さらにたくさんの水蒸気が雲となって、渦を巻きながら積乱雲として発達する。このようなメカニズムで、台風は温かい熱帯域の海から供給される水蒸気によって発達していくのである。

図４に示したように、最初は単なる積乱雲（いわゆる夏によく見られる入道雲）の塊でしかなかったものが、次第に台風らしい渦を巻くようになる。この間に中心付近の最大風速が増して台風となる。台風が最盛期を迎えると、中心には下降気流ができるために、雲が消えて（第１章で解説したように、上昇気流で雲ができて、下降気流で雲が消える）、台風の目ができる。台風の勢力が強いほど、はっきりとした目になる。２０１９年の台風19号は、その意味では本当に悪魔のように恐ろしい目を持っていた（図１）。この頃が発達のピークである。そして台風の北上とともに、次第に目が不鮮明になって勢力も少しずつ落ちていく。

そして、日本付近に接近して温帯域に入ってくると、熱帯域とは違って南北の気温の差が大きく

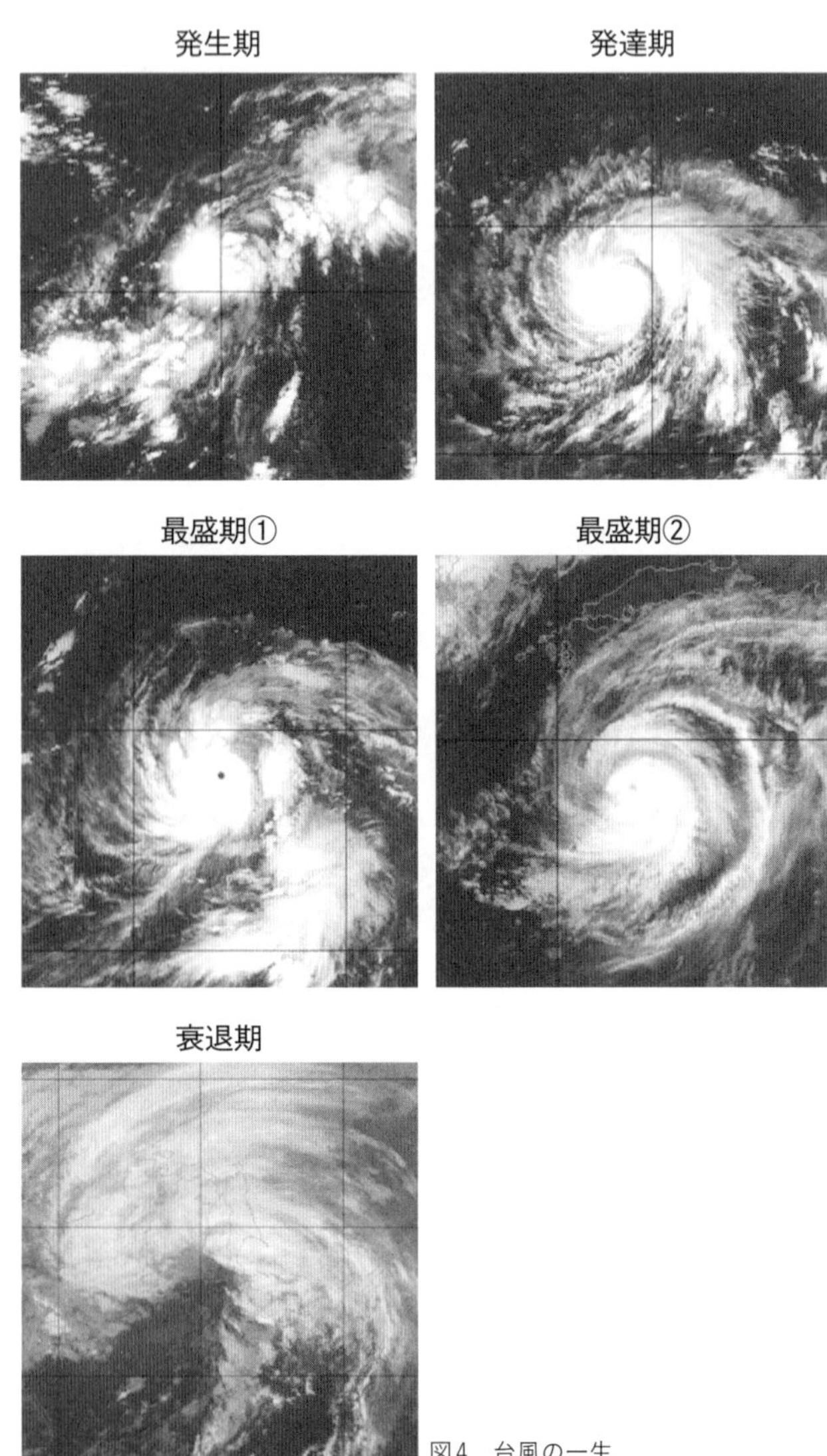

図4　台風の一生

なるため、だんだんと温帯低気圧の性質を持つようになってくる。第1章で解説したように、南北の気温の差は温帯低気圧を発達させるエネルギーとなる。そのため南北の気温の差は、どこでも暖かく気温がほぼ均一な熱帯育ちの台風の人格を、温帯低気圧の人格に変えてしまう。そして日本に上陸すると、海からの水蒸気の供給が途絶えるため、もはや台風としては生きていけなくなって、最後は温帯低気圧となる。

台風が温帯低気圧になっても決して油断してはいけない!!

ここで注意しなければいけないことは、あくまで台風としては生きていけなくなっただけであって、温帯低気圧として再発達することがしばしば起きる。怖いのは、元台風だけあって、熱帯から持ってきた暖かく湿った空気が、普通の温帯低気圧より大雨を降らせることである。〝腐っても鯛〟ならぬ、〝腐ってもタイ（台風）〟と気象関係者の間ではダジャレになっている。

そして、もう一つ注意しなければならないのは、台風が次第に温帯低気圧に変わっていく時に、強風が吹く範囲が広がるということである。台風の場合は、強風が吹く範囲が比較的狭いので、台風の接近とともに急激に風が強まることが多い。これは台風に対して必ず記憶しておくべき注意点である。逆に温帯低気圧は、強風が吹く範囲が広いため、台風が温帯低気圧に変わる時には、台風では何ともなかった場所まで強風が吹くことが注意点になる。

気象庁などの台風情報だけを見ていると、温帯低気圧になった途端に進路予報をやめるため、まるで台風が消滅したかのように見える。しかし、事情は全く違う。台風は消滅したのではなく、〝温帯低気圧として生まれ変わった〟のである。生まれ変わった台風に注意してほしい。

台風がよく発生する時期と台風の進路

あまり知られていないことであるが、実は台風は1年を通じて発生している（図5）。北半球の真冬にあたる1月や2月でも台風が発生する年はある。ちなみに1951年以降の気象庁の統計史上、最も早い台風の発生日は1月1日であり、最も遅い台風の発生日は12月30日であるが、年間を通じて台風が発生しているのでこの記録はあまり意味がない。

それでもやはり、台風が多く発生して日本付近に接近してくるのは7月から10月である。この期間がいわゆる台風シーズンであり、台風に対して最も警戒が必要な期間である。そして、6月あたりから日本に上陸する台風が出てきて、上陸台風が最も多くなるのは8月と9月である（図6）。1934年の室戸台風、1959年の伊勢湾台風など、過去に大きな被害をもたらした台風は、9月の台風が多い。しかし、近年の傾向として気候変動の影響からか、2019年の台風19号のように10月の台風でも日本に上陸して甚大な災害を与える傾向が出てきているように感じられる。

それでは、次に実際に起きた過去の台風による遭難事例について見てみよう。

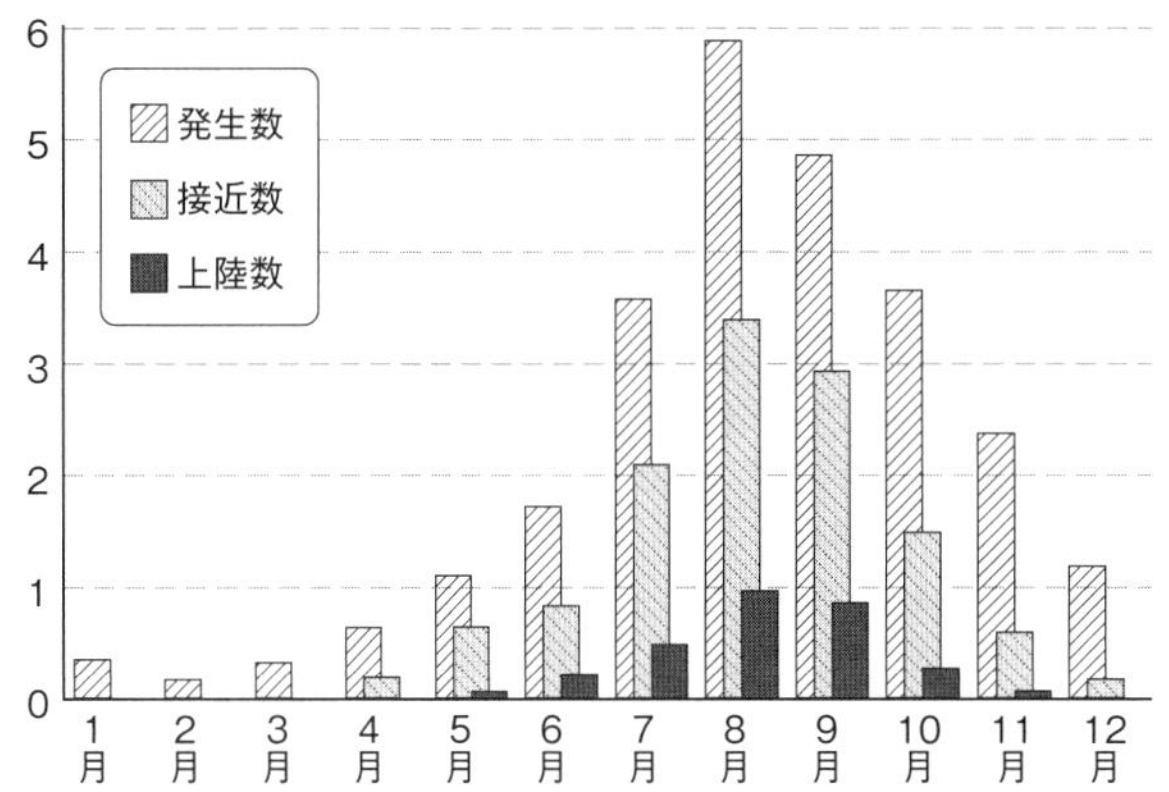

図5　月別の台風発生・接近・上陸数の平年値（1981～2010年の30年平均）

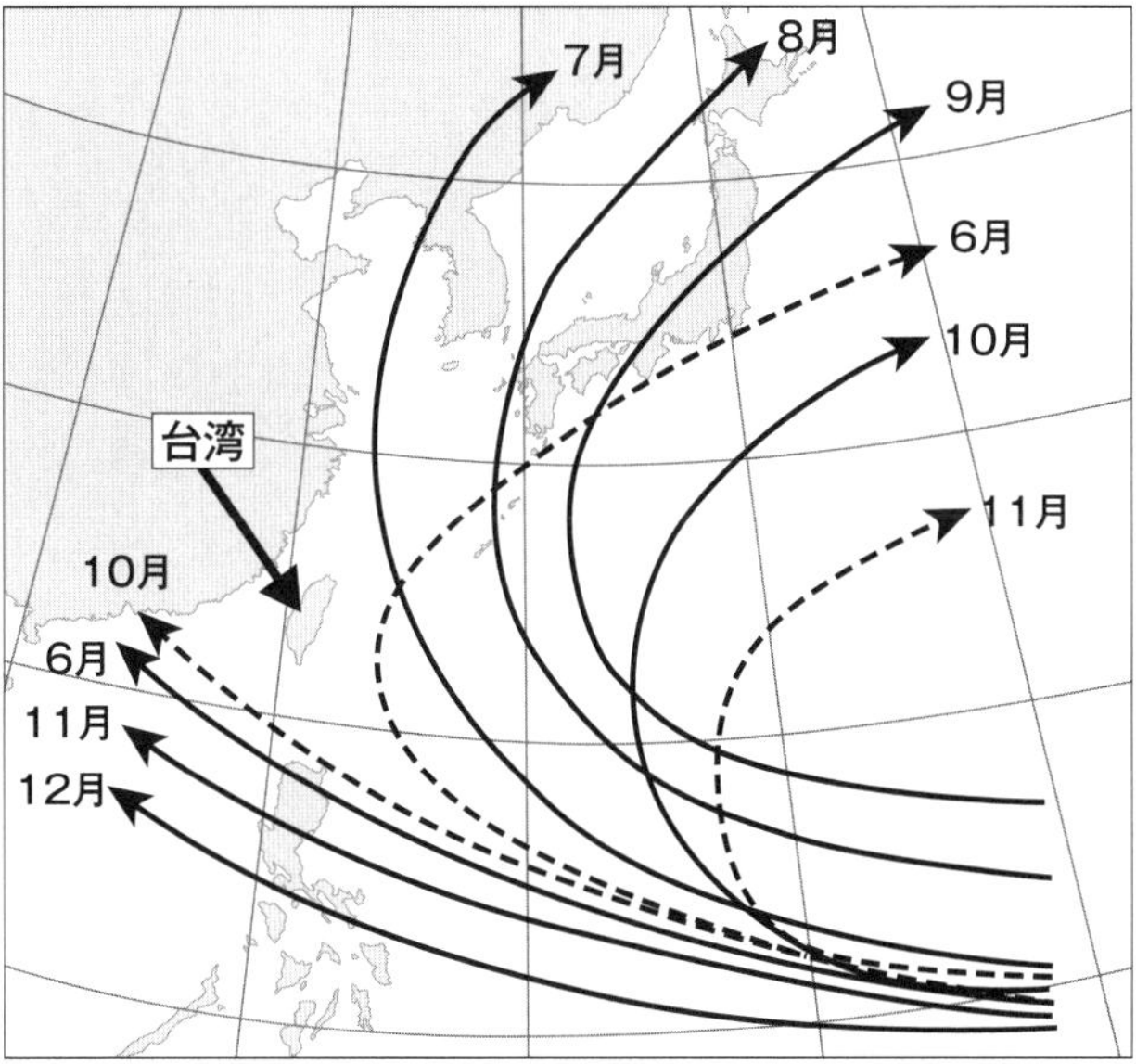

図6　月別の台風の主な経路（点線はそれに準ずる経路）

2　事例①　２００２年７月のトムラウシ山遭難事故

一つ前のトムラウシ山遭難事故の概要

トムラウシ山での遭難事故といえば前章で解説した２００９年７月の遭難事故が有名であるが、実は２００２年７月にも愛知県の女性１名と福岡県の女性１名が低体温症で亡くなるという遭難事故が起きている。それも、北海道に再上陸した台風６号による悪天が原因であった。本州から北海道へ登山に行く人にとって、考えもしなかった遠隔地から台風が北海道へすっ飛んできた。台風が瞬間的に飛ぶようなことは実際には決して起きないが、速度を上げて北海道を襲ってくるため、まさに台風が〝飛んできた〟ように感じられるであろう。この事故については羽根田治著『ドキュメント 気象遭難』（ヤマケイ文庫）に詳しくまとめられているので一読をお勧めする

２００２年７月のトムラウシ山での遭難事故の概要は以下の通りである。遭難事故を起こしたのは、愛知県の４名のパーティーと福岡県の８名のパーティーである。愛知県のパーティーは９日に旭岳温泉を出発して11日にトムラウシ温泉に下山、福岡県のパーティーは11日にトムラウシ温泉を出発して13日に旭岳温泉に下山するという計画であった。

2パーティーに共通するのは、小屋泊まりが前提だったためテントを持っていなかったことである。さらに福岡県のパーティーは、ガイドが引率したにもかかわらず緊急用のツェルトを持って行かなかった。そのため、時間はかかっても小屋まで行かなければいけないという計画であった。

10日は、愛知県のパーティーはヒサゴ沼避難小屋に宿泊、福岡県のパーティーはトムラウシ温泉に宿泊していた（位置関係は第5章の図9参照）。10日夜には、台風6号は関東地方に接近していた（図7）。11日早朝の時点で、愛知県のパーティーは〝台風接近は翌日〟と判断し、北沼からトムラウシ山を迂回し南沼キャンプ場からトムラウシ温泉に下山する予定で出発した。しかし道を誤ってトムラウシ山頂上に向かってしまった。一方、福岡県のパーティーは〝台風は北海道に近づくまでに弱まる〟とガイドが誤って判断したため、風雨が強い中をトムラウシ山に向かったという。

実際には台風6号は勢力を維持したまま、速度を上げながら北上し、11日の正午には岩手県沖を通過した。当然のことながら、台風6号の急速な接近とともにトムラウシ山付近は暴風雨となっていった。

愛知県のパーティーは10時半頃にトムラウシ山の頂上に着き、南沼キャンプ場に下る途中でリーダー格の女性が転倒して動けなくなった。おそらくすでに低体温症の症状が進行してしまっていたと思われる。1名が動けなくなった女性に付き添い、残りの2名はトムラウシ温泉に向かった。一方、福岡県のパーティーは15時頃にトムラウシ山頂上に到着したが、北沼への下りで女性1名が低

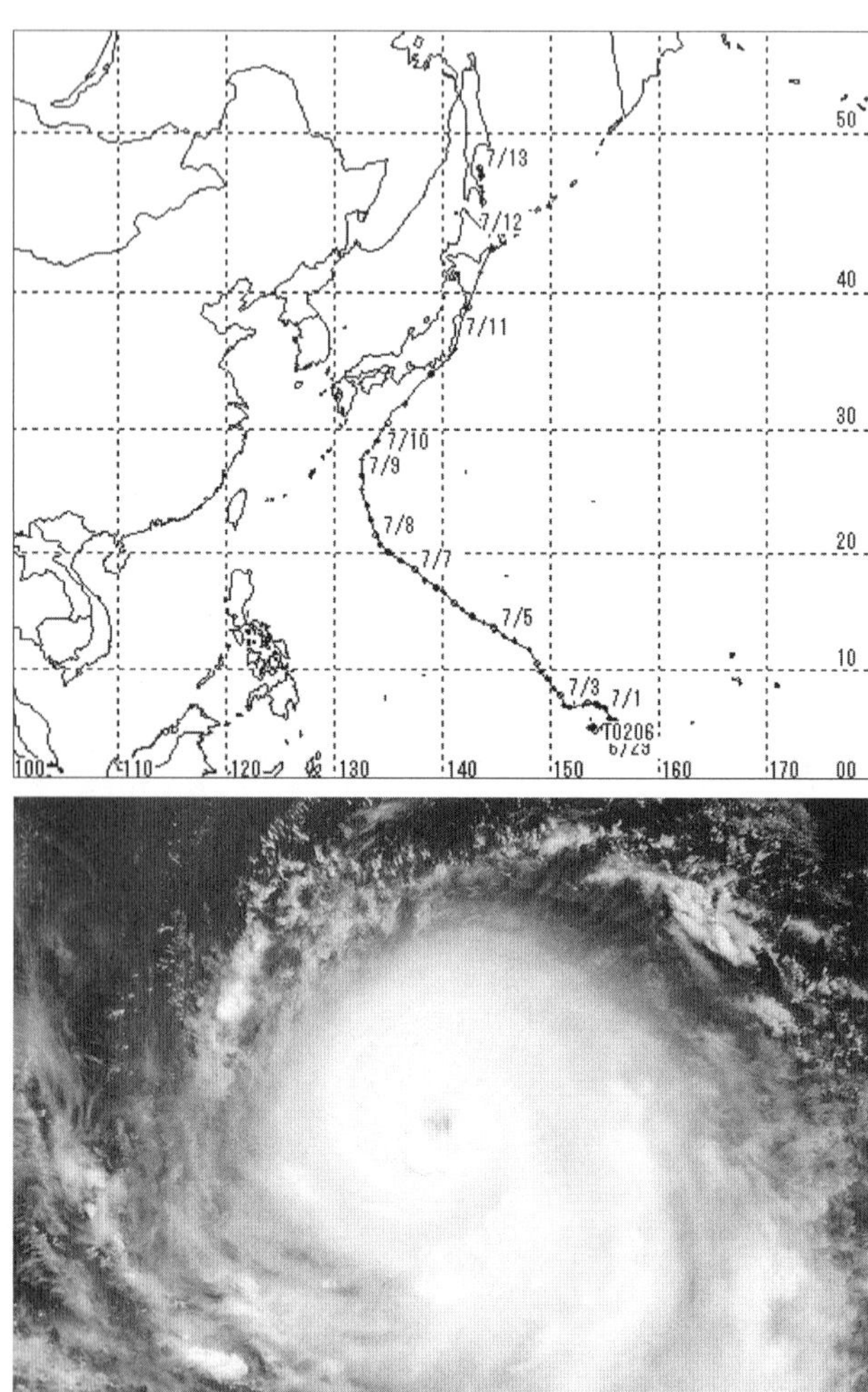

図7　トムラウシ山遭難事故をもたらした台風6号。上は台風の経路、下は気象衛星画像。館山に上陸後は速度を上げて、短時間で釧路に再上陸した

体温症のため行動不能となった。このような暴風雨にもかかわらず、トムラウシ山の頂上付近にはこの2パーティーのほかに数十人の登山者がいたようである。

台風6号が接近する中で登山を強行した結果、愛知県のパーティーの女性1名と、福岡県のパーティーの女性1名が低体温症のため帰らぬ人となってしまった。

北海道を襲う夏の台風をなめてはいけない!!

前章で筆者自身のエピソードとして紹介した利尻山とトムラウシ山の山行で、北海道に上陸した台風とのニアミスを体験したように、北海道に台風が上陸したり接近したりすることは、数年に1度は起きている。このように、北海道を襲う台風は本州から来た登山者にとって盲点の一つとなる。

では、当時の気象状況を地上天気図（図8）で振り返ってみよう。

7月10日21時に伊豆半島に接近した台風6号は、11日0時過ぎに千葉県館山市付近に上陸した。そして、勢力を維持したまま速度を上げて北上して、11日9時にはあっという間に三陸沖に進み、そして11日21時頃に釧路(くしろ)市付近に上陸した。上陸後は温帯低気圧に変わったが、勢力が強いオホーツク海高気圧に行く手を阻まれて、移動速度が極端に遅くなったため、悪天が長く続いてしまった。

トムラウシ山に近い帯広の観測データでは、11日は明け方から断続的に雨が降り、午後は夕方にかけてさらに雨が強まって、21時頃まで雨が降り続いていた。札幌や稚内(わっかない)の高層観測データから推定すると、トムラウシ山付近の9時の気温は約10度Cで、風速15メートルの強風が吹いていた。風速1メートルあたり体感温度は1度C低下するため、事故当時の体感温度はマイナス5度Cまで下がっていたと思われる。そして、台風による暴風雨によって、雨水は容赦なくレインウェアの内側まで染み込むため、さらに体感温度は下がっていたであろう。自然の猛威の前には人間は無力である。北海道を襲う台風を決してあなどってはいけない。

どうすれば2002年7月のトムラウシ山遭難事故を防ぐことができたのか

2002年の台風6号は、本州に停滞していた梅雨前線の影響もあって、中部地方から東北地方で大雨を降らせて、死者6名、行方不明者1名、住家全壊27棟、半壊55棟などの大きな災害をもたらした台風であった。

その台風6号に対して、愛知県のパーティーは〝台風接近は翌日〟、福岡県のパーティーのガイドは〝台風は北海道に近づくまでに弱まる〟と思い込んでしまった。しかし、現在のスーパーコンピュータを使った最先端の予報技術をもってしても、台風の進路予報をピンポイントで出すことは難しい。吹きさらしの稜線を歩く登山では、思い込みは命取りとなるので、台風予報の限界を知った上で安全サイドの判断をしてほしい。

実は10日夕方の時点の予想天気図では、台風が北海道に上陸するのは12日朝であった。しかし、

2002年7月10日21時

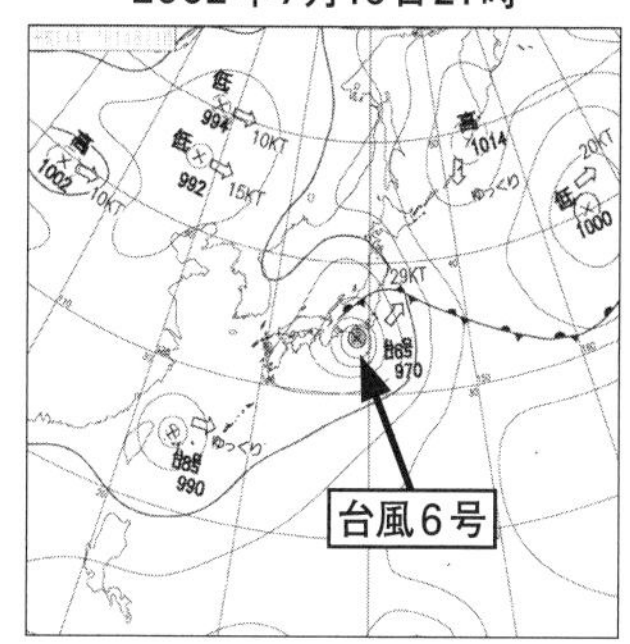

2002年7月11日9時

2002年7月11日21時

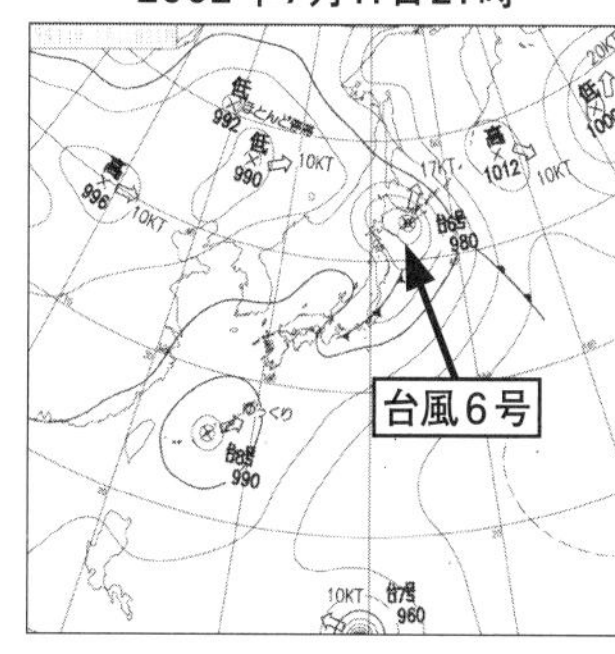

図8　2002年7月のトムラウシ山遭難事故発生時の地上天気図

11日早朝に発表された予想天気図（図9）では、台風は速度を速めて11日夜に北海道に上陸する予想に変わっている。現在のようにスマートフォンがなくても、ラジオを持っていって11日朝の気象情報をしっかりと聞くべきであった。もしそうしていれば台風の速度が速まったことが分かって、一刻も早く下山するという判断ができたのではないかと大変残念に思う。

そして愛知県のパーティーは、2009年のトムラウシ山遭難事故と同様に、トムラウシ温泉へ下山するのではなく、化雲岳

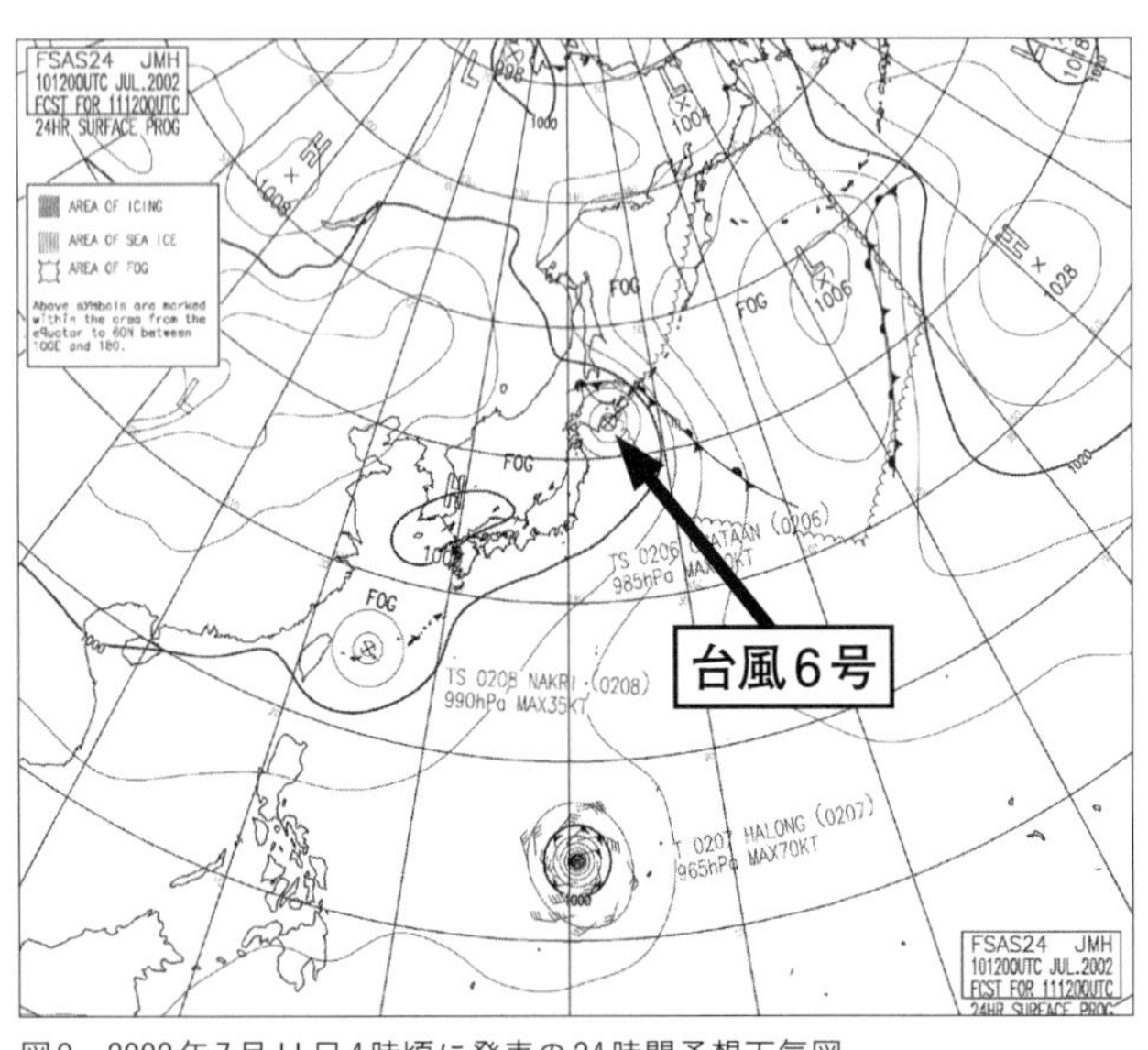

図9　2002年7月11日4時頃に発表の24時間予想天気図

経由で天人峡にエスケープしてほしかった。トムラウシ温泉への下山は、悪天時には吹きさらしの状態の時間が長くなってしまう。福岡県のパーティーは、トムラウシ温泉に停滞して11日に台風が通過するのを待つのがよかった。そして、予備日を設けていなくて日程に限りがあるならば、旭岳への縦走ではなくトムラウシ山の往復に山行計画を変更することが最善の選択肢であったと思われる。

　これは結果論だという批判は、甘んじて受け止めよう。しかし、人の命は何よりも重い。筆者の尊敬する冒険家の植村直己（なおみ）さんは、〝冒険とは生きて帰ること〟と常々仰っていて、高校生時代に筆者の高校の学園祭に登壇した植村直己さんご本人からこの言葉を聞いた。この言葉は40年以上経った今も鮮明に記憶に残っている。その植村直己さんも、1984年に厳冬期のアラスカのデナリ（6190メートル、昔はマッキンリーと呼ばれていた）に世界で初めて厳冬期単独登頂した後に消息を絶って、帰らぬ人となった。

ましてや我々一般人が行う登山は冒険ではない。帰りを待っているかけがえのない家族や友達のためにも、絶対に命を落とすことがあってはならない。

3　事例②　2018年7月末の富士山での遭難事故

富士山での遭難事故の概要

2018年7月末に富士山（3776メートル）で起きた遭難事故の原因は、異常な進路を取った台風12号（図10）によるものであった。遭難事故の概要は以下の通りである。

静岡県から業務委託を受けて、7月27日未明から富士山の頂上付近で登山客の誘導やマナー啓発をしていた警備会社の男性2名が、翌28日10時に勤務を終えた。13時から14時に下山する予定であったが、台風12号が接近する予報であるため、予定を早めて11時45分頃に下山を開始した。

しかし、天気は急激に悪化し、13時40分頃に御殿場（ごてんば）口の6合目（標高約2950メートル）にいた

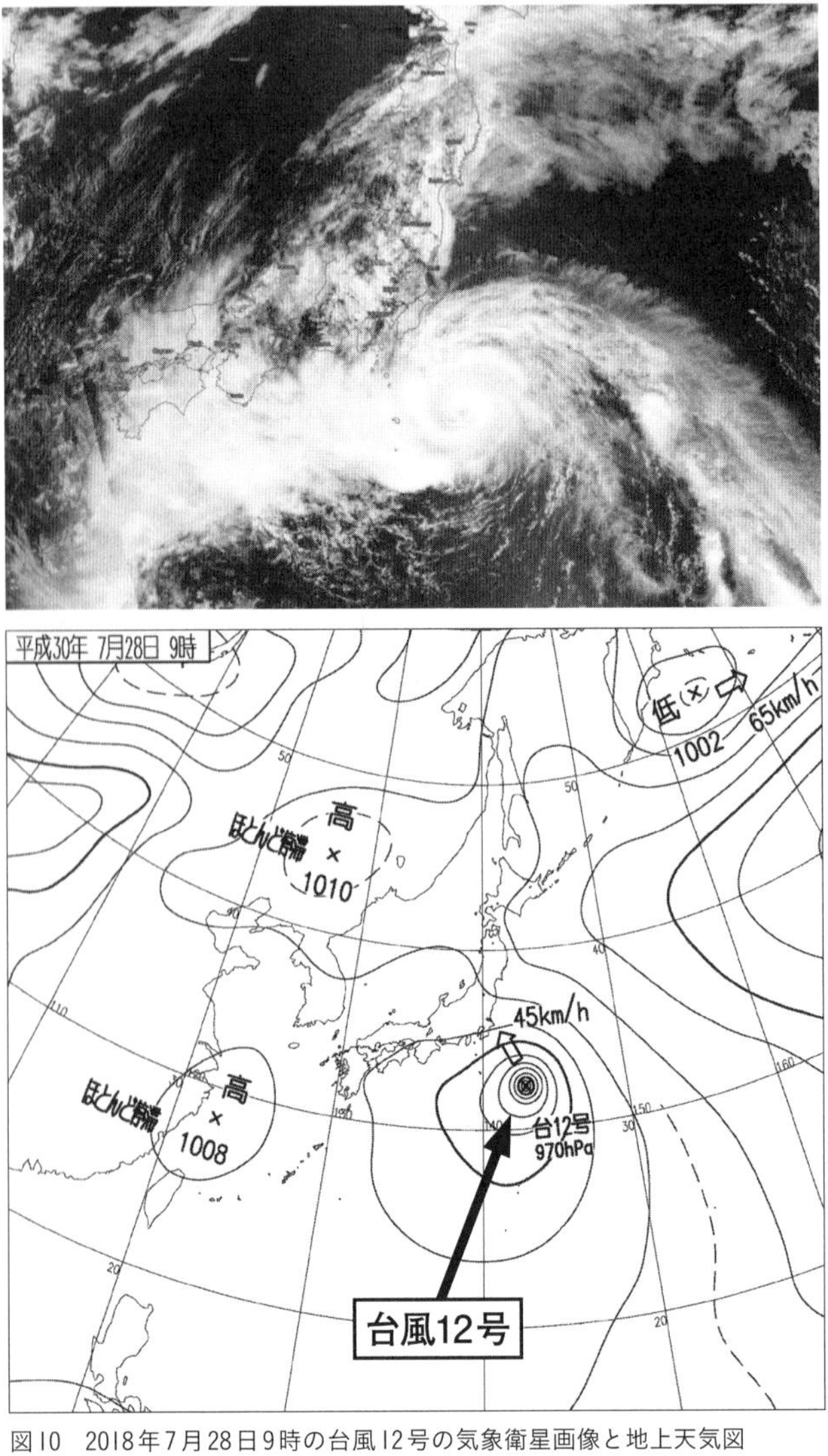

図10　2018年7月28日9時の台風12号の気象衛星画像と地上天気図

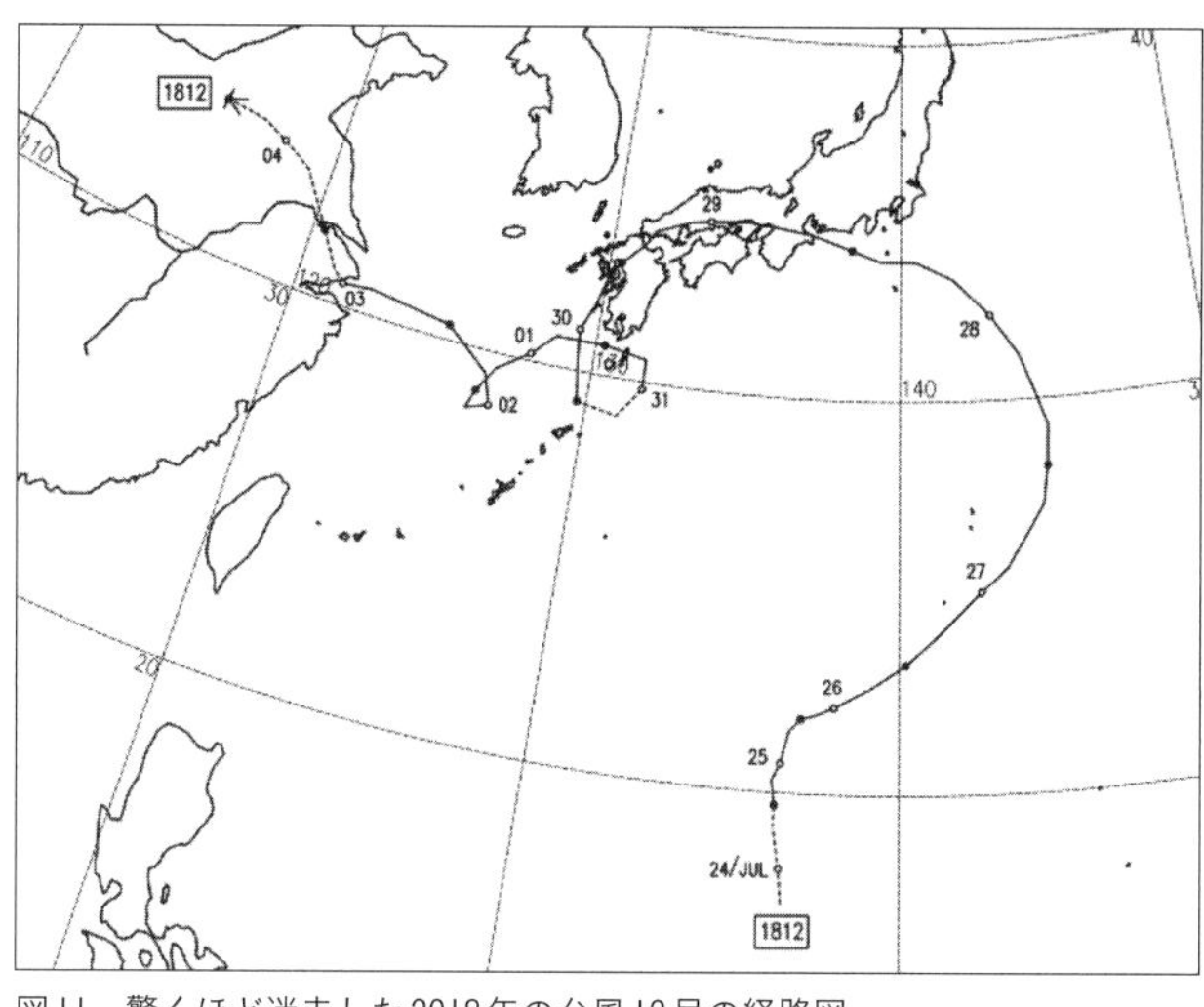

図11　驚くほど迷走した2018年の台風12号の経路図

２人から「強風で歩けなくなった」との１１９番通報があった。２人は県警山岳救助隊と合流して５合目まで下山したが、22時20分頃に２名のうち71歳のＮさんの容体が急変、搬送先の病院で死亡が確認された。死因は冷たい雨と強風にさらされたことによる低体温症であった。

経路図で見る台風12号の異常な進路

図11に示すように、２０１８年の台風12号は日本の南東海上で進路を西向きに変えて三重県に上陸し、そのまま西日本を縦断した。そして、九州の南で反時計回りに小さく１回転、沖縄の北でもう一度反時計回りに１回転した後、上海沖で上陸寸前に温帯低気圧に変わった。

夏の台風は迷走することがよくあるが、ここまでサーカスのようなアクロバティックな動きをした台風は珍しい。図6で示した通常の台風の進路と比較すると、日本付近でいったん東に進んだ台風が西向きに進路を変えること自体が異常であることが分かる。

日本付近の上空では、「偏西風」と呼ばれる強い西風が吹いている。これが、赤道付近で発生した台風が日本付近に接近してくると、東向きに進路を変える理由である。要するに、台風は西風に流されて、東に向かって漂っていくのである。台風自身も北西方向に進む力（ベータドリフトと呼ばれている）があるため、通常の日本付近に接近する台風は、北西に進んだ後で、進む方向を北東に変えて日本付近を襲ってくる。その一方で、台湾付近まで北上できない台風は、赤道付近で吹いている東風（貿易風と呼ばれている）によって西に流されて、中国やベトナムに向かう。

台風が異常な進路を取った理由——上空に台風を振り回した犯人がいた!!

では、どうして台風がこのようなアクロバティックとまで表現できるような異常な進路を取ったのであろうか。図10の地上天気図だけ見ていても、その理由は分からない。理由を知るためには、上空の様子を知る必要がある。

図12は、日本付近の上空約1万メートル付近の渦の強さ（専門用語で「渦位（うずい）」と呼ぶ）を解析した図となる。渦が強い部分が黒っぽい色になっている。そして驚くべきことに、台風12号より遥かに巨大な強い渦が紀伊半島の南に存在していることが分かる。この上空の強い渦こそが台風12号を

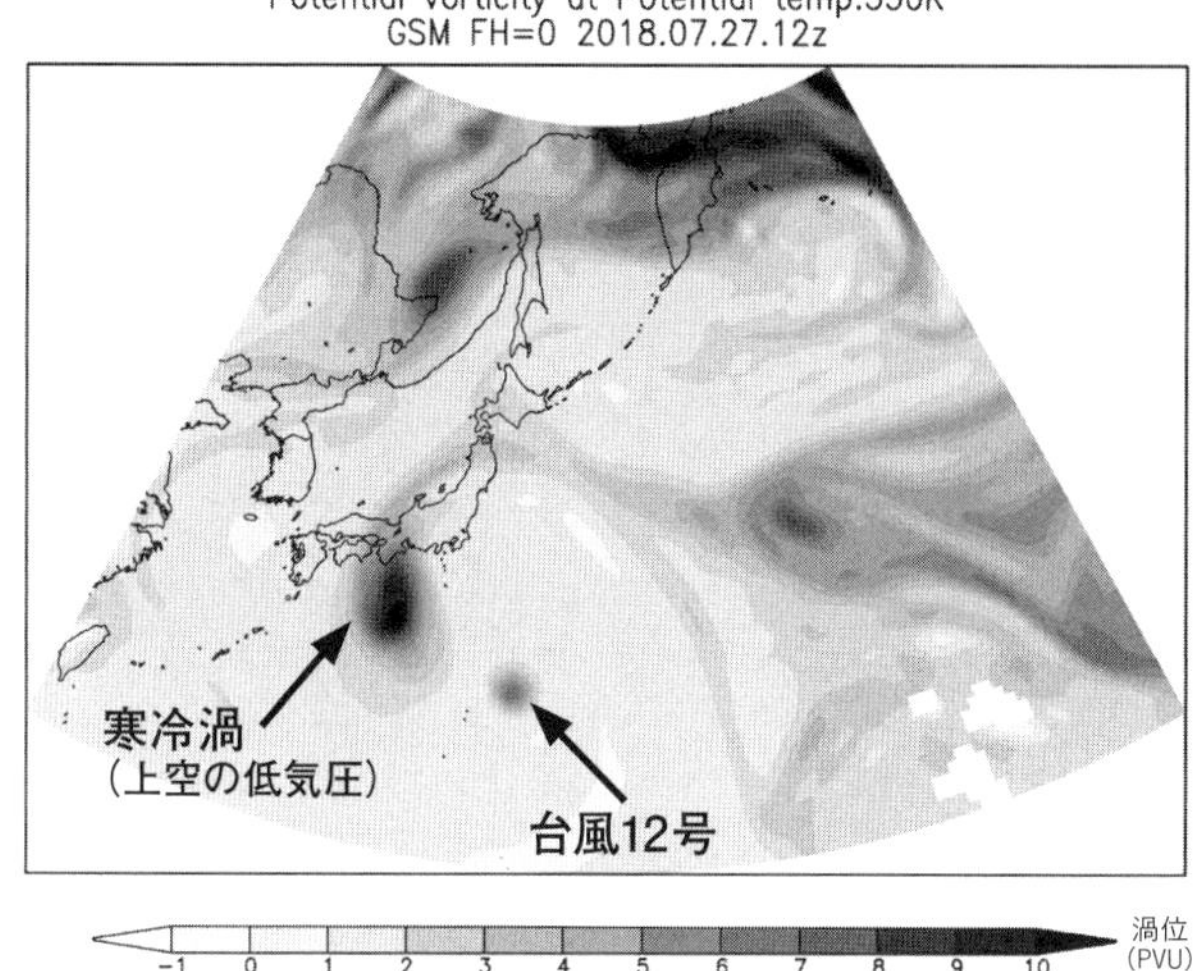

図12　2018年の台風12号を振り回した寒冷渦

ハンマー投げのように振り回した犯人である。しかも、この上空の強い渦は、地上での天気図にはその痕跡すら見せていない。

地上にはその姿を見せない、お化けのような巨大な渦はいったい何者であろうか。気象の世界では、そのような上空の渦を「寒冷渦」と呼んでいる。熱帯育ちの台風とは違って、北極圏からやって来た冷たい空気の塊であるため、「寒冷渦」という名前が付いている。コンパクトな構造になっている台風よりもサイズは一回りも二回りも大きく、広い範囲に影響を及ぼす。ちなみに、夏に日本の上空に寒冷渦がやって来ると、その上空寒気によって不安定な天気になって、第3章で解説したような落雷事故を起こすことがよくある。

このように、2018年7月末の富士山で

の遭難事故の直接の実行犯は台風12号だったが、実は、真犯人は台風12号を陰で操った「寒冷渦」であった。

現地ではどのような気象状況になったのか

遭難事故当時の気象状況を再現する前に、台風の「危険半円」についてぜひとも覚えておいてほしい。図13に示すように、台風が進む方向に対して右側の半円は、反対側の「可航半円」よりも強い風が吹くため「危険半円」と呼ばれている。なぜであろうか。走りながらボールを投げるとスピードが付いて、より遠くにボールが届くことは誰もが体験しているであろう。危険半円では、台風が走りながら空気のボールを投げているようなものである。空気のボールは、暴風となって危険半円にいる人間に容赦なく襲いかかる。

通常の日本付近に接近する台風のように北上してくる台風なら、だいたい台風の東側が危険半円、西側が可航半円となる。しかし、この台風12号のように日本付近で西に進む台風では、台風の北側が危険半円となる。8月28日の富士山は、まさにその危険半円に入ってしまった。これも通常とは違った進路を取った台風のせいである。

遭難事故当日の富士山付近の風を解析した結果を図14に示す。9時までは、標高3000メートル付近では風速13メートルの強い風が吹いていたが、台風の強風域の基準となる風速15メートルは

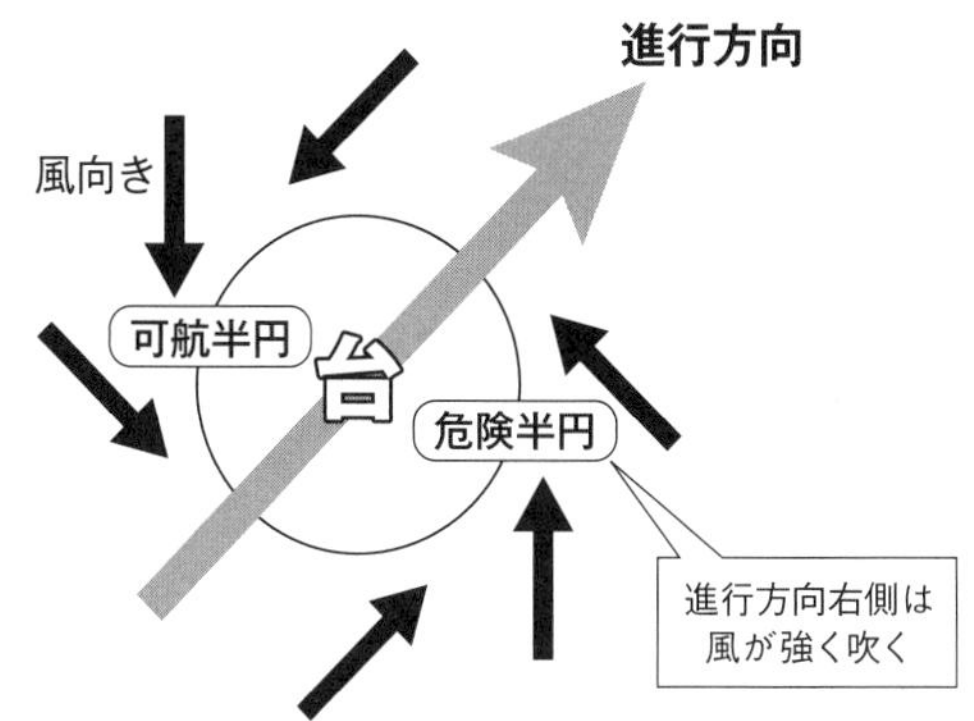

図13　台風の風の特徴（危険半円と可航半円）

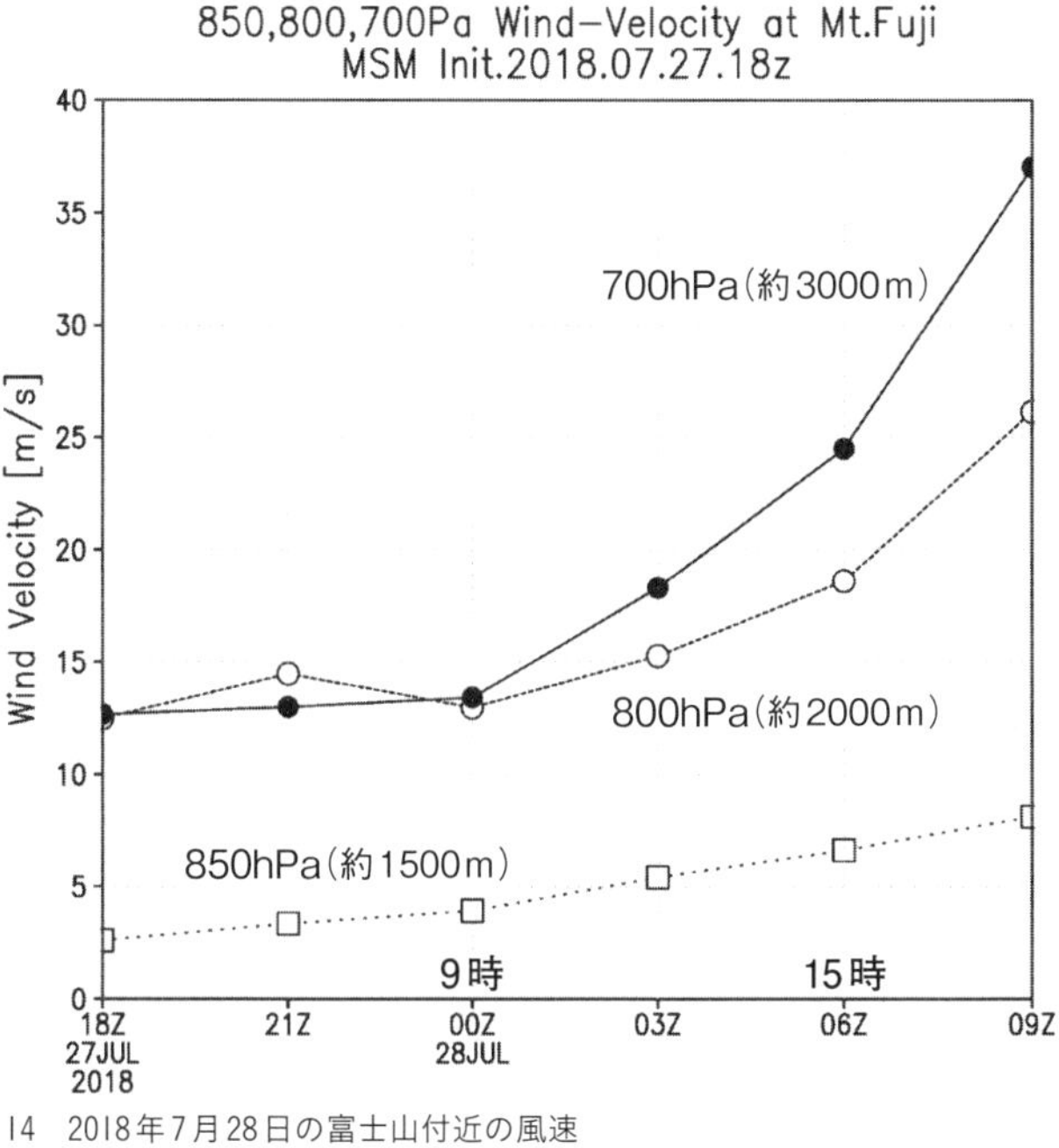

図14　2018年7月28日の富士山付近の風速

超えていなかった。しかし、その後は風が加速度的に強くなって、10時頃に15メートルになった後は、15時過ぎに暴風域の基準の25メートルを超えて、暴風雨となっている。

暴風雨で動けなくなって救助を要請した13時40分頃の風速は22メートル、富士山頂の無人観測所の気温は6度Cであった。風速1メートルあたり体感温度は1度C下がるので、富士山頂での体感温度は、6度C引く22度C＝マイナス16度Cであり、夏山としては非常に厳しい条件であった。この厳しい条件に長時間にわたってさらされたことが遭難の直接原因である。

なお、2004年8月までは富士山頂では測候所による有人観測が行われていて風速のデータが存在していたが、それ以降は無人観測となって、気温、湿度、気圧の自動測定が実施されているだけである。

富士山測候所での厳冬期における有人観測の歴史は、新田次郎の小説『芙蓉の人』に登場する野中至夫妻が、まさに命がけで1895年（明治28年）に切り開いた。省人化という時代の流れとはいえ、富士山測候所での有人観測の歴史が断たれてしまったのは誠に残念なことである。

どうすれば富士山での遭難事故を防ぐことができたのか

この台風の進路は予想できなかったのであろうか。いや、決してそんなことはない。現在の予報技術は先に解説した「寒冷渦」などの影武者による影響も入れて、精度良く予報することが可能に

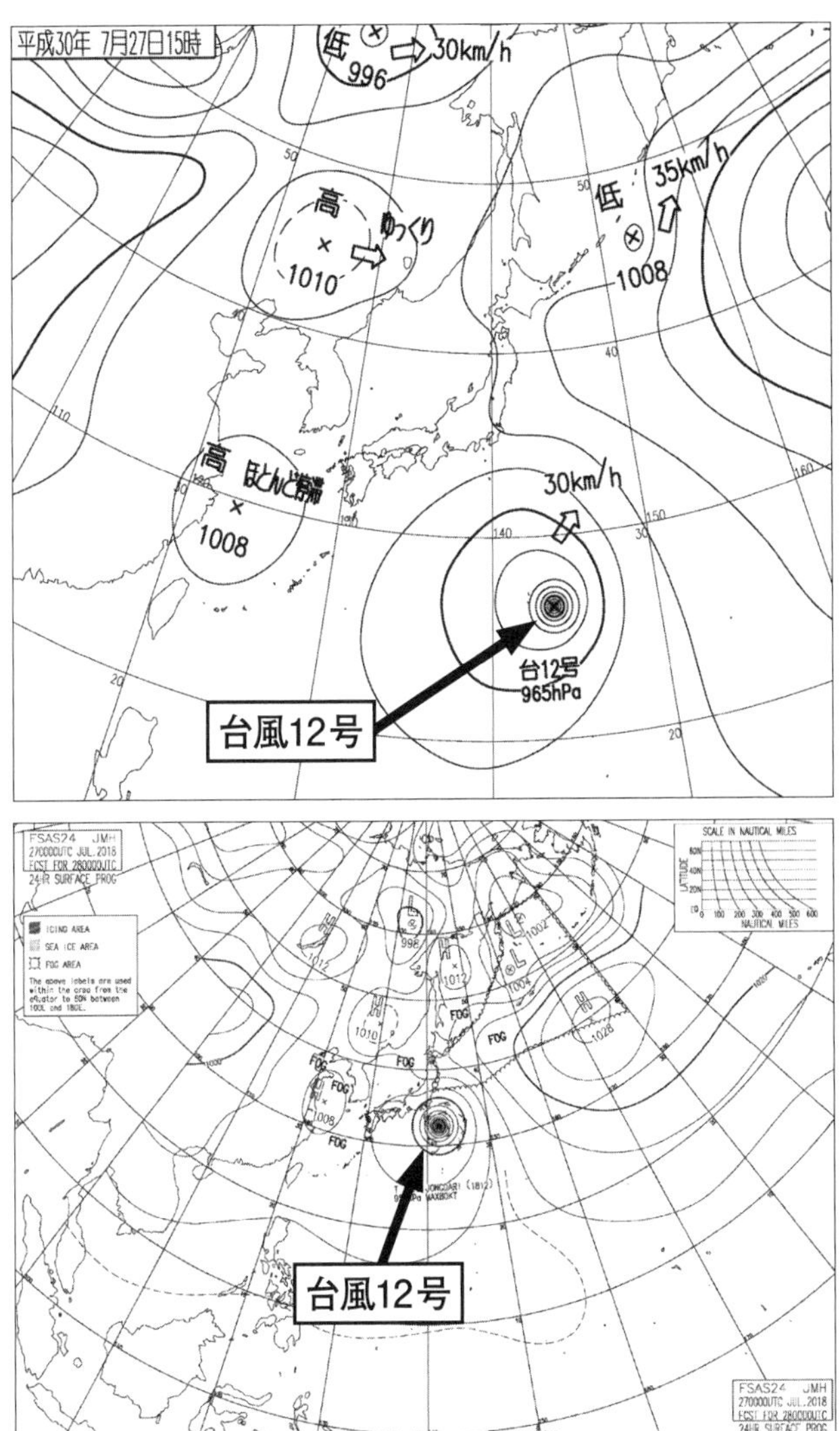

図15　2018年7月27日15時の実況天気図と28日9時の24時間予想天気図

なっている。遭難事故前日の7月27日の夕方に見ることができた15時の実況天気図と28日9時の予想天気図を図15に示す。

台風12号は、27日の15時には日本列島の南海上にあって、通常の台風と同じように北東に進んでいた。しかし、24時間予想天気図では28日の9時には関東地方にかなり接近してくる予想になっていることが分かる。遭難した2名は13時から14時の下山の予定を11時45分頃に早めていたので、間違いなくこの予報は知っていたであろう。

本章の冒頭で解説したように、台風は接近するにつれて急激に風雨が強くなる。台風のこの性質を知っているかいないかが、まさに生死を分ける。もし下山する選択肢を取るならば、10時に勤務が終了した後、休憩せずに一刻も早く「死地」を脱出する必要があった。御殿場ルートで富士山の頂上から標高約１４００メートルの5合目まで下山するコースタイムは4時間半である。標高が低くなるとともに風が弱まり、標高２０００メートルから下に降りるとかなり風が弱まっていたので、一刻も早く下山していれば遭難事故にはならなかった可能性が高い。

もしくは、大事を取って頂上付近の山小屋に停滞するという選択肢もあった。翌日の予定もあったであろうが、命は他の何事にも代えがたい大切なものだ。

4　将来の気候変動によって台風はどうなるのか

気候変動によって猛烈な勢力の台風が増える

今後の気候変動によって台風はどうなっていくのであろうか。まず焦点は、台風が強くなるのかどうかであろう。１９３４年の室戸台風、１９５９年の伊勢湾台風など、過去にも強い勢力を維持したまま上陸して、日本に大きな被害を与えた台風はあった。

最新の研究によると、気候変動によって日本の南で台風が発生する頻度は減るものの、猛烈な勢力の台風が発生する頻度は増えるという意外な研究結果が発表されている。図16に気象研究所と気象業務支援センターの研究による、２１００年頃の将来気候における台風の発生する頻度を予測した結果を示す。なお、この研究では最大風速が59メートル以上のものを猛烈な台風と定義している。気象庁による定義では、猛烈な台風は最大風速が54メートル以上である。

すべての台風の発生する頻度が減る理由は、温暖化することによって大気中の水蒸気は増えるが、気温が上昇することによって水蒸気が結露しにくくなり、その結果として雲となる雨粒ができにくくなるためである。しかし、いったん台風として育ってしまえば、気候変動によって温度が上昇した海水面から供給される大量の水蒸気によって、猛烈な台風にまで成長するということになる。現在以上に、日本付近に接近してくる台風に警戒しなければならなくなるであろう。

東京などの太平洋側に接近する台風が増加、そしてそのまま北海道を襲う

そして、同じく気象研究所と気象業務支援センターによる最新の研究によると、過去に比べて最近は東京などの太平洋側に接近する台風が増えているとの解析結果が出ている。その結果を簡略化して図17に示す。東京をはじめとする関東地方、東海地方から関西地方、宮城県や福島県などの東北地方南部に接近する台風が明らかに増えている。昔から台風の通り道となっている沖縄・奄美や九州では、接近する台風の数がほとんど変わらないのと対照的である。

そしてさらに問題なのは、2002年7月のトムラウシ山遭難事故のように、本州の太平洋側に接近または上陸した台風が、そのまま北海道を襲う頻度が増えることが予想されることである。北海道の山に登る人は、これまで以上に台風の動向に注意しなければならない。

2019年の台風19号のように広範囲で大雨をもたらす台風が増える可能性がある

広い範囲に大雨を降らせて甚大な被害を与えた2019年の台風19号は、研究者の間では100年に一度の大雨台風であったといわれている。なぜそのような稀な大雨になったのかについては、

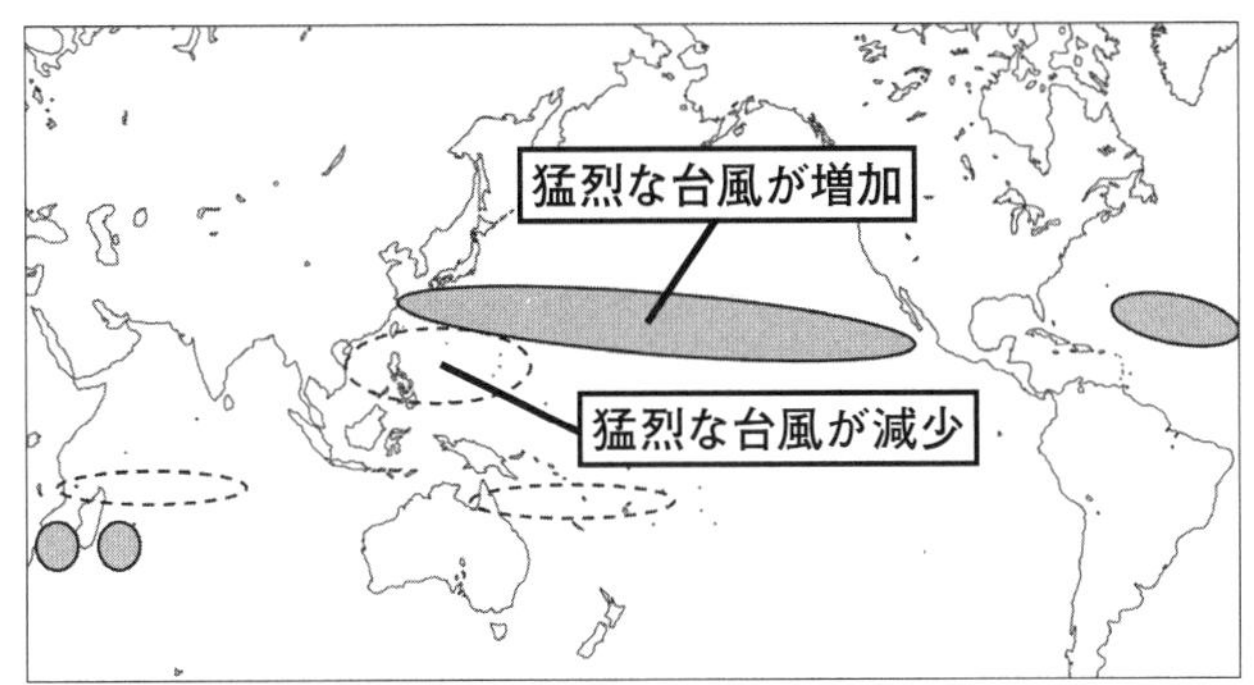

図16　将来の猛烈な台風の発生頻度のイメージ

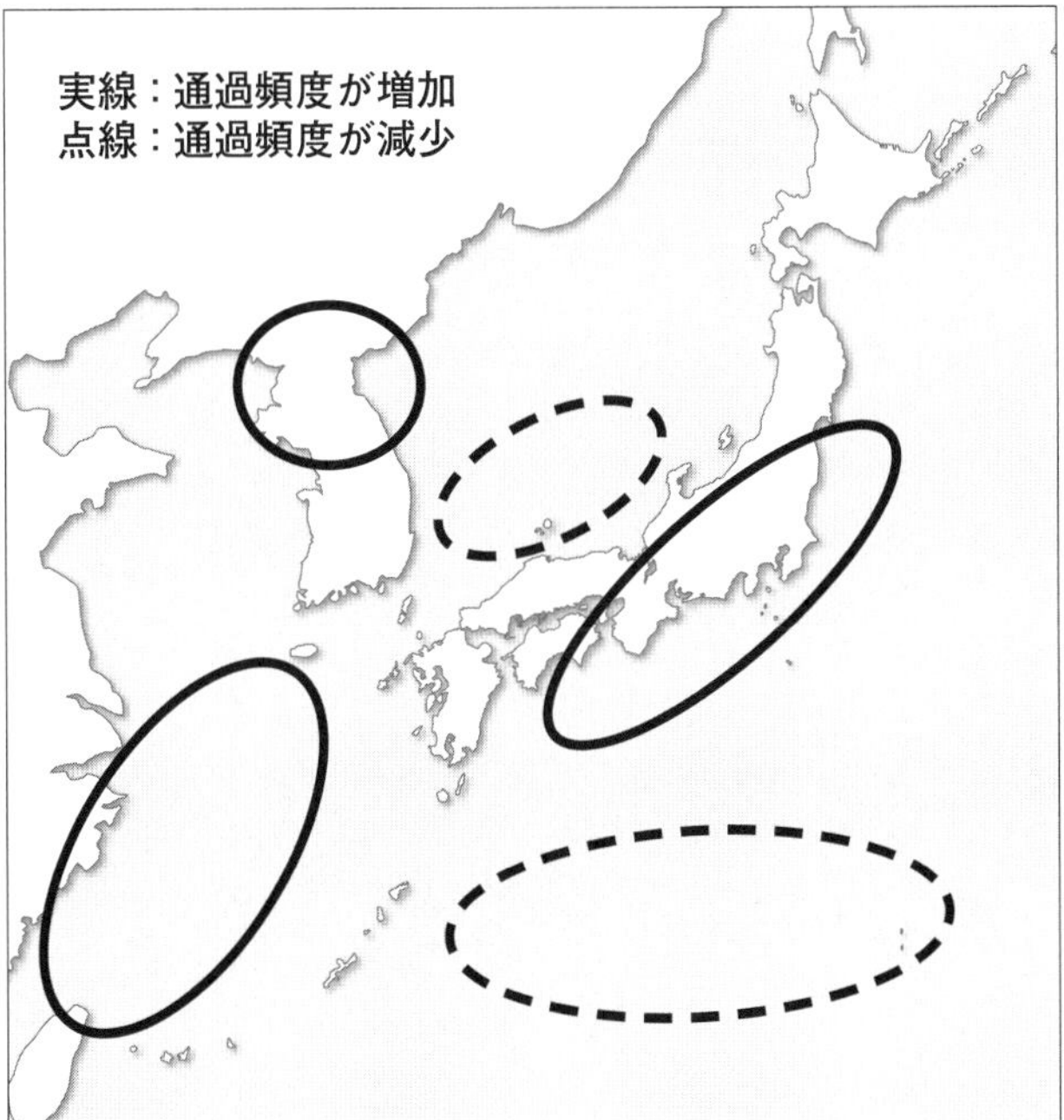

実線：通過頻度が増加
点線：通過頻度が減少

図17　将来の台風の進路のイメージ

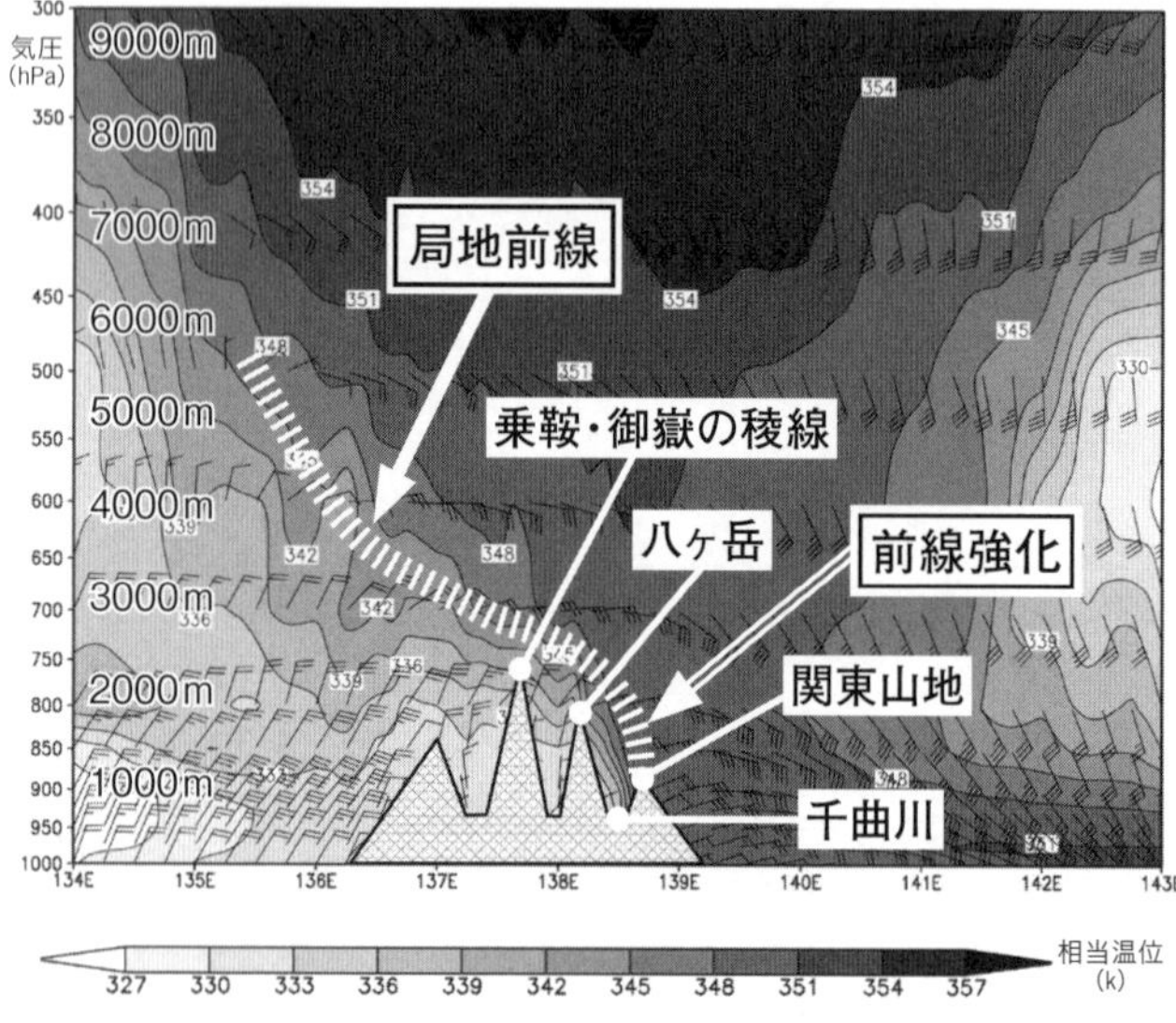

図18　2019年の台風19号の前線解析。北緯36.2度の相当温位と風（千曲川流域の大雨のピークの2019年10月12日15時）

将来の気候変動による影響も含めて筆者も研究中である。

筆者は長野県内を流れる千曲川の氾濫に焦点を当てて研究しているが、現時点で分かっていることをまとめたい。２０１９年の台風19号でかなりの大雨になった千曲川流域での前線を解析すると、日本百名山の一つである甲武信ヶ岳（２４７５メートル）などの関東山地付近から西側の上空に向かって、山岳地形による局地前線ができており、千曲川の上空では局地前線が非常にシャープになっていることが分かった（図18、口絵にカラーで掲載）。ちなみに、相当温位は暖かく湿った空気を表す数値であり、暖かく湿った空気ほど値が大きくなる。相当温位３４５K以上の暖かく湿った空気が入ることが豪雨発生リスクの目安となる。千曲川上空ではこの豪雨をもたらす非常に湿った空気が、局地前線の強化（相当温位の線の間隔が狭くなる）によって激しく押し上げられたことが豪雨の原因であるという仮説を立てて、前線強化のメカニズムを検証中である。

筆者は、この局地前線の強化が１００年に一度の大雨をもたらした要因ではないかと考えている。局地前線が強化される原因が気候変動と何らかの関係があるとしたら、今後も同様な甚大な被害が起きる可能性があると考えて、本業のかたわらで気象モデルを使った研究を日夜進めている。少しでも山岳遭難をなくしたいとの思いである。山岳地形が大きく影響している千曲川流域の大雨の研究は、山岳気象を理解するために非常に有意義であると考えている。

そして登山者は、山から降りれば日常生活に戻る。その日常生活においても、災害で命を落とすことがあってはならない。

第7章　中部山岳北部を襲う豪雪

1　日本海側の雪についてもっとよく知っておこう

日本ではどこでどれぐらいの雪が積もるのか

気象庁による最深積雪（その年の積雪の深さの最大値）の平年値の分布を図１に示す。２メートルを超える積雪は、北海道から山陰地方の日本海側の山岳エリアがメインで、東北地方では奥羽山脈、北陸地方では苗場山などの越後山脈、立山などの中部山岳北部、白山などの両白山地、山陰地方では伯耆大山や氷ノ山などの山岳エリアで特に多いことが分かる。日本海側の雪雲の一部が奥羽山脈を越えて、早池峰山などの太平洋側の山でも２メートル以上の積雪となっている。

なお、岩木山、鳥海山、大朝日岳の稜線は日本海に近い所にあるため、沿岸部でも積雪が多くな

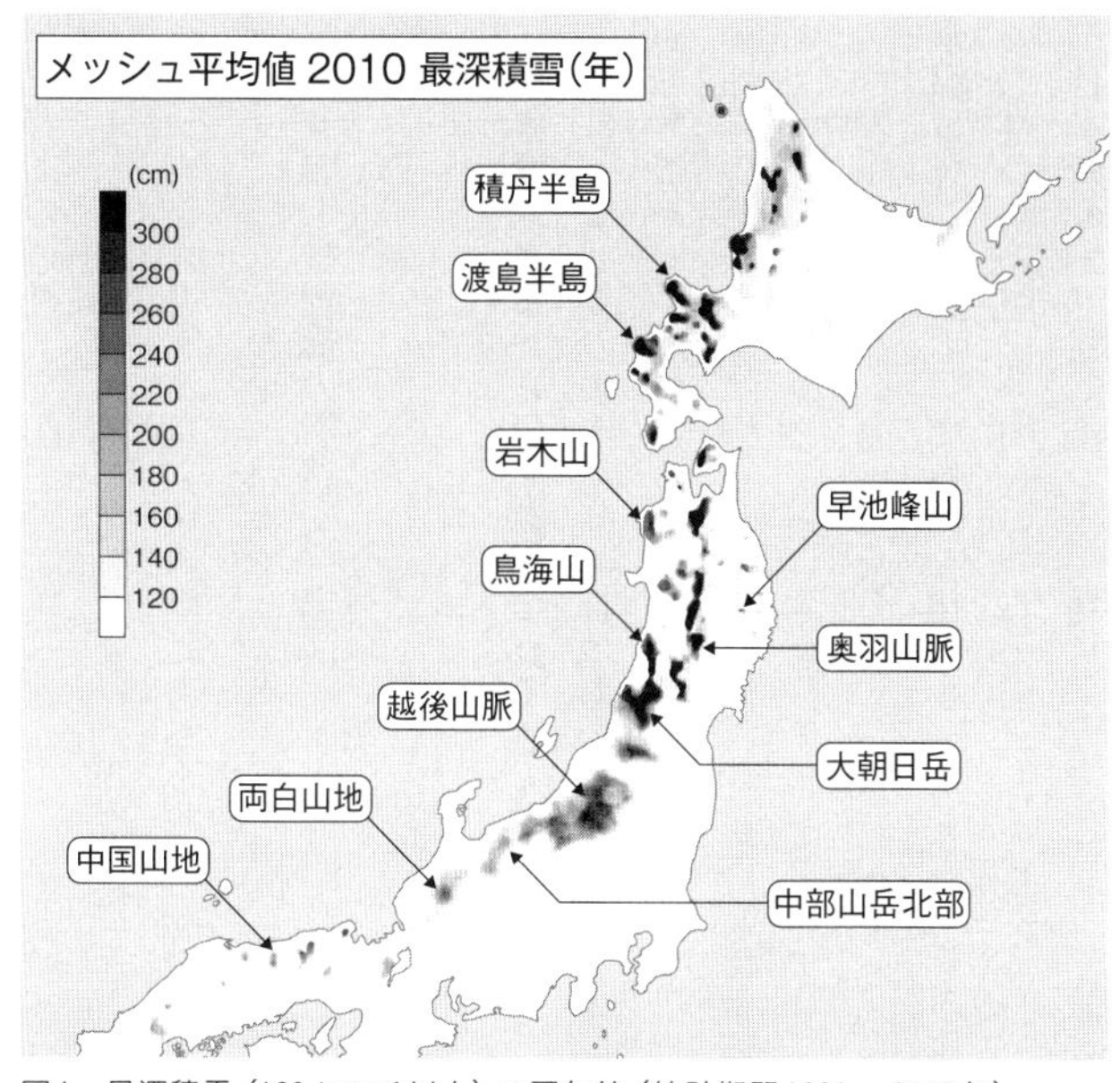

図１　最深積雪（120センチ以上）の平年値（統計期間1981～2010年）

っている。北海道の日本海側にある渡島半島や積丹半島で積雪がかなり多いのは、どちらの半島もほとんどが山であり平地が少ないためである。

このように日本海側の山岳エリアでは積雪が多い。気象庁によるランキングでは、２００１年３月31日まで測候所があった滋賀県の伊吹山（１３７７メートル）で１９２７年２月14日に観測された11メートル82センチ（世界記録）がダントツ、２位は現在も全国の気象庁観測地点で最も積雪が多いことで有名な青森県の酸ケ湯の５メートル66センチである。ただし、これらの記録はあくまで気象庁の観測地点でのランキングである。

ご存知の通り、立山黒部アルペンルートが開通する4月中旬の室堂平（むろどうだいら）のみくりが池付近でも6～8メートルの積雪が残っているが、「雪の大谷」ではさらに多い15～20メートルの雪の壁になっている。山岳エリアでは、山の陰になって風が弱い場所は「吹き溜まり」といって、吹きさらしの場所よりも多くの雪が積もる。「雪の大谷」も、そのような吹き溜まりになっている場所である。山岳エリアでは地形の影響で、場所によって雪の積もり方が全く違うことは雪山経験者ならよくご存知であろう。

日本海があるから日本海側でたくさん雪が降る

では、なぜこのように冬の日本海側で雪がたくさん降るのだろうか。その答えは〝日本海があるから〟である。冬になると極寒の地であるシベリアではキンキンに冷えた空気が溜まっている。その極寒の様子を示す例として、一般の住民が定住している場所において世界最低記録であるマイナス71・2度Cの気温を記録したロシアのオイミャコンが有名である。

この極寒の地からの冷たい空気が、北西の風に流されて日本海にやって来る（図2）。日本海の水温は意外と高く、真冬でも10度C以上ある。その真上に氷点下の冷たい空気がやって来ると、冬の温泉の露天風呂と同じく、日本海から大量の湯気（正確には水蒸気）が出る。そしてその水蒸気が日本海の上で雲になって成長し、雪雲となって日本海側の地方に雪を降らせる。

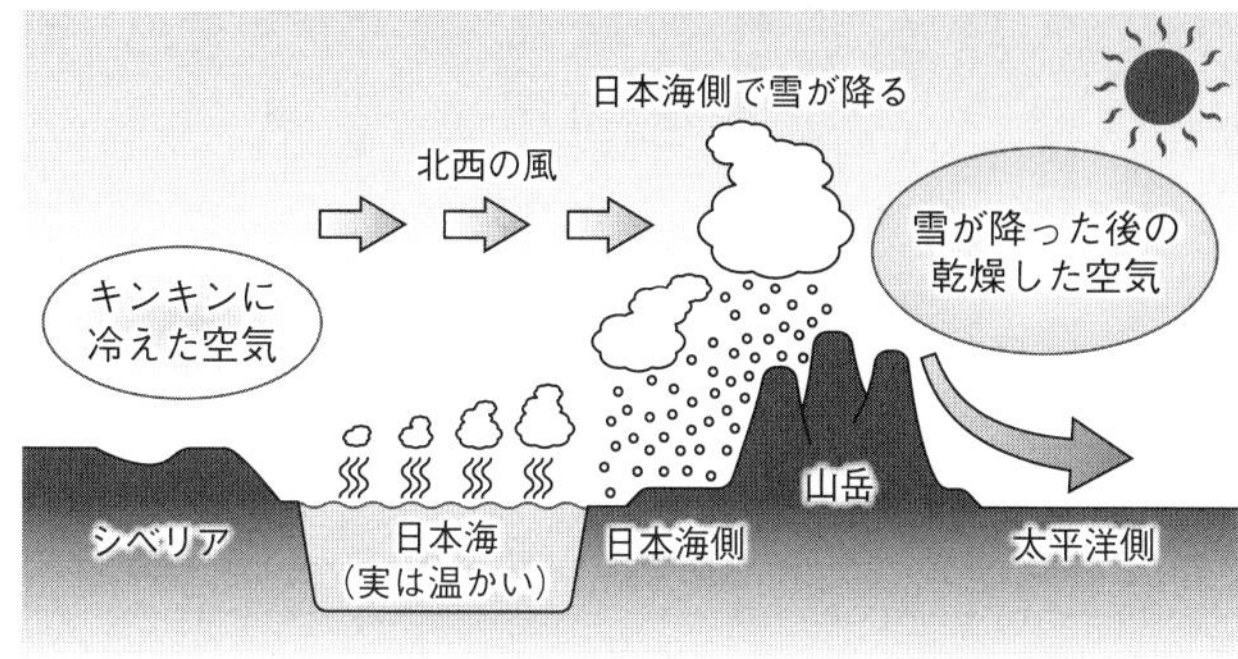

図2　冬に日本海側で雪が降るメカニズム。真冬でも日本海の水温は10度C以上と温かいため、大量の水蒸気が出て雪雲に成長する

雪雲が日本海側の山にぶつかると、雪雲は山の斜面を上昇していく。そして、夏山で昼頃に発生する谷風の上昇気流によって雲が湧くのと全く同じ理屈で、雪雲が山の斜面を上昇するとさらに成長する。これが立山や白山などの日本海側の山で大量の雪が降る理由である。

もし日本海がなく、日本列島が大陸と陸続きだったら、日本海側の地方の雪はかなり少なくなるであろう。実際に日本海をなくすことはできないが、日本海の効果は九州北部の福岡などであまり雪が降らないことを見れば明らかである。地図をご覧になれば分かるが、九州北部と朝鮮半島の間の距離は極めて近く、雪雲が日本海を進む距離はせいぜい２００キロメートルぐらいしかない。北陸地方から大陸までの距離がほぼ８００キロメートルあるのと大違いである。

この距離の差が示すように、九州北部にやって来る雪雲が日本海から受け取る水蒸気の量は格段に少ないため、雪雲が成長しない。

意外に思うかもしれないが、屋久島の宮之浦岳では福岡よりかなり多くの雪が積もる。屋久島では北西の風は東シナ海からからやって来て、この東シナ海が日本海と同じ役割（雪雲に水蒸気を供給する）を果たしているためである。

雪の降り方には「山雪型」と「里雪型」がある

日本海側の雪の降り方には、主に二つのパターンがある。一つは、日本の西にシベリア高気圧、東に低気圧がある「西高東低」の気圧配置において、日本付近の等圧線が南北方向に立っていて、等圧線の間隔が狭い「山雪型」（図3上）である。このパターンになると、北日本から西日本の日本海側の山岳エリアや、その周辺で非常に強い風が吹くと同時に大雪になる。昔から日本海側の山で暴風雪となって大荒れになる典型的なパターンである。

もう一つは、等圧線が山雪型ほど密集していなくて、等圧線が日本海で「く」の字に折れ曲がっている「里雪型」（図3下）である。等圧線が「く」の字になっている部分が、後で解説する豪雪をもたらすＪＰＣＺ（日本海寒気団収束帯）に対応する。図4に示すように、里雪型の時は等圧線の間隔が山雪型よりも広いため雪雲を運ぶ北西の風は少し弱く、雪雲が日本海にいる時間が長い。

【山雪型】2018年12月29日9時

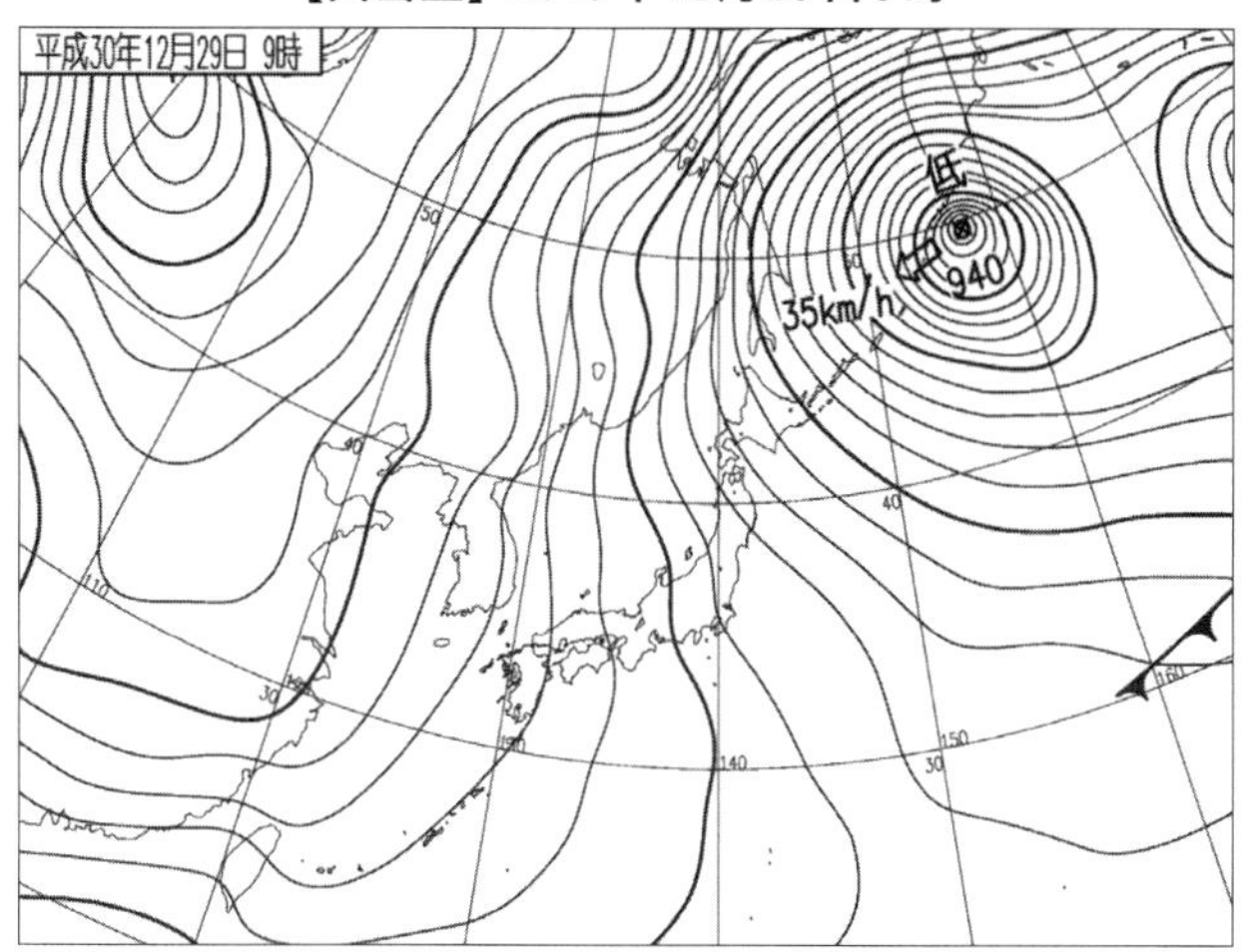

【里雪型】2021年1月9日9時

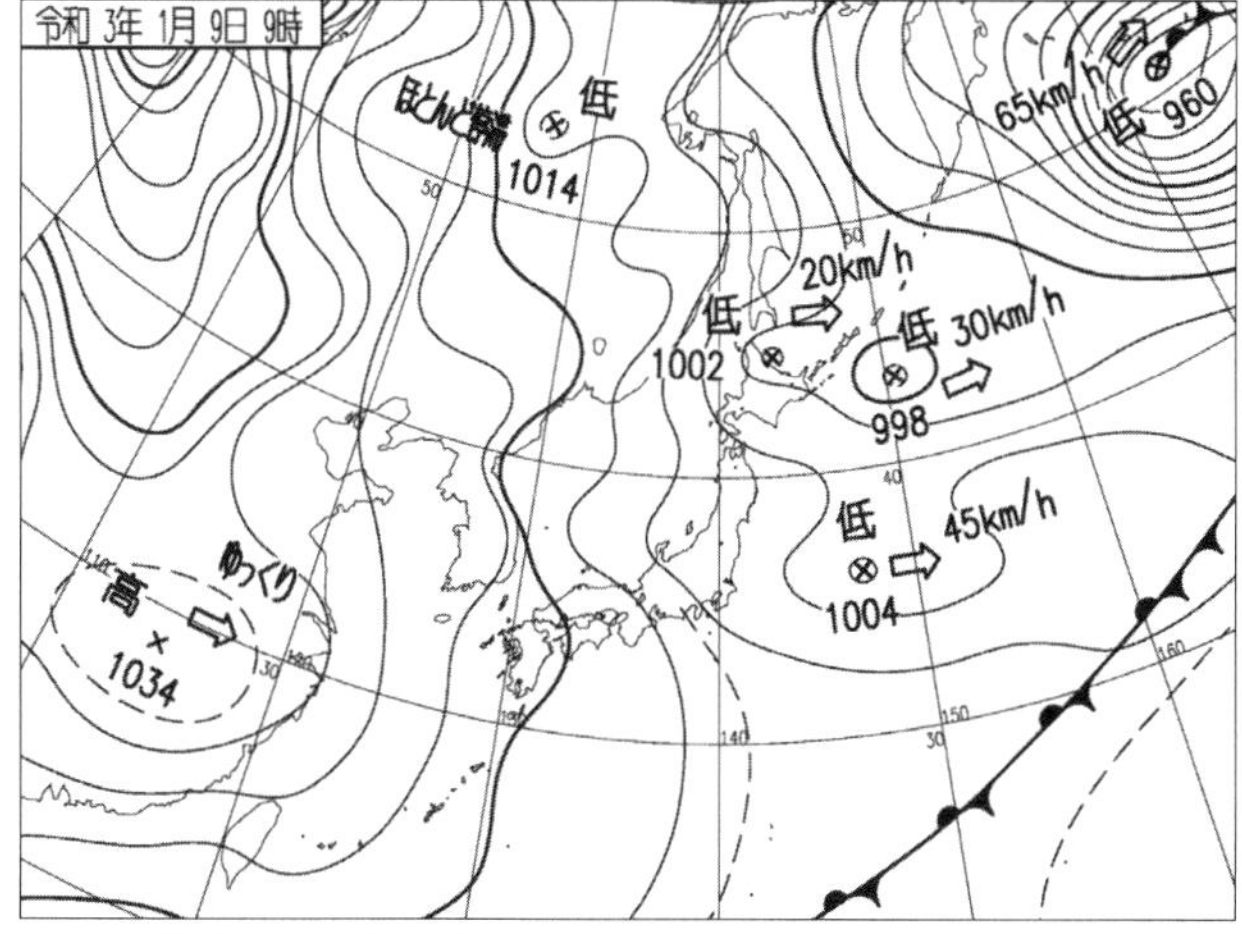

図3　山雪型と里雪型の天気図。山雪型は等圧線が南北に立っていて間隔が狭く（縦縞模様）、里雪型は日本海で「く」の字に折れ曲がっている

その時間の長さの分だけ、雪雲は日本海から水蒸気をもらうため、温かい日本海から冷たい日本海側の陸地に雪雲が上陸した途端に大量の雪となって、山間部だけでなく平野部にも大雪をもたらす。

２０２１年１月９日は典型的な里雪型の天気図（図３下）である。８日から10日までこの里雪型の気圧配置が続いたため、北陸自動車道で約１０００台、東海北陸自動車道で２００台を超える車が立ち往生した。救助のため自衛隊が派遣されたのも記憶に新しいことであろう。

「里雪型」で豪雪をもたらす犯人はＪＰＣＺ（日本海寒気団収束帯）

里雪型では平野部、山間部ともに大雪を通り越して、豪雪となることがよくある。そんな豪雪の時には、ほぼ必ずといっていいほど犯人がいる。それがＪＰＣＺ（日本海寒気団収束帯）である。２０２１年１月８日から10日の豪雪も、その犯人としてやはりＪＰＣＺがいた（図５）。ＪＰＣＺとは聞き慣れない言葉だと思うが、この章の事例で紹介するようにかなり昔から最近に至るまで、そして将来も山岳地帯に豪雪をもたらす犯人なので、しっかりと記憶に留めておいてほしい。

このＪＰＣＺができる原因は、北朝鮮と中国の国境にそびえる白頭山（標高２７４４メートル）にある。シベリアからやって来る北西風は、白頭山を迂回するように東西に分かれて流れ、そして再び日本海で北西風が合流する。その合流するエリアがＪＰＣＺである。このＪＰＣＺで互いに違う方向から来る風によって空気がぶつかり合うと、日本海があるため空気は下には行けず、上に

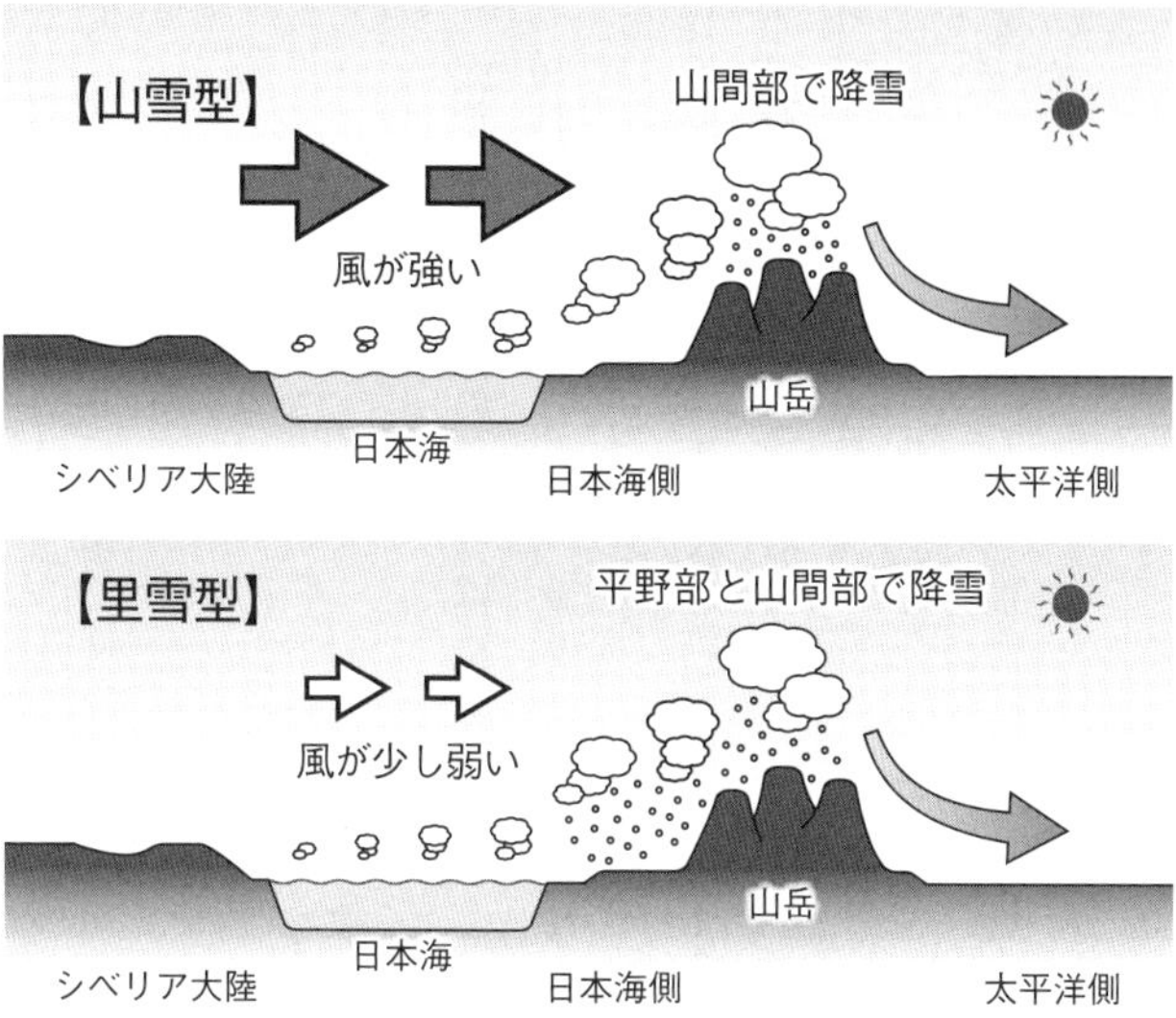

【山雪型】
山間部で降雪
風が強い
山岳
日本海
シベリア大陸
日本海側
太平洋側

【里雪型】
平野部と山間部で降雪
風が少し弱い
山岳
日本海
シベリア大陸
日本海側
太平洋側

図4　山雪型と里雪型の違い

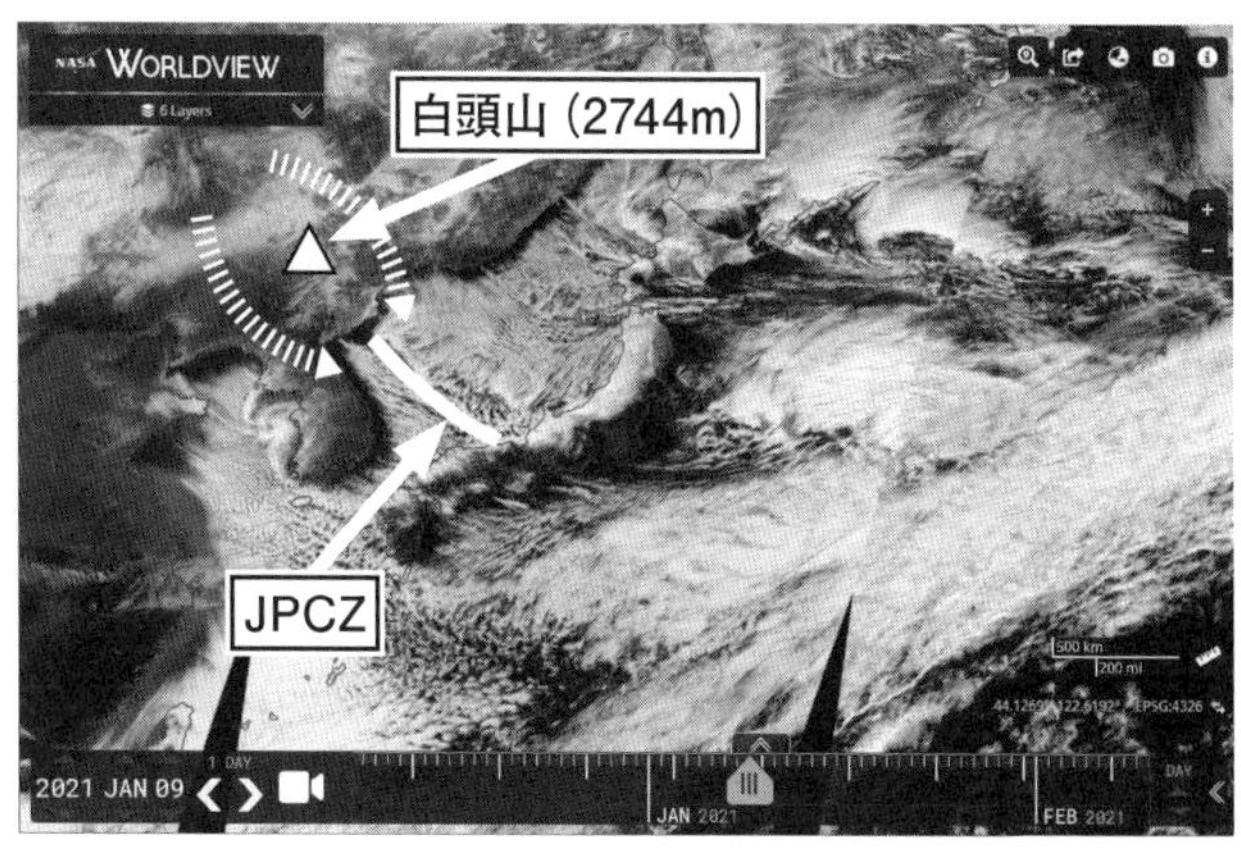

図5　2021年1月9日の気象衛星画像。JPCZ（日本海寒気団収束帯）は日本海側の山岳地帯だけでなく平野部にも豪雪をもたらした

行くしかない。そして、この上昇する空気の流れによって、ＪＰＣＺ付近では雪雲が次々と発生する。これがＪＰＣＺによって日本海側で豪雪となるメカニズムである。

2　大雪になった時にどのようなリスクがあるのか

大雪による一番のリスクは新雪雪崩

短時間に一気に多くの雪が積もると、まず一番のリスクは新雪雪崩である。一般的に傾斜が30度以上になると雪崩が発生しやすいと言われているが、雪崩が発生すると予想される地点を見上げて18度以上になる地点までは新雪雪崩が到達する危険地帯であるので注意を要する。また、新雪雪崩は時速１００～２００キロメートルの猛スピードであるため、小さな尾根は乗り越えてしまい、樹林帯でも安全地帯ではない。

雪崩については、政府広報オンラインの「最大で時速２００キロものスピードに！　雪崩から身を守るために」や、日本雪崩ネットワークのホームページに詳しい情報があるので、雪山に登る人やバックカントリースキーヤーは、雪崩に遭わないようにぜひともご覧いただきたい。

豪雪によって閉じ込められて行動不能になることもある

山雪型による暴風雪や里雪型による豪雪で、過去に何度も遭難事故が発生している。北寄りの風が吹く山雪型と、西寄りの風が吹く里雪型とでは大雪になる山域が異なる。山雪型は日本海からの北寄りの風が直接当たる妙高(みょうこう)山などの上信越の山や、白馬(しろうま)岳や剱(つるぎ)岳・立山などの北アルプス北部で大雪になる。それに対して、里雪型は日本海からの西寄りの風が直接当たる白山や奥美濃の山などで大雪になる。この章で事例の一つとして取り上げる北アルプスの薬師岳でも、日本海との間に高い山がないため豪雪となり、愛知大学のパーティーが行動不能となった。

雪の重みでテントが潰される!!

川に流れていく雨と違って、雪は融けない限り降った所に留まって積もる。そして、積もった雪の重さは半端ではない。雪国の人たちは、積もった雪で家が潰されないように雪下ろしをせざるをえない。テントも同じで、雪が降り続く中で何もしないとテントが雪の重みで潰れるので、下手すると一晩中交替で除雪作業に追われることがある。

ＧＷの春山でさえ、多雪地帯や吹き溜まりではテントが潰れるリスクがある。筆者は春山合宿の時に、鹿島槍ヶ岳の北峰と南峰の間のコルでテントの中で寝ていたら、夜中に雪の重みでテントが顔の上に覆い被ってきたため、あわてて皆で飛び起きてテントが潰れないように除雪をした体験をしたことがある。無雪期の小屋泊まりの登山しか体験したことがない人にとっては、想像もつかない世界であろう。事例②では実際にテントが豪雪の重みによって潰されている。

吹雪によってホワイトアウト発生――前後左右、そして上下さえも分からなくなる恐怖

強風を伴う雪の時には、1メートル先どころか50センチ先さえ見えない「ホワイトアウト」という恐ろしい現象が起きる。足元もよく見えないので、上下の間隔さえ失って、空中に浮いているようにすら感じられる。こんな時には方向感覚がなくなるために、無意識のうちに同じ場所をグルグルと回ってしまう「リングワンデリング」もよく遭難の原因になる。

新田次郎の小説『八甲田山死の彷徨』や、それを映画化した『八甲田山』で有名な、1902年の八甲田雪中行軍遭難事件でも、このリングワンデリングが実際に起きている。筆者も以前に、暴風雪となった八ヶ岳の赤岳の地蔵尾根の途中で撤退したものの、下山中にホワイトアウトとなって足元が全く見えないという恐怖の体験をしたことがある。

積雪によってトレースが完全に消える――安全なルートを決めるのも難しい

豪雪とまではいかなくても、雪山では少し雪が積もっただけで簡単にトレースが消える。ここが無雪期の山と大きく違う点である。

雪山ではトレースがないことを前提として、計画段階から地形を把握し、現地でも地形図とコンパスを頼りに自分でルートを切り開いていく技術が必要である。雪崩や雪庇のリスクを考慮しながらルートを考えるのは、非常に難しくもあり、雪山ならではの醍醐味でもある。無雪期の夏道とは違って、雪山のトレースは消えるものと思っていただきたい。

では、次に豪雪による過去の遭難事故の事例を見てみよう。

3　事例①　１９６３年１月の薬師岳豪雪遭難事故

１９６３年１月の薬師岳遭難事故の概要

北アルプスの薬師岳（２９２６メートル）は無雪期にその山容を望むと、氷河によって形成されたカールがとても美しい山である（図６）。薬師岳のカールは、赤牛岳から水晶岳の稜線から手に取るように見ることができる。筆者はデンソー山岳部の夏山合宿で、赤木沢を登った後、雲ノ平から高天原（たかまがはら）経由で赤牛岳と水晶岳に行った時にその素晴らしい姿に感動した思い出がある。１９６３年１月にこの美しい山で、愛知大学山岳部のメンバー13名全員が亡くなるという非常に悲しい遭難事故が起きている。以下にその概要をまとめる。

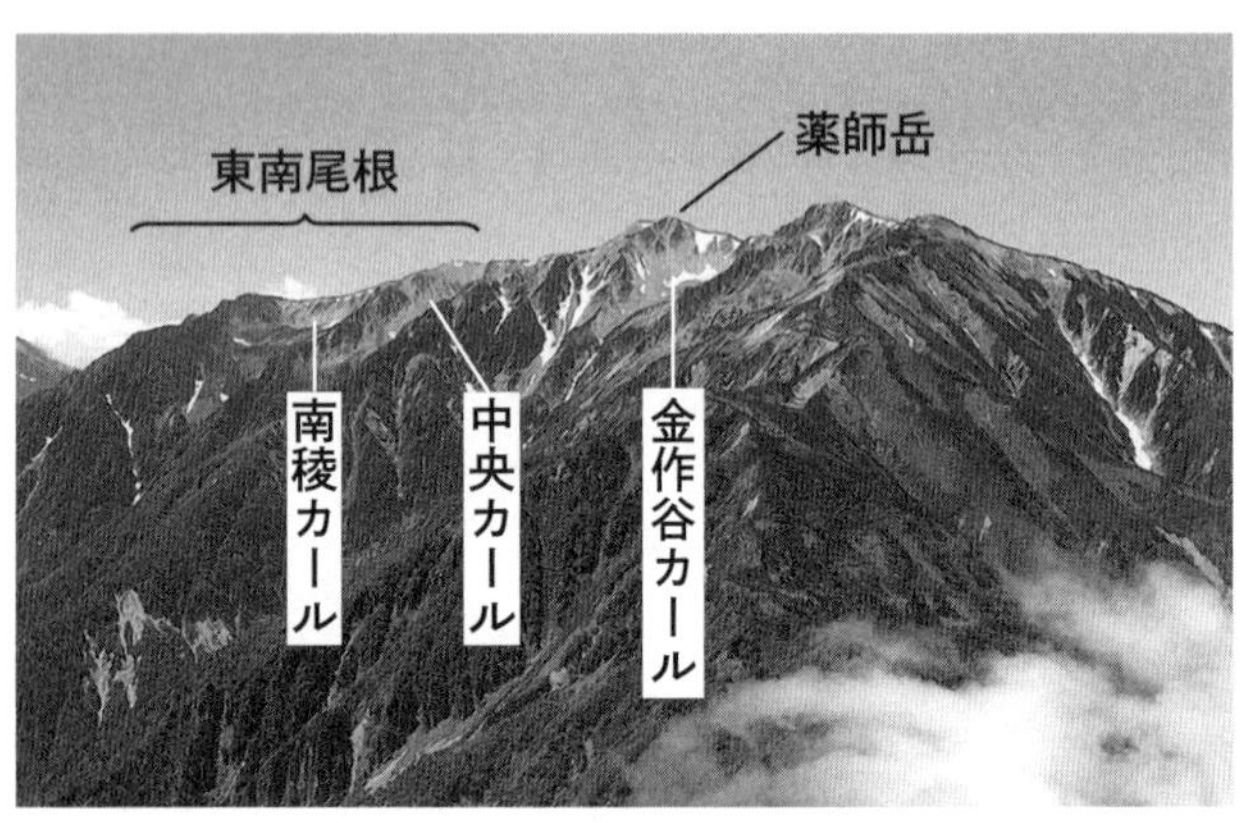

図6　越中沢岳から見た薬師岳。東面には美しいカールが広がる

愛知大学山岳部（以下、愛知大）は将来のヒマラヤ遠征も念頭に置いて、1962年年末から1963年正月にかけて北アルプスの薬師岳で冬山合宿を実施した。12月29日に先発隊が太郎小屋（現在の太郎平小屋）に到着したが、30日、31日ともに悪天候だったため第3キャンプ設置予定地の薬師平まで進めず、太郎小屋で停滞を余儀なくされた（図7）。

12月31日には後発隊も太郎小屋に到着し、13名全員が太郎小屋に集結した。そして日本歯科大学山岳部（以下、日歯大）の6名も太郎小屋に到着したため、期せずして同時期に同じ薬師岳を目指すことになった。

12月31日、1月1日ともに吹雪のため先に進めず、両大学とも小屋に停滞。2日にようやく一時的に天気が回復したため、愛知大は5時40分、日歯大は7時20分に太郎小屋を出発して、薬師岳の頂上を目指した。次第に天気が悪化していく状況の中で、薬師平を通過し樹林を抜

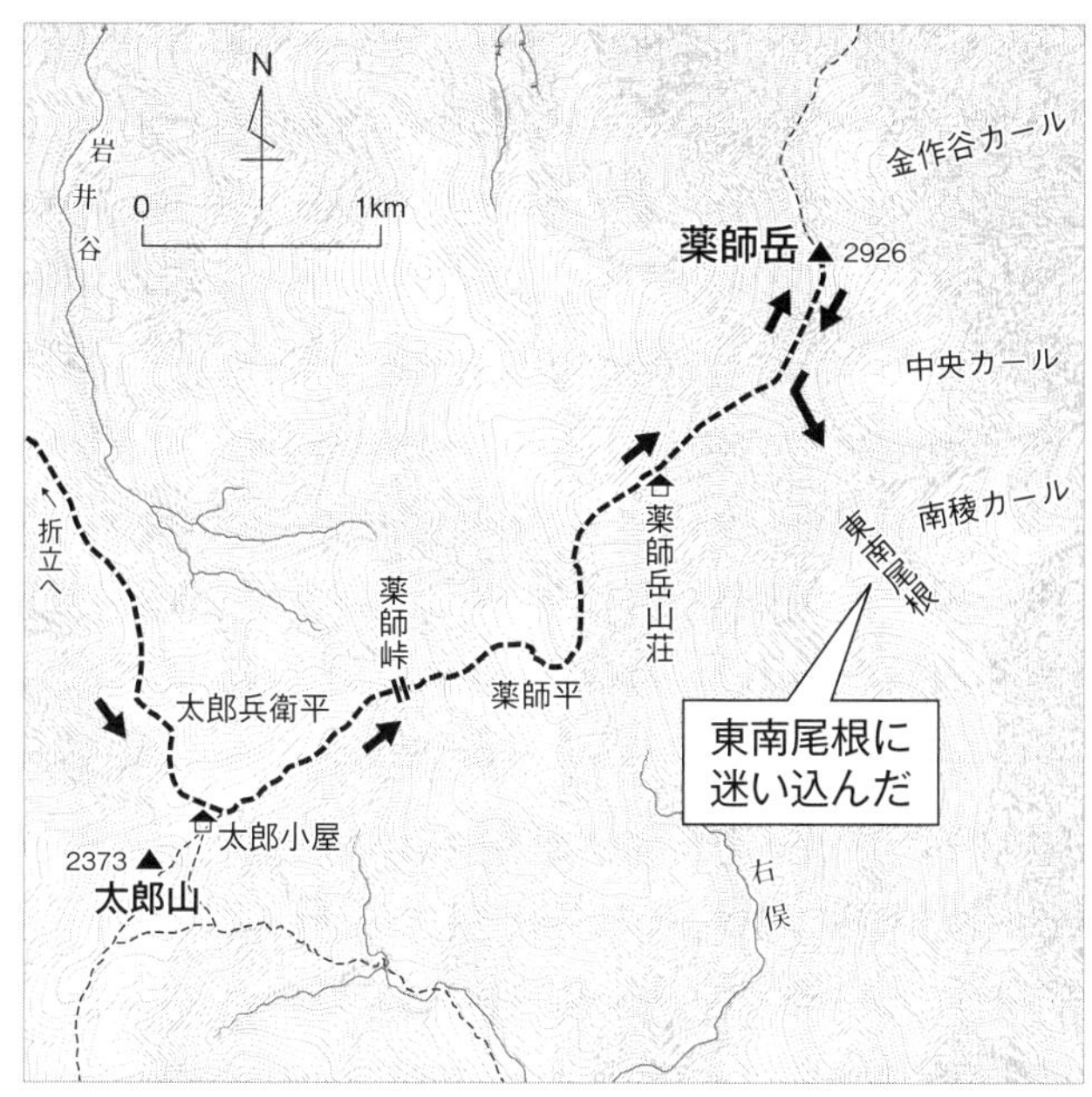

図７　愛知大学山岳部の足どり。下山ルートを誤ったことが悲劇を招いた

けた後、頂上への稜線では風速20〜30メートルの猛烈な地吹雪となった。日歯大は９時55分に頂上に着いて10分間留まり、登りよりも長い時間をかけて14時25分に太郎小屋に帰着。その後の豪雪による死地から辛うじて脱出して、ちょうど食料が尽きた９日に全員無事に下山。

愛知大は９時20分に頂上手前４０0メートルの地点で登頂を断念し撤退、全く視界が利かない地吹雪と北西の強風の中で方角を誤って東南尾根に迷い込んでしまった。３日、４日はさらに天気が悪化したため東南尾根から正規ルートに戻ることができず、13名全員がそのまま帰らぬ人となった。のちに「三八豪雪」と呼ばれる豪雪のため救助活動は困難を極めた。

かなりの注目を集めた遭難事故であったため、マスコミも報道合戦となり、晴れ間を縫ってヘリコプターで太郎小屋に強行着陸した朝日新聞記者（当時）の本多勝一氏による「来た、見た、いなかった」の見出し記事（ジュリアス・シーザーによる名言「来た、見た、勝った」を捻ったもの）は大スクープとなった。

1963年（昭和38年）の冬は「三八豪雪」と呼ばれるほどの大雪だった

薬師岳遭難事故の悪天は三八豪雪によるものという認識が一般的である。「三八豪雪」という言葉は、年配の人なら恐らく記憶の片隅に残っていると思う。三八豪雪とは、1962年12月末から1963年2月初めまでの約1か月にわたって、北陸地方を中心に東北地方から九州にかけての広い範囲で起きた大雪である。

図8に三八豪雪の期間中に降った雪の合計を示す。北陸地方を中心に大雪が降り、500センチを超えたところもあることが分かる。気象庁の観測地点での最深積雪は、長岡（新潟県）318センチ、伏木（富山県）225センチ、福井（福井県）213センチであった。九州でも、日田（大分県）39センチ、阿久根（鹿児島県）38センチなど積雪が30センチを超え、山間部では100センチを超える大雪になったという。この豪雪のため、死者228名、行方不明者3名、負傷者356名

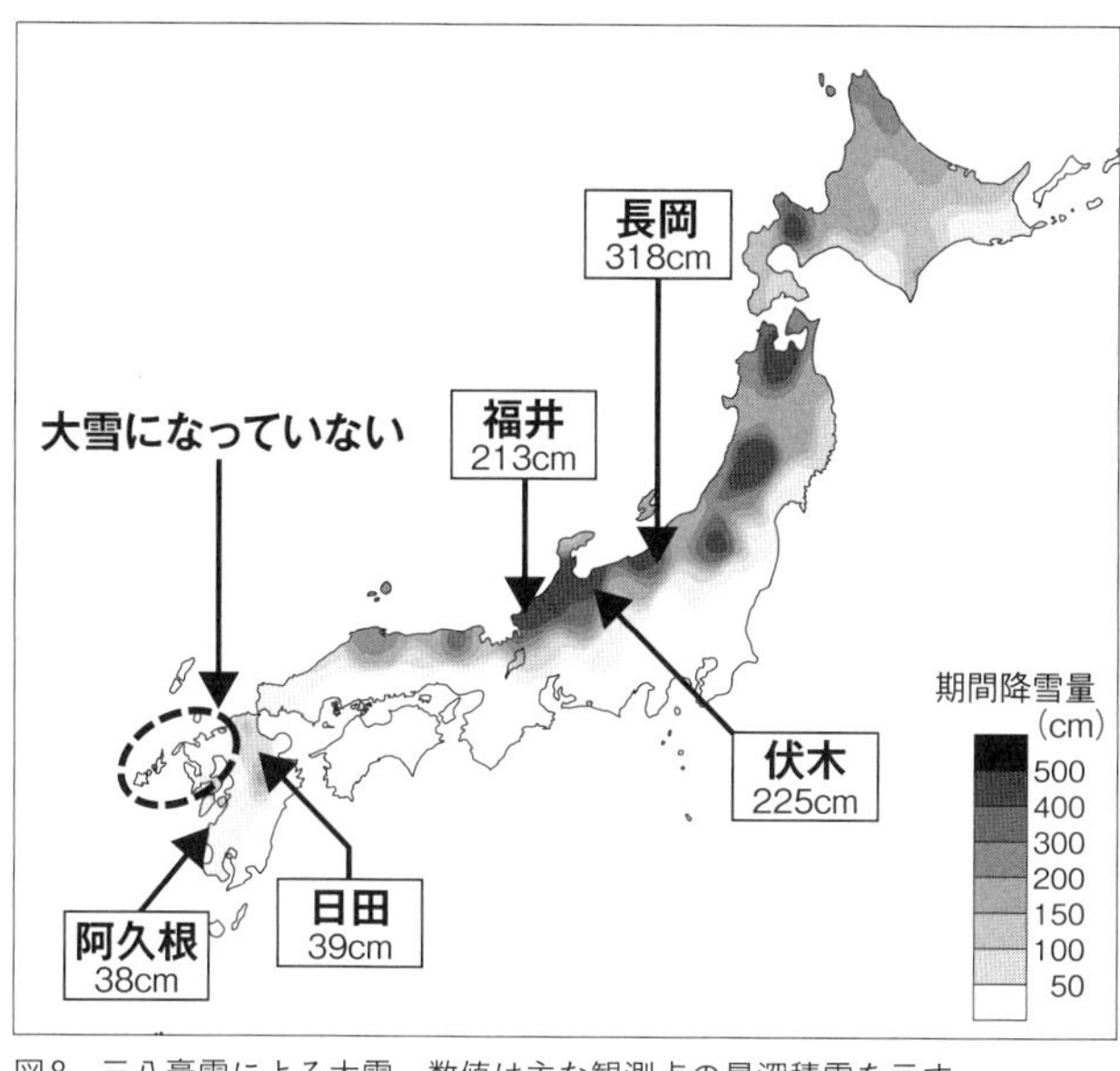

図８　三八豪雪による大雪。数値は主な観測点の最深積雪を示す

に達し、住家全壊753棟、半壊982棟など、住居への被害も大きかった。

余談であるが、九州北部の福岡市付近から長崎県では大雪になっていないのも大変興味深い。これも日本海の存在が豪雪に大きく関わっている証明になっていると思われる。

実は二つ玉低気圧が犯人だった

では、まず1963年1月2日9時の地上天気図（図9）を確認してみよう。すると、遭難のもとになった1月2日の急激な天候悪化とホワイトアウトは、実は二つ玉低気圧が原因であったことが分かる。一時的に天気が回復した9時には、日本海と日本列島の南岸に低気圧があって東に進んでいる。そして、薬師岳付近は二つの低気圧の間に挟まれた「疑似好天」のエリアになっており、低気圧が東に進むとともに、急速に天気が悪化していくことが予想できる。

第1章で二つ玉低気圧で発生する「疑似好天」について解説し、春の遭難事例を紹介したが、冬でも二つ玉低気圧が発生することがあり、それに伴って疑似好天が起きるということは覚えておくとよい。「疑似好天」には決して騙されてはならない。冬の場合は、日本海だけに低気圧が発生した時にも、一時的に冬型気圧配置が緩んで「疑似好天」になることも知っておくとよい。

気象庁の55年再解析データJRA－55によって薬師岳遭難事故の気象状況を再現

この薬師岳遭難事故についても、気象庁の55年再解析データJRA－55を使って当時の気象状況を再現した結果を図10に示す。JRA－55のデータを使って薬師岳遭難事故の疑似好天とその後の豪雪を再現したのも、おそらく筆者が初めてであろう。

年末から元日にかけて続いた大雪も、二つ玉低気圧の接近によって疑似好天エリアに入ることによって次第に収まり、1月2日朝に太郎小屋を出発する時には風雪ともに弱くなった状況であった。解析によると9時頃までは疑似好天エリアであったが、それを過ぎると急速に天候が悪化していく様子が見事に再現されている。

再び強まった雪は、約40時間続いている。大雪の時間帯の1時間当たりの平均降水量は約4ミリ

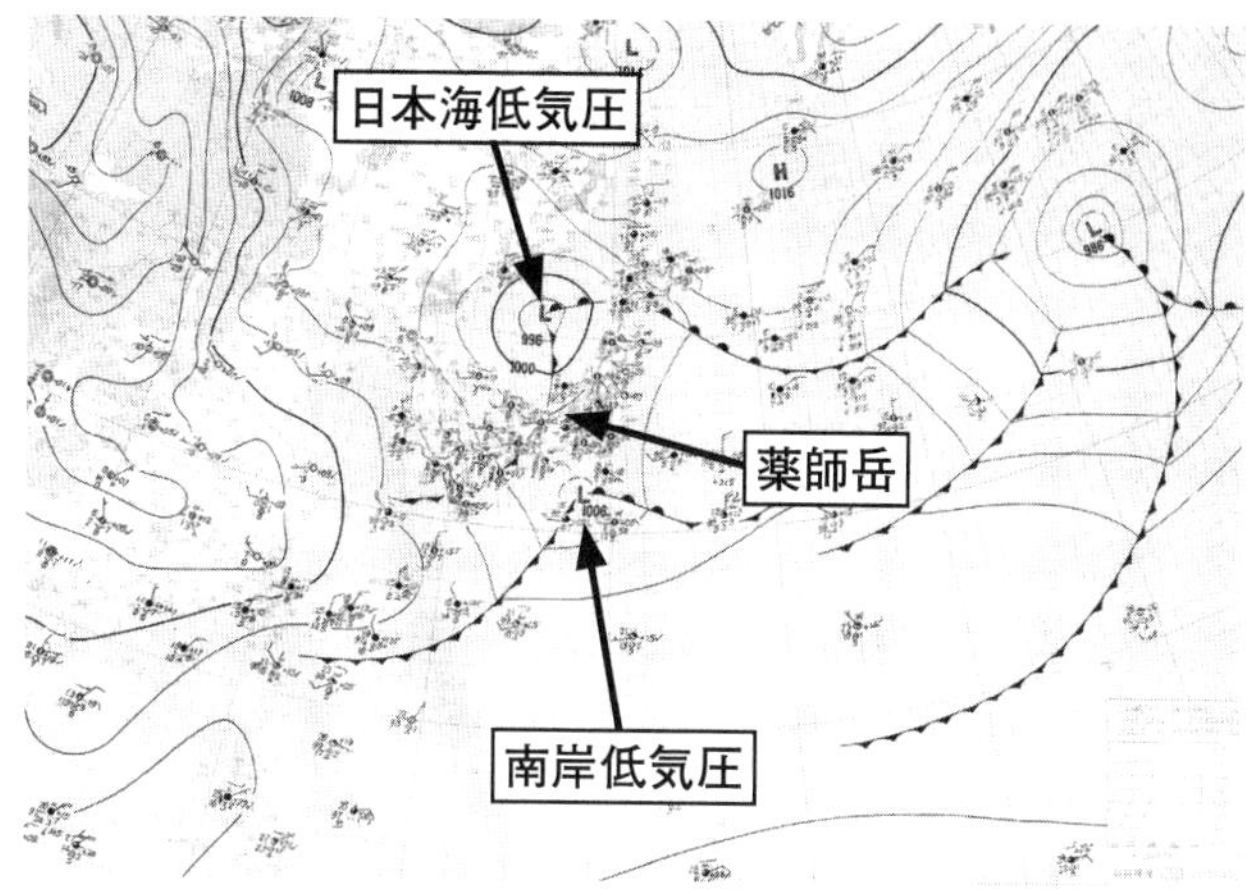

図９　二つ玉低気圧が現れた1963年１月２日９時の地上天気図

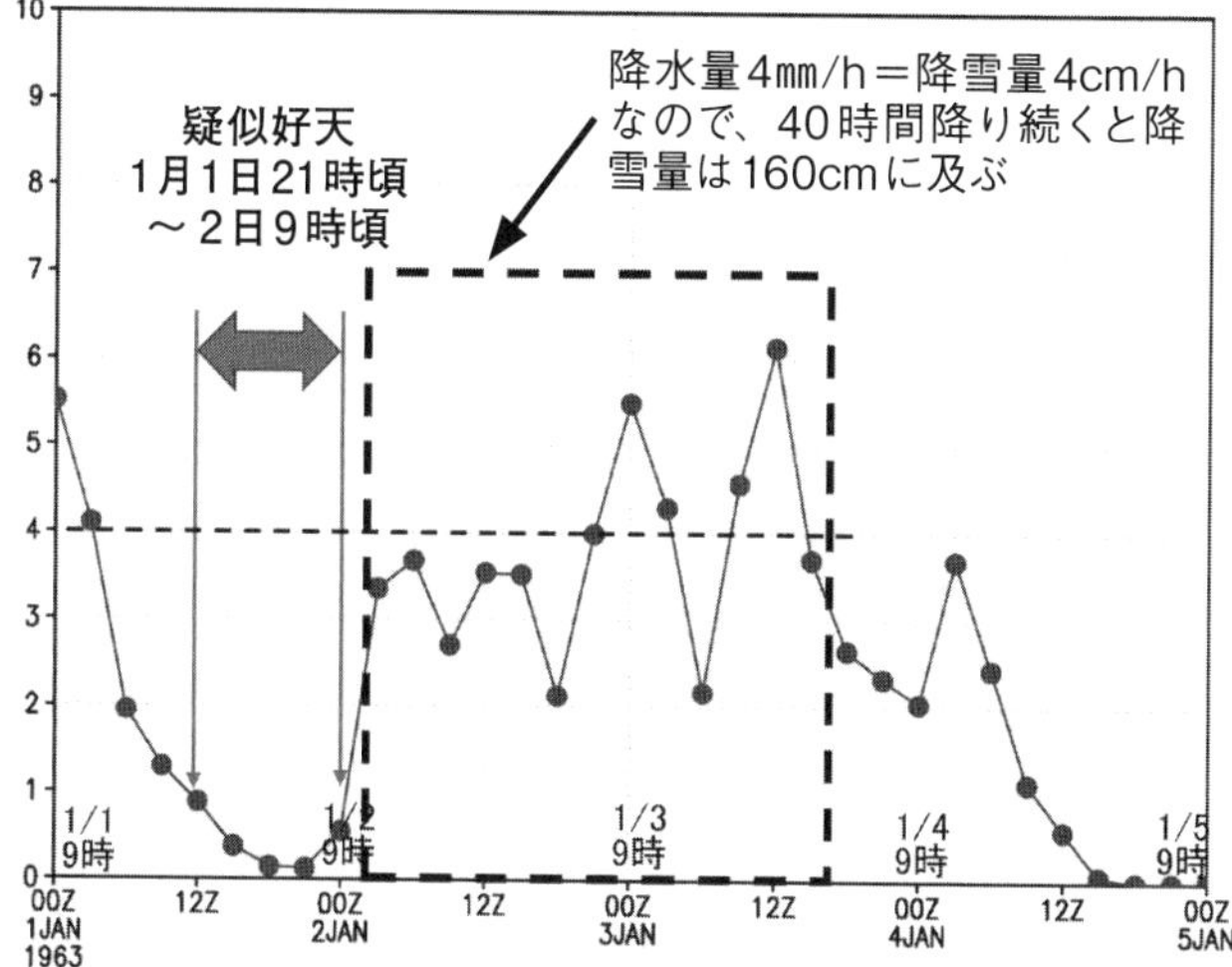

図10　JRA-55データを使って再現した遭難事故当時の薬師岳付近の降水量。降水量を10倍すると降雪量になる

である。降水量を10倍するとおおよその降雪量になるので、1時間あたり4センチの降雪量になる。それが約40時間続いたので、合計の降雪量は何と160センチになる。降雪量がそのまま積雪の深さになるわけではないが、生還した日歯大のパーティーは腰までのラッセルのため下山に相当な時間をかけていることから、おそらくは100センチを超える新雪があったのではないかと推定することができる。

さらにJRA－55のデータを使って、地上天気図でJPCZを再現した結果を図11に示す。これは二つ玉低気圧が通過した後の天気図である。日本海には等圧線が「く」の字になるJPCZが見事に再現されていて、それに伴って北陸地方に向かう降水域（前6時間降水量）も非常によく再現されている。この降水域が薬師岳遭難事故での豪雪をもたらしたのである。

何が全員帰らずの愛知大学パーティーと全員生還の日歯大パーティーとで生死を分けたのか

愛知大パーティーの遭難原因については、地図とコンパスを持って行かなかった、ルートを見失うことに備えて赤布付きの標識を立てなかったなど色々と指摘されているが、ここでは気象に焦点を絞る。

一番のポイントは、厳冬期の冬山での好天は長続きせず、ほとんどの場合は数時間後に悪天に戻ることである。「疑似好天」を知らなくても、これは知っておくべきであった。あるいは知ってい

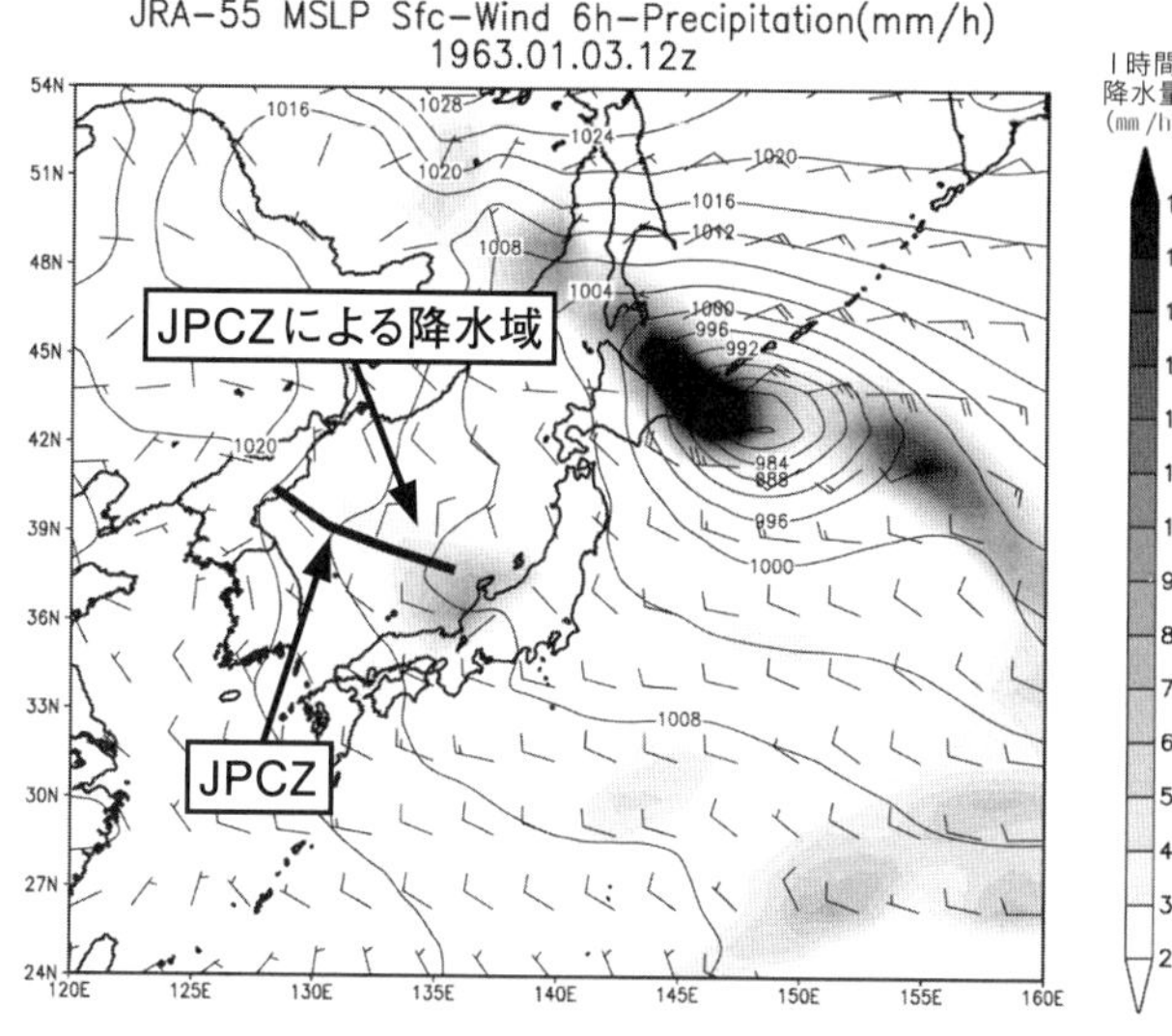

図11　JRA-55データを使って再現した1963年1月3日12時のJPCZ

たにもかかわらず、その後の悪天を軽視した可能性がある。

厳冬期の日本付近の上空では西風が強いため、たとえ移動性高気圧がやって来ても、強い西風に流されてすぐに去って行ってしまう。なので、厳冬期の好天は長くても半日ぐらいしか持たない。例外は「帯状高気圧」であるが、厳冬期にはめったに来ない。したがって、天候が回復した2日朝に太郎小屋を出発した時点で、のちの悪天を想定すべきであった。悪天が想定内であれば、地図・コンパスを太郎小屋に置き去りにすることはなかったであろう。また、生還した日歯大パーティーと同じように標識を立てながら登っていれば、下山時にホワイトアウトになっても標識に付いた赤布を頼りに、標識を回収しながらルートを誤ることなく下山できたと思う。

この遭難事故は筆者の住む愛知県の大学山岳部が起こしたものであるため、筆者の地元ではいまだに大きな遭難事故として語り継がれている。筆者が生まれて間もない頃に起きたため、当時の記憶は全くないが、それでも小学生になった頃にはすでにこの事故のことは知っていた。この事故の教訓を無駄にしないようにするとともに、今はただ、前途ある若者たちへの冥福を祈るのみである。

4　事例②　2004年2月の大長山での豪雪遭難事故——奇跡の生還劇

豪雪に耐えて全員が生還

大長山（1671メートル）は、石川県と福井県の県境の三角点がある山の中では、最も高い山になる（図12）。白山（2702メートル）を間近に望むことができる山として知られているが、2004年2月の豪雪による遭難事故によって一躍、全国的に有名な山となった。白山の周辺は知る人ぞ知る豪雪地帯で、筆者も何度か積雪期に入山して豪雪ぶりに驚かされている。これまで取り上げた遭難事故では残念ながら多くの人が亡くなっているが、大長山豪雪遭難事故では幸いなことに関西学院大学ワンダーフォーゲル部の14名全員が生還している。豪雪によってテントが潰れ、まさ

図12　石川県と福井県の県境にある大長山

に生きるか死ぬかの危機の中を冷静に判断して、メンバーで力を合わせて生還のために頑張った様子が鮮明に伝わってくるように感じられる。以下に事故の概要をまとめる。

関西学院大学ワンダーフォーゲル部は、毎年、夏山合宿とは別に雪山合宿を4～5回実施しており、日頃のトレーニングも週3回のランニングなどを実施、リーダー層は文部科学省登山研修所や雪崩ネットワーク、日本赤十字の講習会に参加するなど、非常にしっかりとした活動を行っている部であった。2004年の春山合宿でのスキーツアーに向けた練習山行の位置づけで、豪雪地帯でのラッセル訓練を目的として、2月に大長山へのスキー縦走を計画した。

図13に示すように2月3日に東山いこいの

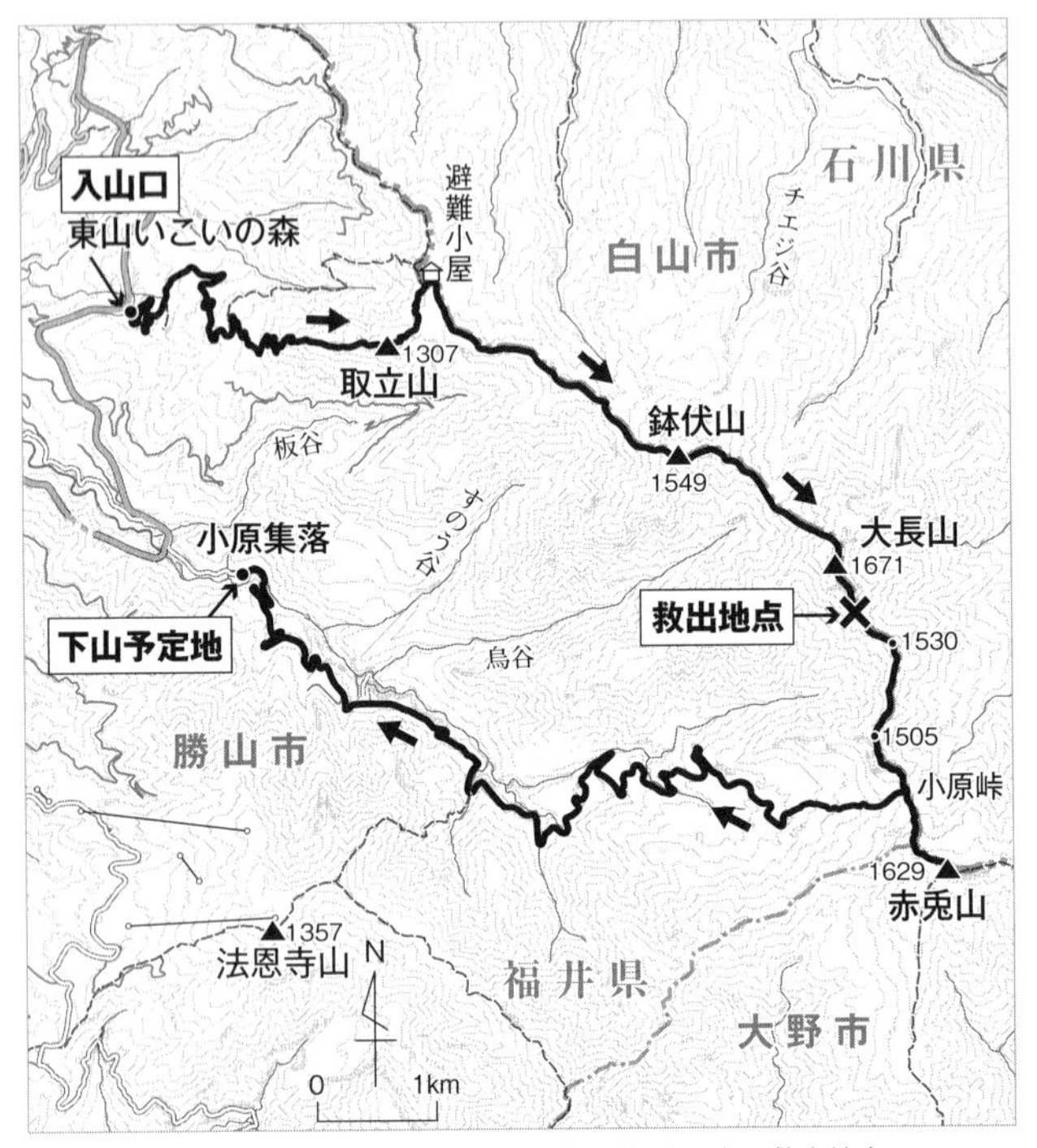

図13　関西学院大学ワンダーフォーゲル部の行動予定と救出地点

森から入山し、5日に大長山を越えて、6日に赤兎山をアタック後に小原集落に下山するという行動予定であった。パーティーは3日に全員快調の状態で入山、天気は曇りから雪に変わっている。

4日は予定より早く大長山の手前まで進んだが、その頃から天気が悪化し、雪と強風に加えて視界も悪くなった。この日は大長山を越えて急斜面を下った地点でテント泊。5日は先に進もうとしたものの、両側が切れ落ちた稜線の通過は困難と判断。引き返そうとしたが豪雪のため大長山の急斜面が登り返せず、大長山の直下でテント泊。

６日は１メートルを超える豪雪になって、除雪が間に合わずテントが潰れたため、22時にテントを放棄し、雪洞を三つ構築してビバーク。７日は吹雪の中で大長山頂上への急斜面を登ろうとしたが、豪雪のため断念し雪洞に戻る。体調不良者が続出したため、13時に救助を要請。

８日は悪天のためヘリコプターが飛べず。メンバーは食料・燃料が尽きる中を励まし合いながら雪洞で停滞。９日の11時頃にようやく視界が良くなったため、11時43分からヘリコプターによる救出を開始、14時38分に全員の救出が完了した。

驚くべきことに暖冬に起きた豪雪遭難事故だった

２００３年12月から２００４年２月は、平均してみると暖冬のシーズンであった。そして図14に示すように、大長山で豪雪遭難事故が起きた２月の平均気温だけを見ても、平年より１〜２度Ｃ暖かかったことが分かる。しかし、図15の気温の推移を見ると、１月下旬と２月上旬は西の方に行くほど平年より低温になっていて、南西諸島（沖縄・奄美）と西日本には日本は強い寒波が来ていたことが分かる。

そして大長山のある石川県と福井県は東日本になるが、東日本の中でも西日本にかなり近い位置にある。そのため大長山付近では西日本の気温の変化に近く、西日本と同じように強い寒波が来た

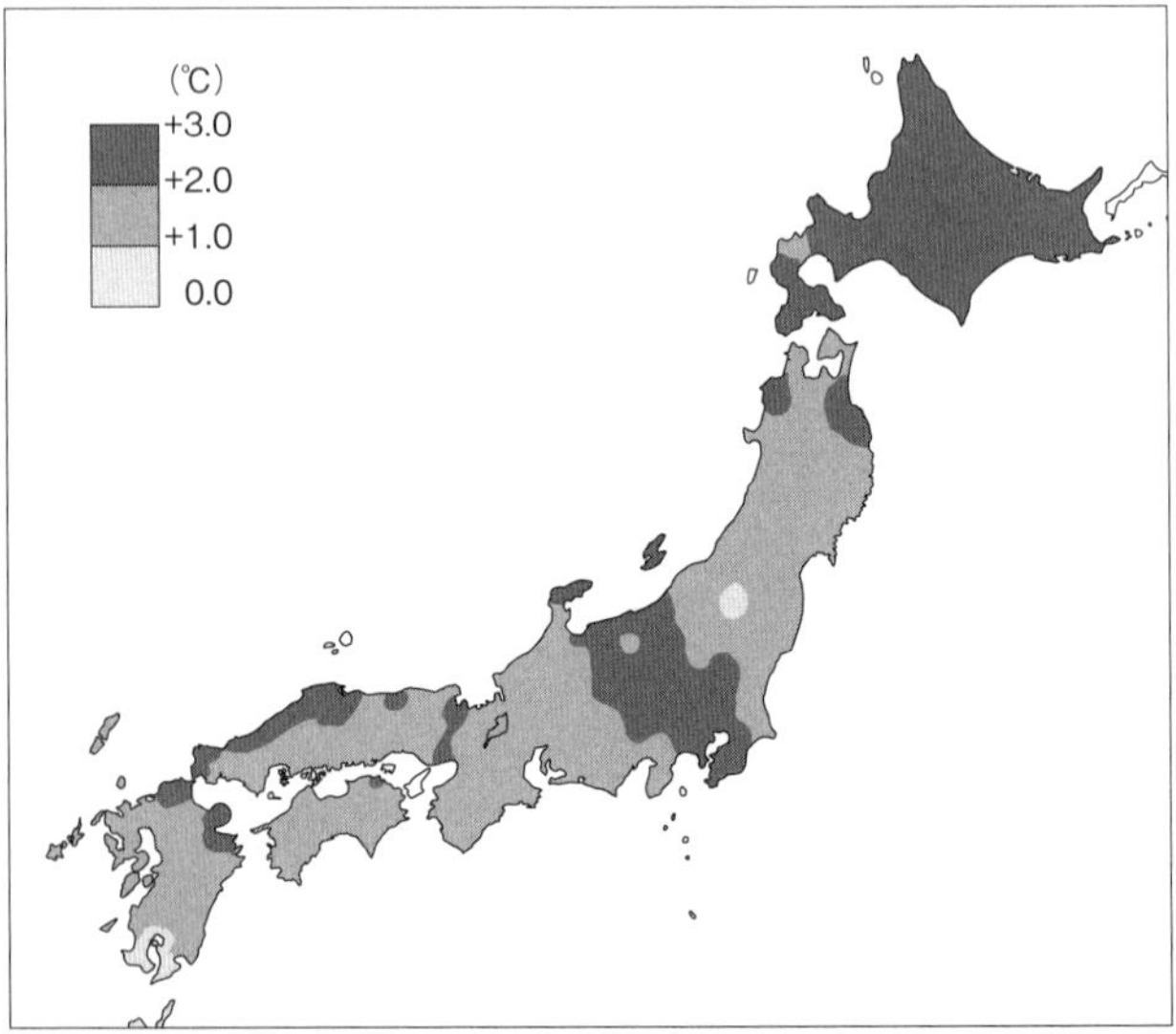

(℃)
+3.0
+2.0
+1.0
0.0

図14　2004年2月の平均気温の平年差。暖冬だったことが見て取れる

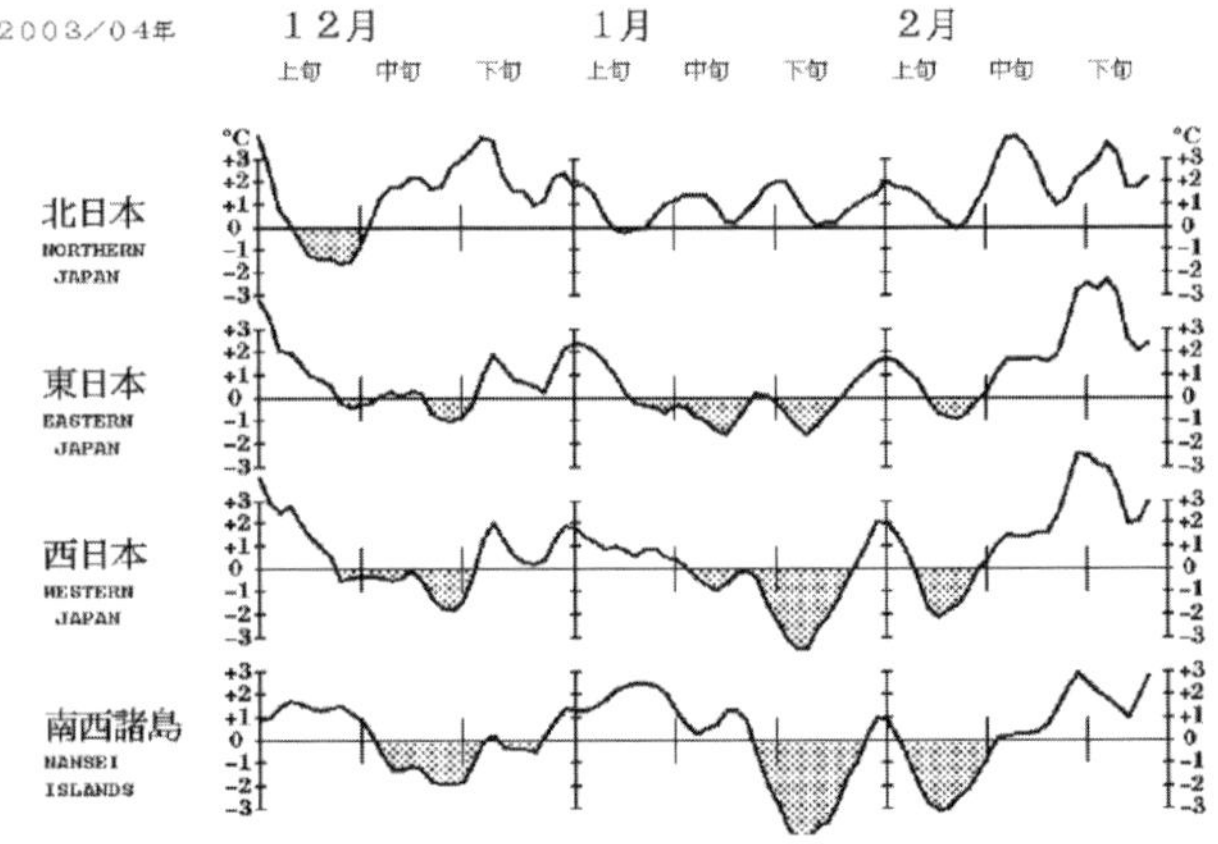

図15　地域別の2003年12月～2004年2月の気温の平年差の推移

であろうことが読み取れる。これが、たとえば１か月という期間の平均値、および東日本という地域の平均値に騙されてはいけないという典型的な事例である。

期間の平均値の中には必ず時間経過に伴う気温の変化があり、同じ東日本でも比較的暖かい関東地方南部と大長山がある北陸地方とでは、その気温の変化の仕方も違う。このように暖冬シーズンの中での強い寒波によって、大長山での豪雪遭難事故が起きたのである。

二つ玉低気圧通過後に冬型気圧配置が長く続いた

それでは、この2月上旬の寒波がどのようなものであったのかを、まず地上天気図（図16）で検証してみよう。実は、入山の前日の2月2日9時には日本海と日本列島の南岸に低気圧があって、これらの「二つ玉低気圧」が通過していたことが分かる。

二つの低気圧はそれぞれが発達しながら北東に進み、4日21時にはオホーツク海で台風並みの966ヘクトパスカルと976ヘクトパスカルまで発達している。これはまさに「爆弾低気圧」であり、気象条件によっては春秋だけでなく冬にも発生する。そして大陸のシベリア高気圧とともに、オホーツク海の低気圧も7日までほとんど停滞したため、西高東低の冬型気圧配置による悪天が長く続いていた。

〈2003年2月2日9時〉

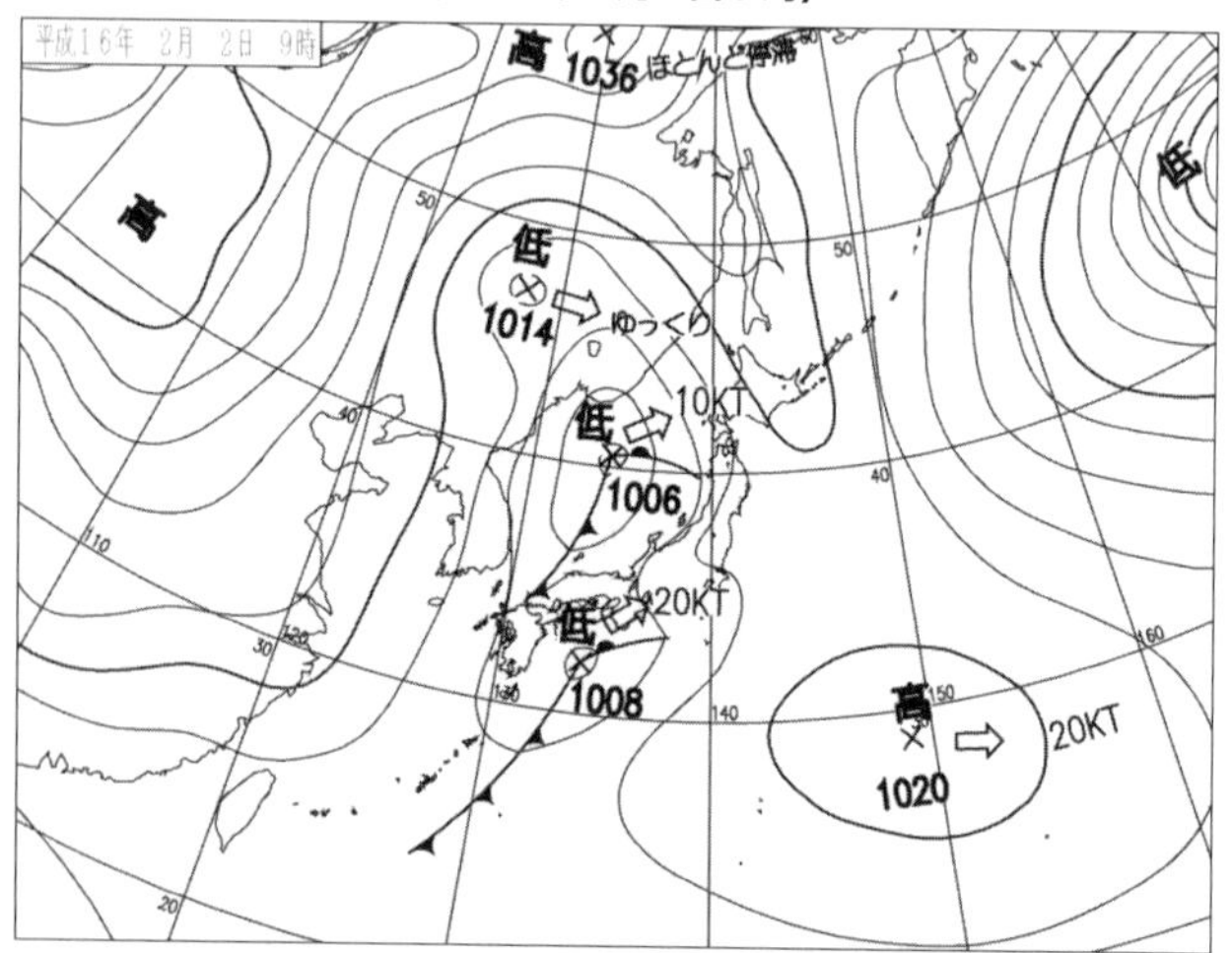

〈2003年2月4日21時〉

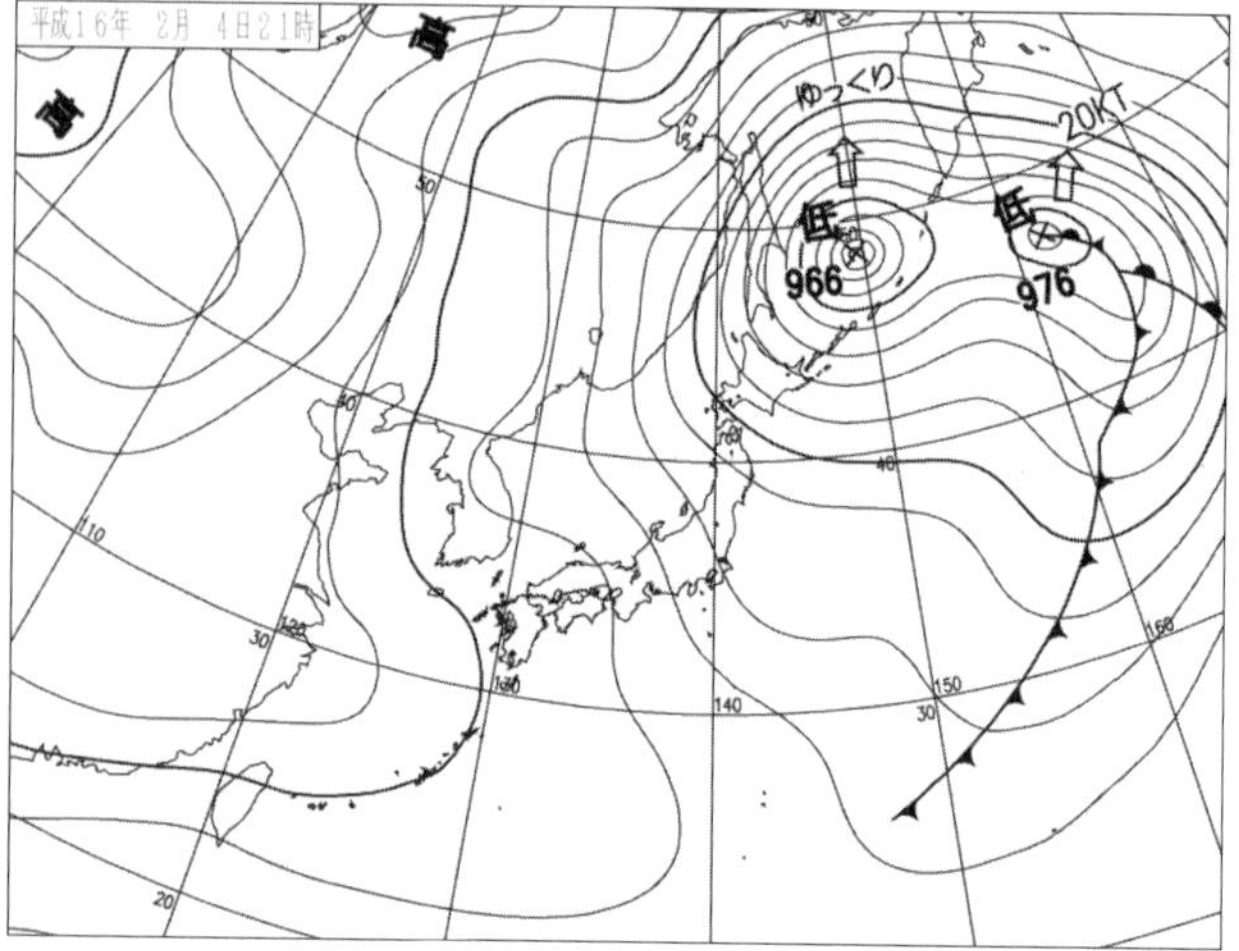

図16　大長山豪雪遭難事故時の地上天気図。二つ玉低気圧が発達して爆弾低気圧になったことが分かる

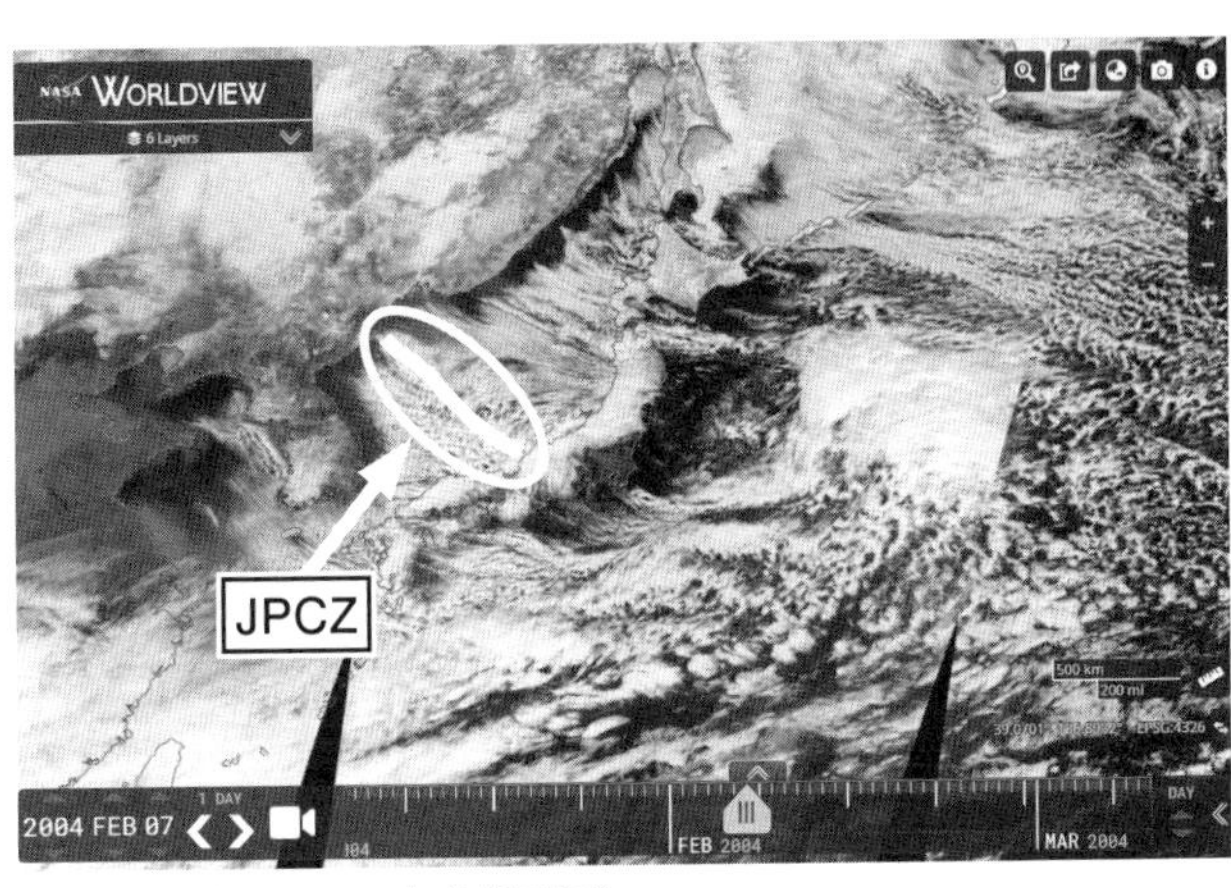

図17　2004年2月7日の気象衛星画像

やはり豪雪の犯人である「JPCZ」がいた!!

ＮＡＳＡ（アメリカ航空宇宙局）が公開しているＮＯＡＡ（アメリカ海洋大気庁）の気象衛星画像（図17）を見ると、２００４年２月７日は日本付近には日本海から大量の雪雲が流れ込んでいて、その一部は太平洋にも達している。

そして、日本海には、日本海側に豪雪をもたらすＪＰＣＺ（日本海寒気団収束帯）が北陸地方に向かって伸びている。１９６３年１月の薬師岳遭難事故と同じように、ＪＰＣＺによる雪雲が大長山での豪雪をもたらした犯人であったことが分かる。

もう1人の犯人は「鍋底型」の気圧配置

豪雪をもたらすほどの強い冬型気圧配置は、続いたとしても普通はせいぜい２～３日で緩んでくる。大長山豪雪遭難事故において、なぜ２月４日から８日まで

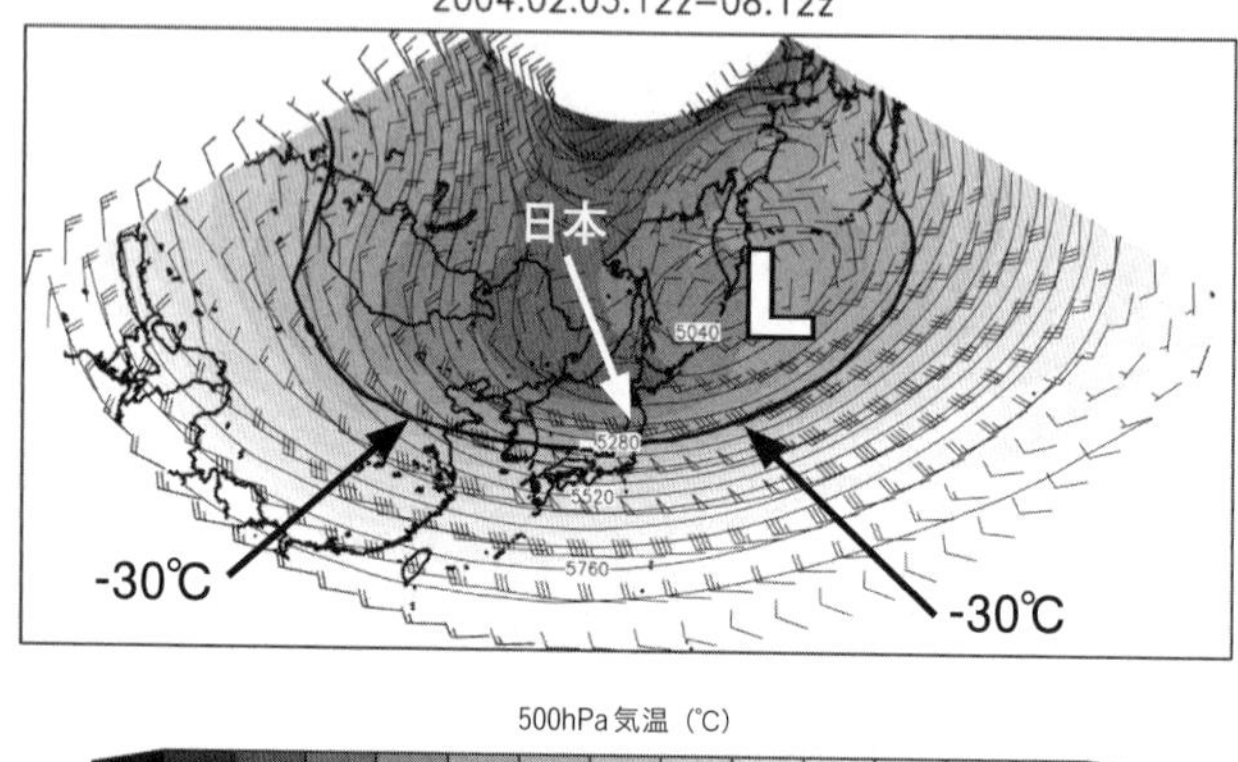

図18　2004年2月3日21時から8日21時の5日間平均の気温・高度・風の500ヘクトパスカル天気図。冬型気圧配置がなかなか解消されない「鍋底型」の気圧配置になり、多雪地帯では豪雪に見舞われた

の5日間も強い冬型気圧配置が続いたのであろうか。その理由は地上天気図だけでは分からない。その答えは上空の気圧配置にある。

図18に、気象庁による55年再解析データJRA－55を使って作成した、2004年2月3日21時から2月8日21時の5日間平均の気温・高度・風の500ヘクトパスカル天気図を示す（6時間ごとの21個のデータの平均天気図）。実線は等高度線（地上天気図の等圧線に相当）、濃淡は気温（マイナス30度Cは実線で表示）、矢羽根は風の方向と風速を表している。

図から分かるように、北陸地方付近には2月としては強いマイナス30度C以下の寒気が南下しており、マイナス30度Cの等温線がまるで鍋の底の形のように、中国大陸から日本の東まですっぽりと覆っている。気圧が５００ヘクトパスカルになる高度を結んだ等高度線も同じように鍋の底の形になっていて、北陸地方までが鍋の底に入っている。これが「鍋底型」の気圧配置である。

「鍋底型」の気圧配置になると、冬型気圧配置がなかなか解消されず、北陸地方のような多雪地帯では豪雪となって、大長山の遭難事故のように脱出不能となる。５００ヘクトパスカルでこのような天気図になったら、多雪地帯には決して入山してはならない。

どうすれば大長山での豪雪遭難事故を防ぐことができたのか

では、この冬型気圧配置が長く続くことは、高層天気図を見ないと本当に予想できなかったのであろうか。答えは、現在なら週間予報資料の地上天気図で予想できた――である。つまり、今日明日の地上天気図では予想できなくても、週間予報資料の地上天気図の予想図を見ることができれば予想できた。

図19は、入山前日の2月2日朝に気象関係者なら見ることができた週間予報天気図である。現在でこそ週間予報資料は無料で一般公開されているが、２００4年当時にはこの資料を一般の人が入手するのは難しかった。

この週間予報天気図を見れば、4日から7日までオホーツク海に低気圧が停滞して冬型気圧配置

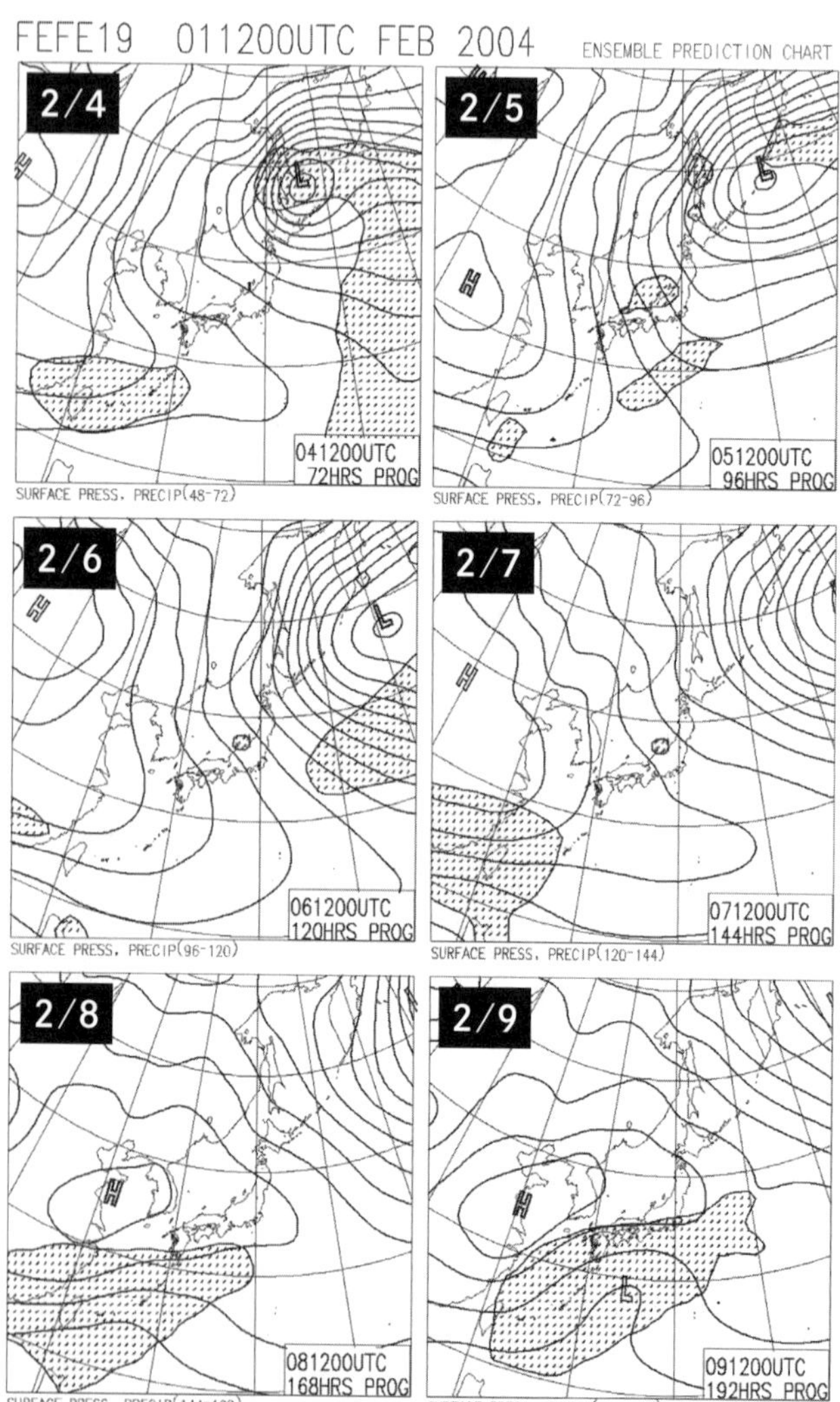

図19　入山する前日の2004年2月2日朝に見ることができた週間予報天気図FEFE19（いずれも21時の地上天気図）

が続き、８日夜になって黄海に移動性高気圧が進んできて、ようやく冬型気圧配置が緩むという予想ができたのである。冬型気圧配置が長く続く理由は分からなくても、冬型気圧配置が続くことが分かっていれば、入山する時期を変更することによって、豪雪のために行動不能になることは避けることができたと思われる。

このように、週間予報資料の地上天気図は、高層天気図が分からなくても悪天がある程度予想できるので、ぜひともご活用いただきたい。週間予報の地上天気図は、ＳＵＮＮＹ ＳＰＯＴ、ＨＢＣ北海道放送局などの専門天気図においてＦＥＦＥ19という名称で無料で公開されている。いずれも検索すれば、すぐに見つけることができる。

5　将来の気候変動によって雪はどうなるのか

気候変動によって温暖化しても強い寒波が来る時には来る

三八豪雪ほどの豪雪はそれほど頻繁に起きるものではないが、温暖化していく将来に全く起きないかというと、決してそんなことはないと思われる。１８９８年から２０２０年までの日本の年間平均気温の気象庁データをプロットしてみると、図20のようになる。１００年間あたりで気温は

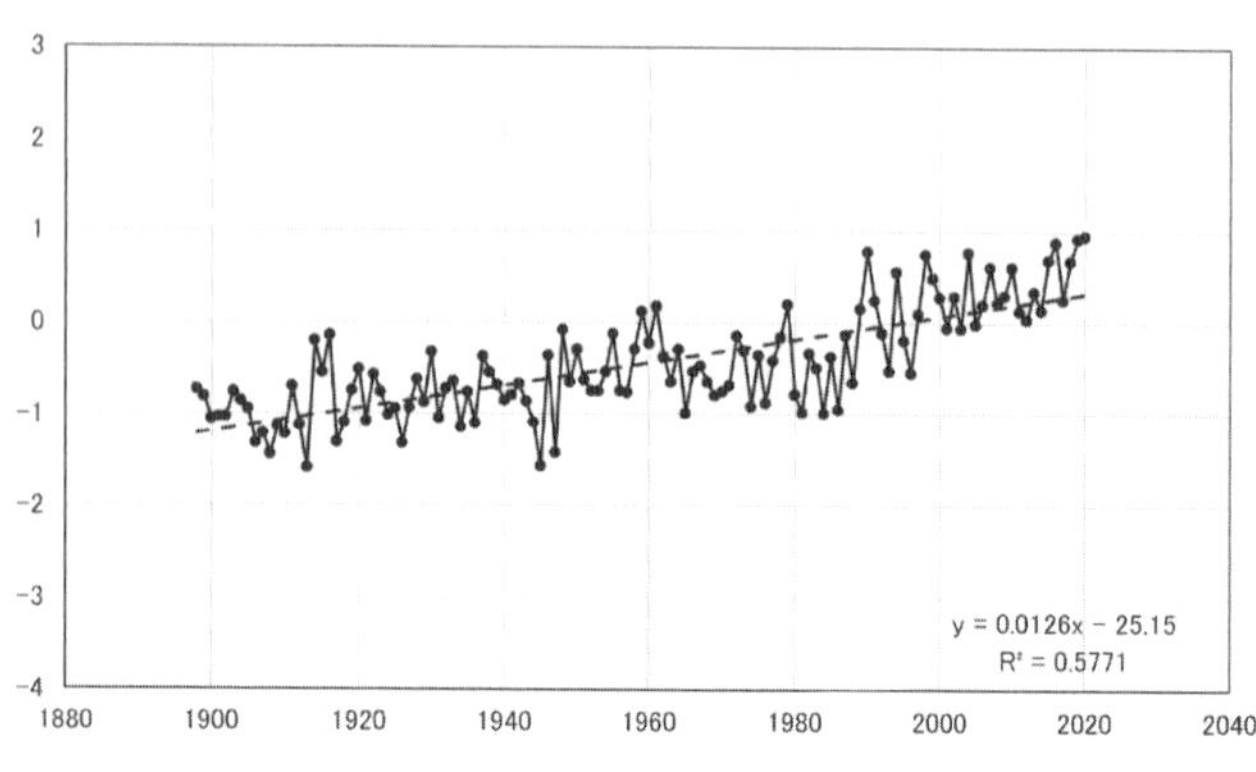

図20　日本の気温の長期変動（年間の平均の推移）

1・26度C上昇していて、年によるバラツキも少なく温暖化一直線のように見える。この図は皆さんがよく見慣れた図だと思う。

しかし、年間ではなく月間平均気温を、月ごとにプロットすると全く印象が違ってくる。例として1月の平均気温の推移をプロットした結果を図21に示す。12月や2月も同様のグラフになる。1月の平均気温は100年あたり1・09度C上昇しているが、それよりも年ごとの気温変動の方が遥かに大きいことが分かる。

そして、おおよそ20年に1回ぐらいの頻度で、1月の平均気温がトレンド（点線）よりも大きく下回る大寒冬が出現していることも分かる。逆にトレンドを大きく上回る大暖冬も同様に100年以上前から20年に1回ぐらいの頻度で出現している。温暖化という言葉に騙されてはいけない。このような短い周期の変動を〝温暖化の中での揺り戻し〟として警鐘を鳴らしている研究者もいる。先入観をなくし

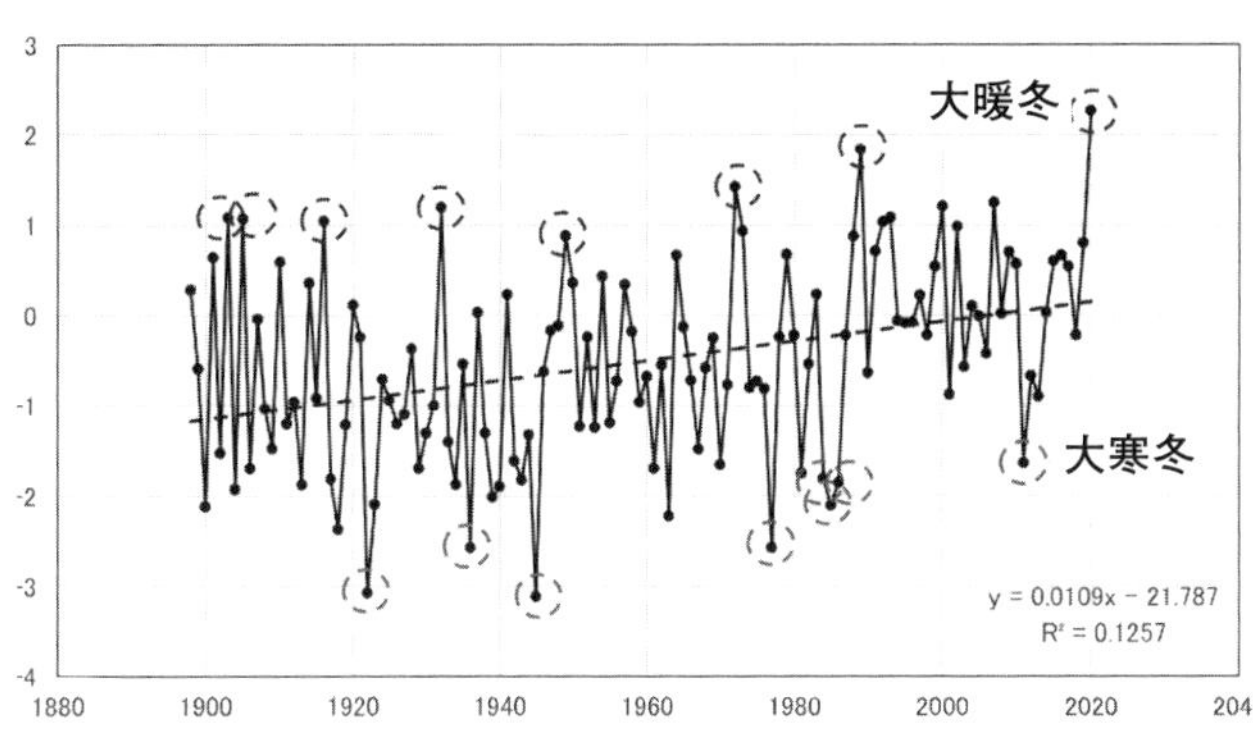

図21　日本の気温の長期変動（1月の平均の推移）

て正しい知識を持つことが、遭難事故防止に繋がり、過去の遭難事故の貴重な教訓を生かすことにもなると思う。

気候変動によって中部山岳北部での豪雪の頻度は増加

単純に考えると、将来気候で温暖化すると雪は少なくなるように思うのが普通である。しかし、山の雪に関しては、そのような単純なものではない。気象研究所による２０１６年９月23日の報道発表資料「地球温暖化で豪雪の頻度が高まる　最新気候シミュレーションによる予測」では、以下のような内容が発表されている。

「これまでにない多数の地球温暖化気候シミュレーション実験の結果を解析して、温暖化が進行したときに日本の内陸部において、現在よりも豪雪（災害を伴なうような顕著な大雪現象）が高頻度に現れ、豪雪による降雪量も増大する可能性があることを確認しました」

温暖化が進むと、冬型気圧配置になった時に現在よりも

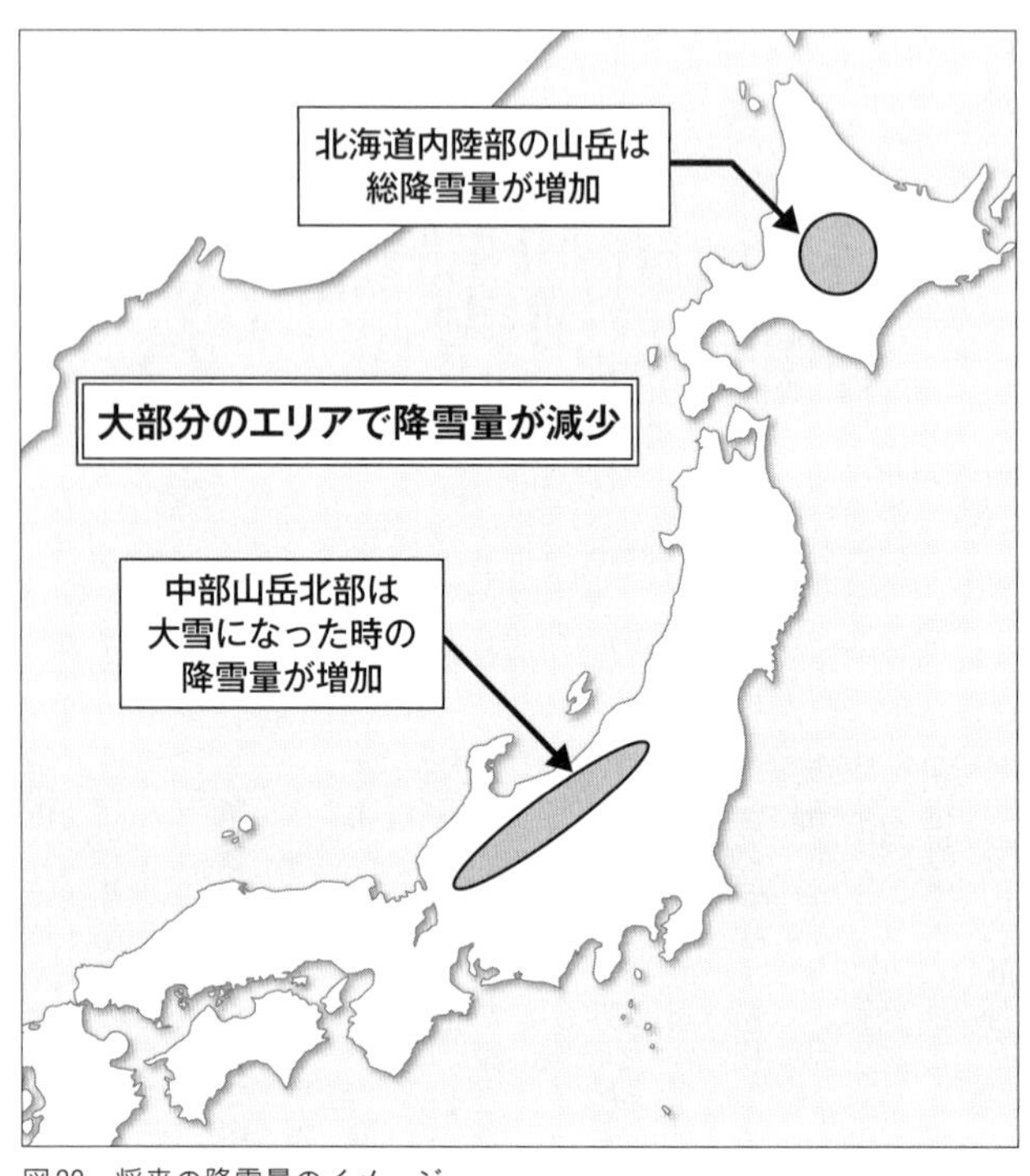

図22　将来の降雪量のイメージ

温かくなった日本海からの水蒸気の供給が増える。水蒸気の増加によって降水量が増えると同時に、温暖化によって気温も高くなるため、冬の日本海側の平地では雪ではなく雨が降ることが多くなってくる。したがって当然のことながら、全国的にトータルの降雪量は減っていくことが予想されている。しかし、大雪山などの北海道の内陸部の山ではもともと気温が低く、少々温暖化しても雪のまま降るため、かえって降雪量は増えるというシミュレーション結果

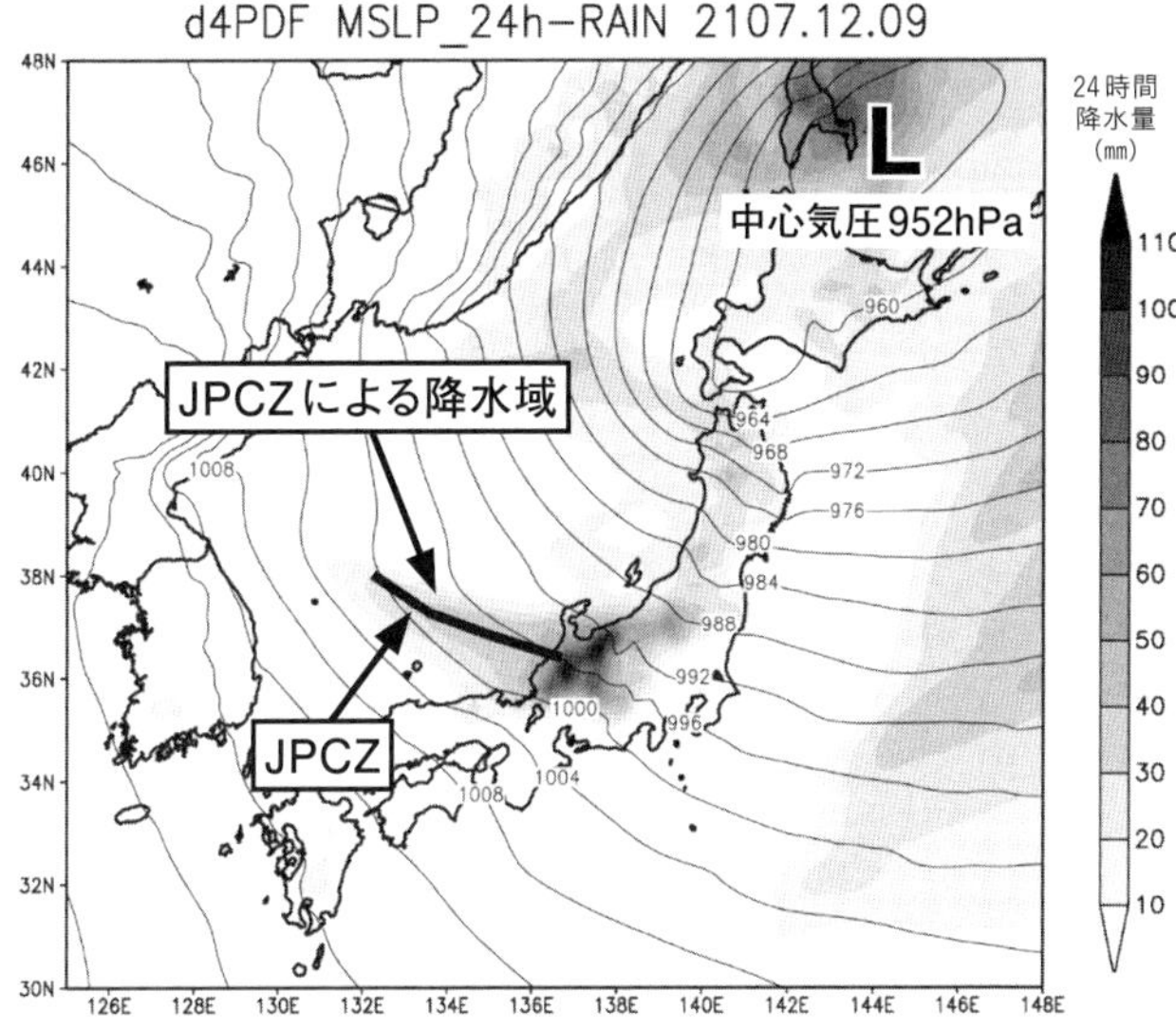

図23　d4PDFで作成した100年後の天気図。将来気候でもJPCZが出現し、中部山岳北部では100ミリ以上の降水量になっていることが分かる

となっている（図22）。

さらに、中部山岳北部では、大雪をもたらすＪＰＣＺ（日本海寒気団収束帯）が温暖化によって強くなるため、まれにしか起きない大雪の頻度が増えて、大雪になった時の降雪量が増えるという非常に興味深いシミュレーション結果が出ている（図22）。したがって、将来も強い寒気が入った時には、立山や白山などの積雪が多い中部山岳北部の山域では雪崩や豪雪に警戒が必要ということになる。

この研究のもとになったｄ４ＰＤＦは、地球温暖化対策の検討のために整備された将来気候のシミュレーションによる計算結果のデータベースである（２４５ページのコラム参照）。ｄ４ＰＤＦデータによって、100年先の将来気候において気温が4度C上昇した時にどうなるのかをシミュレーションできる。筆者も試しにd4PDFのデータを使って、100年先の将来気候において長野県で大雪になった時の天気図（図23、口絵にカラーで掲載）を作成してみた。将来気候においてもJPCZと、それに伴う降水域が見事に表現されていることが分かる。そして、中部山岳北部では100ミリを超える降水量（100センチを超える降雪量に相当）になっていることも確認できた。

山岳エリアでは南岸低気圧による雪崩リスクは依然として残る

ここまでは冬型気圧配置における大雪について解説してきたが、南岸低気圧によっても関東甲信地方では大雪になることがある。2014年2月14日から15日にかけて通過した南岸低気圧による豪雪は記憶に新しい。気象庁の観測点では、河口湖（山梨県）の143センチを筆頭に、甲府（山梨県）114センチ、秩父（埼玉県）98センチなど、過去の最深積雪の記録を大きく書き換える地点が続出する大雪となった。

将来気候では、おそらく平地では南岸低気圧による雪は減って雨になるであろう。しかし、将来気候で気温が4度C上昇しても、雪雨の境界となる高度は700メートルぐらい上昇するが、標高1000メートル以上の山岳では依然として雪となるであろうと筆者は予想している。したがって、南岸低気圧による豪雪や雪崩のリスクは将来も残るであろう。

なお、本書では取り上げなかったが、２０１７年3月の南岸低気圧による那須岳雪崩遭難事故（教員1名，高校生7名が亡くなった）も、未来に語り継ぐべき重大な遭難事故であった。

■コーヒーブレイク③

ｄ４ＰＤＦについて――現在気候と将来気候のシミュレーション実験データ

ｄ４ＰＤＦは、スーパーコンピュータによってシミュレーションした現在気候と、将来気候のシミュレーション実験のデータベースである。全世界をカバーする全球実験（解像度60キロメートル）と、日本付近のみをカバーする領域実験（解像度20キロメートル）のデータがある。将来気候については、２０５０年頃の2度C上昇実験と、２１００年頃の4度C上昇実験のデータがある。

将来の気候変動に備えるために整備されたデータベースであるが、あくまでシミュレーション実験の結果であることに注意が必要である。現実に起きている過去から現在までの気候変動のデータの解析結果と違って、将来気候が必ずしもｄ４ＰＤＦのシミュレーション通りになるわけではない。あくまで、将来の気候変動で起こりうるシナリオの一つとしてとらえたい。

おわりに

本書を結ぶにあたり、山岳防災活動や山岳気象研究などの、これまでの様々な取り組みの中で、お世話になった方々への感謝の言葉を述べたいと思います。

日本山岳会東海支部の方々には冬山気象講座などでお世話になりました。所属する愛知県山岳連盟、全豊田山岳連盟、デンソー山岳部の方々には、気象遭難対策講習会、気象講座、岳連ニュースなどでお世話になり、本書の遭難事例でいくつか取り上げています。

登山家で甲斐駒ヶ岳七丈小屋管理人の花谷泰広さんには、「令和元年東日本台風」で崩壊した登山道の写真をご提供いただきましてありがとうございました。これからも色々と情報交換させていただきたく思います。東京の落雷の写真をご提供いただいた柳田文華さんにも感謝いたします。

判断ミスが多くの人の命を奪うことを改めて痛感させていただいた「東日本大震災」のご遺族の方々にも感謝申し上げます。石巻市立大川小学校の佐藤敏郎先生、日和幼稚園の佐藤美香さん・西城江津子さん、七十七銀行女川支店の田村孝行・弘美さんご夫妻さんには何度か現地で直接お会いして、お話を伺うことができました。

「令和元年東日本台風」で大きな被害を受けた長野県佐久市の柳田清二市長にも御礼申し上げます。関東山地の登山道の被害を視察するために現地へ行く前日に、突然のように面会を申し出たにもかかわらず、快く了承いただき、色々とお話を伺うことができました。

日本気象予報士会の皆様には、山岳気象や「令和元年東日本台風」の研究にあたり、様々な観点からご助言をいただきましたことに感謝いたします。特に、顧問の木村龍治先生（日本気象予報士会初代会長・東京大学名誉教授）には何度か非常に有意義なご助言をいただきまして、本当にありがとうございました。２０２１年2月の研究成果発表会の筆者の発表後のご講評の時の、木村龍治先生の溢れんばかりの笑顔は一生忘れません。

筆者が事故を起こしてしまった当時の名古屋大学ワンダーフォーゲル部のメンバーには心から感謝いたします。あの事故の後で色々とサポートしてもらえたからこそ、今の筆者の活動があり、その結果として本書を発刊することができました。不器用な筆者からの39年越しの改めての感謝です。遅くなってしまい大変申し訳ありません。

恩師である岐阜大学の吉野純先生には本当にお世話になりました。先生の研究室に押しかけてお話しさせていただいた、山岳防災のために山岳気象を研究したいという筆者の思いを、快く受け止めていただきました。そして、2019年10月から2年間にわたり先生の研究生としてご指導をいただけることになりました。本年10月からは研究生ではなくなりますが、遭難事故がなくならない限り、山岳防災活動・山岳気象研究は継続していきたいと思います。引き続き、ご助言などを賜われれば幸いです。

末尾になりましたが、ヤマケイオンラインのコラム記事を採用して、本書を執筆させていただいた山と溪谷社の方々には色々とお世話になりました。そして筆者を陰から支えてくれた家族にも感謝したいと思います。

2021年8月

大矢康裕

図版出典

【第1章】

図1　京都府立大学山岳会『平成21年4月 北アルプス鳴沢岳遭難事故調査報告書』と地理院地図をもとに作成
図2　気象庁資料
図3　筆者作成
図4　気象庁資料
図5　気象庁JRA－55データをもとに筆者解析
図6　気象庁JRA－55データをもとに筆者解析
図7　トムラウシ山遭難事故調査特別委員会『トムラウシ山遭難事故調査報告書』をもとに作成
図8　気象庁MSMデータをもとに筆者解析
図9　気象庁MSMデータをもとに筆者解析
図10　国土地理院発行の数値地図をもとに作成
図11　金沢大学の論文をもとに作成
図12　金沢大学の論文をもとに作成

【第2章】

図1　気象庁統計データをもとに作成
図2　気象庁資料をもとに作成
図3　筆者作成
図4　気象庁資料に加筆
図5　気象庁資料に加筆
図6　地理院地図をもとに作成
図7　気象庁資料に加筆
図8　気象庁観測データをもとに作成
図9　国土地理院発行の数値地図をもとに作成
図10　気象庁資料に加筆
図11　気象庁資料に加筆
図12　筆者作成
図13　気象庁観測データをもとに作成
図14　気象庁資料に加筆
図15　気象庁「気候変動監視レポート２０２０」
図16　気象庁「地球温暖化予測情報 第9巻」
図17　筆者作成
図18　気象庁資料に加筆
図19　気象庁資料に加筆

【第3章】

図1　柳田文華氏提供
図2　警察白書をもとに作成
図3　気象庁資料をもとに作成
図4上　フランクリン・ジャパン提供
図4下　気象庁資料をもとに作成
図5　筆者撮影

図6　筆者作成
図7　松江地方気象台ホームページをもとに作成
図8　気象庁MSMデータをもとに筆者解析
図9　NHKホームページ「そなえる防災」、気象庁資料をもとに作成
図10　国土地理院発行の数値地図をもとに作成
図11　井村宇一郎「1967年8月1日西穂高落雷遭難」（『天気』14巻12号）をもとに作成
図12　気象庁JRA－55データをもとに筆者解析
図13　気象庁JRA－55データをもとに筆者解析
図14　気象庁JRA－55データをもとに筆者解析
図15　気象庁JRA－55データをもとに筆者解析
図16　国土地理院発行の数値地図をもとに作成
図17　気象庁資料
図18　気象庁資料に加筆
図19　気象庁MSMデータをもとに筆者解析
図20　気象庁MSMデータをもとに筆者解析
図21　気象庁MSMデータをもとに筆者解析
図22　東邦大学医学部西穂高診療所ホームページ
図23　気象庁資料をもとに作成

【第4章】

図1　気象庁資料に加筆
図2　気象庁GSMデータをもとに筆者解析
図3　気象庁資料に加筆
図4　気象庁資料に加筆
図5　厚生労働省「平成27年我が国の人口動態」をもとに作成
図6　日本救急医学会「熱中症診療ガイドライン2015」をもとに作成
図7　国土地理院発行の数値地図をもとに作成
図8　気象庁資料に加筆
図9　気象庁資料に加筆
図10　気象庁観測データをもとに作成
図11　国土地理院発行の数値地図をもとに作成
図12　気象庁資料に加筆
図13　気象庁観測データをもとに作成
図14　文部科学省・気象庁「日本の気候変動2020（詳細版）」に加筆
図15　新潟大学の報道発表資料をもとに作成
図16　文部科学省・気象庁「日本の気候変動2020（詳細版）」に加筆

【第5章】

図1　筆者作成
図2　山と溪谷社所蔵本を撮影
図3　筆者撮影
図4　気象庁資料

図5　気象庁資料
図6　国土地理院発行の数値地図をもとに作成
図7　筆者撮影
図8　筆者撮影
図9　国土地理院発行の数値地図をもとに作成
図10　気象庁資料
図11　気象庁資料に加筆
図12　気象庁ＭＳＭデータをもとに筆者解析
図13　気象庁ＭＳＭデータをもとに筆者解析
図14　筆者作成

【第6章】

図1　気象庁資料
図2　甲斐駒ヶ岳七丈小屋管理人・花谷泰広氏提供
図3　ＮＡＳＡ資料に加筆
図4　気象庁資料
図5　気象庁資料をもとに作成
図6　気象庁資料をもとに作成
図7上　気象庁資料
図7下　ＮＡＳＡ資料
図8　気象庁資料に加筆
図9　気象庁資料に加筆
図10上　ＮＡＳＡ資料
図10下　気象庁資料に加筆
図11　気象庁資料
図12　気象庁ＧＳＭデータをもとに筆者解析
図13　警視庁警護部災害対策課twitterをもとに作成
図14　気象庁ＭＳＭデータをもとに筆者解析
図15　気象庁資料に加筆
図16　気象業務支援センター・気象研究所の報道発表資料をもとに作成
図17　気象研究所・気象業務支援センターの報道発表資料をもとに作成
図18　気象庁ＭＳＭデータをもとに筆者解析

【第7章】

図1　気象庁資料をもとに作成
図2　筆者作成
図3　気象庁資料
図4　筆者作成
図5　ＮＡＳＡ資料に加筆
図6　中村成勝氏撮影（ヤマケイオンライン掲載）
図7　国土地理院発行の数値地図をもとに作成
図8　気象庁資料をもとに作成
図9　気象庁資料に加筆
図10　気象庁ＪＲＡ－55データをもとに筆者解析
図11　気象庁ＪＲＡ－55データをもとに筆者解析
図12　夏梅太地氏撮影（ヤマケイオンライン掲載）

図13 国土地理院発行の数値地図をもとに作成
図14 気象庁資料をもとに作成
図15 気象庁資料
図16 気象庁資料
図17 NASA資料に加筆
図18 気象庁JRA－55データをもとに筆者解析
図19 気象庁資料
図20 気象庁統計データをもとに作成
図21 気象庁統計データをもとに作成
図22 気象研究所の報道発表資料をもとに作成
図23 d4PDFデータをもとに筆者解析

引用文献

12ページ――京都府立大学山岳会『平成21年4月 北アルプス鳴沢岳遭難事故調査報告書』 2010年 https://kpuaa.jimdofree.com/登山・登攀の記録/遭難事故/

22ページ――トムラウシ山遭難事故調査特別委員会『トムラウシ山遭難事故調査報告書』 2010年 日本山岳ガイド協会 http://www.jfmga.com/pdf/tomuraushiyamareport.pdf

32ページ――高裕也、二宮順一、森信人「大規模アンサンブル気候予測データを用いた爆弾低気圧の将来変化」 2018年 金沢大学 http://doi.org/10.24517/00050484

42ページ――鬼頭昭雄「チベット高原の隆起がアジアモンスーンに及ぼす影響に関する気候モデルシミュレーション」 2005年 気象研究所 地質学雑誌111巻11号

42ページ――気象庁「「平成30年7月豪雨」及び7月中旬以降の記録的な高温の特徴と要因について」 2018年 https://www.jma.go.jp/jma/press/1808/10c/h30goukouon20180810.pdf

43ページ――水谷武司「自然災害について学ぼう14 冷害」 2019年 防災科学技術研究所 https://dil.bosai.go.jp/workshop/01kouza_kiso/14reigai.html

68ページ――高薮縁編集「暑いだけじゃない 地球温暖化2 世界の気候モデルが予測する東アジアと日本の雨」 2015年 東京大学大気海洋研究所

92ページ――長野県松本深志高等学校「西穂高岳落雷遭難事故調査報告書」 1969年

94ページ――井村宇一郎「1967年8月1日西穂高落雷遭難」 1967年 天気14巻12号 https://www.metsoc.jp/tenki/pdf/1967/1967_12_0449.pdf

112ページ――Robert Sanders「Lightning expected to increase by 50 percent with global warming」 2014年 Berkeley University of California https://news.berkeley.edu/2014/11/13/lightning-expected-to-increase-by-50-percent-with-global-warming/

114ページ――高田吉治、青柳秀夫「日本海側における冬季雷の増加傾向について」 2010年 https://www.jstage.jst.go.jp/article/jweasympo/32/0/32_147/_pdf/-char/ja

128ページ――岩瀬法律事務所「県立高校山岳部の夏山登山合宿に参加した高校生が熱射病を起こして死亡した事故」 2019年 https://kumaben.com/category/precedent/disasters/

143ページ――新潟大学「富士山の森林は登り続ける！ 温暖化が原因か？」 2020年 https://www.niigata-u.ac.jp/wp-content/uploads/2020/12/201202rs.pdf

203ページ――気象業務支援センター・気象研究所「地球温暖化で猛烈な熱帯低気圧（台風）の頻度が日本の南海上で高まる 多数の高解像度温暖化シミュレーションによる予測」 2017年 https://www.mri-jma.go.jp/Topics/H29/291026_d4pdf/press_release.pdf

204ページ――気象研究所・気象業務支援センター「過去40年で太平洋側に接近する台風が増えている」 2020年 https://www.mri-jma.go.jp/Topics/R02/020825/press_release0208 25.pdf

220ページ――山田義郎「山岳部「薬師岳遭難」」 2007年 愛知大学史研究1巻 https://aichiu.repo.nii.ac.jp/?action=repository_uri&item_id=8430

241ページ――気象研究所「地球温暖化で豪雪の頻度が高まる 最新気候シミュレーションによる予測」 2016年 https://www.mri-jma.go.jp/Topics/H28/280923/Press_20160923MRI.pdf

カバーフォーマット＝尾崎行欧デザイン事務所
地図・図版作成＝北村優子（シグメディア）
編集協力・ＤＴＰ＝藤田晋也
編集＝佐々木 惣（山と溪谷社）

大矢康裕（おおや・やすひろ）

気象予報士No.6329、トヨタ系自動車部品メーカーである㈱デンソーで山岳部、㈳日本気象予報士会で東海支部に所属し、山岳防災活動を実施している。1988年と2008年の二度にわたりアフリカ大陸の最高峰キリマンジャロ5895mに登頂。頂上付近の氷河縮小を目の当たりにして、地球環境や気候変動にも関心を持つに至る。2019年10月～2021年9月に岐阜大学大学院工学研究科の研究生（吉野純准教授）。現在も共同で山岳気象や台風の研究を継続中。日本気象予報士会においてCPD認定第1号。2017年石井賞、2021年木村賞を受賞。

監修：吉野 純（よしの・じゅん）

岐阜大学工学部附属応用気象研究センターのセンター長・准教授。より高精度な気象モデルの開発を目標として「岐阜大学局地気象予報」を運営。大学初となる気象予報業務許可（許可第87号）を取得。

山岳気象遭難の真実
過去と未来を繋いで遭難事故をなくす

ヤマケイ新書 YS060

2021年10月1日　初版第1刷発行
2022年2月10日　初版第2刷発行

著　者　大矢康裕・吉野 純（監修）
発行人　川崎深雪
発行所　株式会社 山と溪谷社
〒101-0051
東京都千代田区神田神保町1丁目105番地
https://www.yamakei.co.jp/

■乱丁・落丁のお問合せ先
山と溪谷社自動応答サービス　電話03-6837-5018
受付時間／10時～12時、13時～17時30分
（土日、祝日を除く）
■内容に関するお問合せ先
山と溪谷社　電話03-6744-1900（代表）
■書店・取次様からのご注文先
山と溪谷社受注センター　電話048-458-3455
ファクス048-421-0513
■書店・取次様からのご注文以外のお問合せ先
eigyo@yamakei.co.jp

印刷・製本　図書印刷株式会社

定価はカバーに表示してあります

Printed in Japan ISBN978-4-635-51075-2